KB180984

경성대학교 한국한자연구소 번역총서 5

전후일본한자사

戰後日本漢字史

경성대학교 한국한자연구소 번역총서 ❺

전후일본한자사

戰後日本漢字史

아쓰지 데쓰지(阿辻哲次) 지음
최승은 옮김

역락

머리말

2008년 어느 날, 1981년에 제정된 「상용한자표」를 개정하기 위한 심의위원회(정확히는 문화청 소관 문화심의회 국어분과회 한자소위원회)에서 嗅를 「상용한자표」의 새롭게 추가할 후보 한자로 올렸다. 嗅는 오감 중 하나인 嗅覚이라는 단어가 일상에서 자주 사용되므로, 이번 개정에서 「상용한자표」의 새 후보로 거론된 것이다. 위원회도 특별한 이론은 없었지만, 자체(字體)와 관련해서 방(旁: 한자의 오른쪽 부수)을 기존 상용한자인 臭, 즉 《自》 아래에 《大》를 쓰는 형태로 통일해야 한다는 의견이 일부 국어교육 관계자로부터 제기됐다.

현재 초등학교에서는 문부과학성이 제정한 「소학교 학습지도요령」 제2장 제1절 국어의 별표(別表)에 실린 「학년별 한자배당표」(최신판은 2017년 제정)의 총 1,026자를 배우게 된다. 보통 이를 「교육한자」(혹은 「학습한자」)라고 부르는데 臭는 여기에 포함되어 있지 않다. 그러나 마찬가지로 국어와 관련한 학습지도요령에 따르면, 중학교의 경우 '그 외 상용한자 중 약 250자에서 300자 정도를 읽을 것', 또한 고등학교의 경우 '상용한자를 숙달되게 읽고, 주요 상용한자를 쓸 수 있을 것'이라고 명기되어 있다. 즉 중고등학교 국어 수업 때 臭라는 한자가 교재에 나올 것이기에 학생들은 臭라는 자형으로 배우게 된다.

그러나 이번에 새롭게 「상용한자표」에 추가될 嗅의 방(旁)을 《臭》가 아닌 《臭》로 할 경우, 臭와 嗅 모두 상용한자임에도, 《口》의 유무에 따라 오른쪽 아랫부분이 《大》와 《犬》으로 달라진다. 가르치는 쪽도 배우는 쪽도 혼란스러울 것이 분명하다. 따라서 嗅를 「상용한자표」에 추가한다면 방 부수를 《臭》가 아닌 《臭》로 해야 한다는 의견이었다.

얼핏 들었을 때는 어느 정도 설득력이 있는 의견이다. 표외자(表外字: 「상용한자표」 미포함 한자)였지만 嗅를 그동안 자주 사용한 사람 중에는 오른쪽이 《臭》가 아니라 실은 점이 하나 많은 《臭》였음을 인지하지 못했을 수도 있다. 이렇게 애매하다면 이번 기회에 嗅의 오른쪽을 《臭》로 하는 편이 외우기도 쉽고, 교육 현장에서 혼란도 피할 수 있지 않을까 하는 의견도 이상하지 않다.

그러나 사실 그리 간단한 문제가 아니다. 먼저 자신의 PC나 휴대폰으로 'きゅうかく'라고 입력해서 한자로 변환해 보자. 바로 嗅覚으로 변환될 것인데, 우측이 《臭》인 嗅는 휴대폰에서는 절대 표시되지 않으며 PC에서도 사전에 특별한 조치를 하지 않는 한 입력할 수 없다. 만약 嗅의 자형으로 「상용한자표」에 추가된다면 상용한자의 자형을 IT 기기로 입력할 수 없게 되는 것이다.

비슷한 문제는 또 있다. 기존 상용한자인 渉이나 頻은 구성 부수에 《歩》가 있다. 반면에 이번에 추가 후보인 捗, 후보는 아니지만 陟과 顰에는 방 부수가 《步》보다 1획 적은 《歩》인 형태로 IT 기기상 표시된다.

또 상용한자인 都, 暑, 署, 諸 등에 포함된 《者》도 개정 상용한자표의 추가 후보가 된 賭, 箸의 경우, 방 부수가 《者》에 점 하나를 더한 《者》이다. 기존 상용한자인 慎이나 鎮의 방 부수는 《真》이지만 추가 후보인 塡이나 후보는 아니지만 槇, 顚의 부수는 《眞》이다. 더 복잡한 것은, 위의 몇몇 한자는 PC와는 달리, 휴대폰으로는 점이 없는 賭나 顛 등을 입력할 수 있다.

매우 까다로운 문제다. 도대체 왜 이렇게 복잡해진 것일까? 이는 모두 종전(終戰)[1] 직후의 국어시책에 따라 제정된 한자 규정이 초래한 결과이다. 이 점을, 우선 臭와 嗅의 관계를 통해 단적으로 알아보도록 하자.

인쇄든 손 글씨든, 일본이든 중국이든 臭는 본래 계속 臭의 형태로 쓰였다. 이는 《自》와 《犬》을 조합한 것으로, 한자 조성법으로 치면 회의(會意) 방식으로 만들어진 문자이다.

한자의 상반부에 있는 《自》는 사람의 코를 본뜬 상형문자이며 본래의 의미는 '코'였다. 이것이, '자신·나'를 말할 때 중국인이나 일본인이 손가락으로 코의 끝을 가리키는 동작을 하는 데에서 自가 '스스로·자신'의 의미로 쓰이게 되었고, 결국 후자가 주류가 되었다. 본래 의미를 나타내기 위해, 한자의 음을 나타내는 《畀》를 더하여 만든 것이 鼻라는 한자이다. 한편 臭 하반부의 《犬》은 당연히 개를 가

1 보통 일본에서는 직전의 전쟁인 1945년 2차 세계대전 종결을 말한다. 1945년 8월 15일 패전 이후를 전후 시작이라 보고, 전전(戰前), 전중(戰中), 전후(戰後)로 구분한다. -옮긴이

리킨다. 따라서 이 臭라는 한자는 후각이 매우 발달한 개와 코를 조합한 것이므로 냄새를 뜻한다.

이와 관련하여, 중국 최고(最古)의 한자 연구서(서기 100년 성립)인 『설문해자(說文解字)』(10편 上)에는 '禽走り、臭ぎて其の迹を知る者は犬なり'라고 적고 있다. 닭이 달려 도망쳐도 개라면 냄새를 맡아 닭이 도망간 자취를 추적할 수 있다는 뜻이다. 참고로 현대 일본어에도 臭를 '구사이(くさい)'라고 읽고, '悪臭[악취]', '加齢臭[가령취]', '消臭剤[탈취제]' 등 '좋지 않은 냄새'라는 의미로 사용하는데, 본래는 악취뿐만 아니라 향기도 의미하는 한자였다.

어쨌든 이 한자가 臭라는 형태, 즉《自》+《大》로 인쇄된 것은 실은 전후 일본에서뿐이다. 현재 중국에서 사용되는 간체도 하반부가《犬》이며, 중국에서는 예나 지금이나 '臭'라는 자형의 한자는 존재하지 않는다(물론 사본(寫本)이나 수기 메모 등에서 쓰이는 경우가 종종 있지만).

당(唐) 구양순(歐陽詢)
구성궁예천명(九成宮醴泉銘)

당(唐) 안진경(顔真卿)
간록자서(干祿字書)

원(元) 조맹부(趙孟頫)
난정십삼발(蘭亭十三跋)

二玄社『大書源』인용

臭가 臭가 되었듯, 본래《犬》이었던 부분이 현재 일본에서《大》로 바뀐 예는 그 외에도 器, 類, 戻, 突 등이 있으며, 이들은 모두 전전(戰前)에는 器, 類, 戾, 突처럼《犬》이 자형을 구성했었다. 이들 모두 자원(字源)상 개와 관련된 한자인데, 戾는 개가 문(戶) 아래로 빠져나갈 때 몸을 구부리는 데에서 '도리에 어긋나다' 혹은 '어기다'를 의미한다('폭려(暴戾(ぼうれい): 난폭하고 도리에 반하는 것)'라는 단어가 이 의미로 사용된다). 이를 '되돌아가다 = return'의 의미로 사용하는 것은 일본어의 독자적인 용법, 이른바 국훈[国訓][2]에 불과하다. 突도 개가 구멍에서 갑자기 튀어나오는 것에서 '갑자기 = 돌연[突然]'을 뜻한다.《犬》이《大》로 바뀐다면, 이 한자는 단순히 '큰 구멍[大きな穴]'의 의미로밖에 해석되지 않으며, 아무리 생각해봐도 '갑자기'라는 의미를 도출할 수 없다.

이처럼 본래《犬》을 구성요소로 가졌던 한자가 일본에서는 어느 시점부터《大》로 쓰이게 되었다. 둘의 차이는 단순히 점의 유무다. 이러한 변경은 '한자는 형태가 복잡하고, 외우거나 쓰기 어렵기 때문에 가능한 한 간단한 형태로 하여 아이들의 학습 부담을 줄이고 인쇄에 들이는 노력도 최대한 줄이려는' 배려 때문에 실시된 것이다. 물론《犬》을《大》로 바꾸면 1획 줄어든다. 그러나 겨우 1획 줄인 결과, 올바른 자원 해석이 불가능해진다. 애당초《犬》을《大》로 1획 줄임으로써 한자 학습에 필요한 수고가 줄어들까? 하물며 이해되지

---

2 한자의 본래 의미가 아니라 일본의 독자적인 훈이 붙은 것 -옮긴이

않는 것은 모든《犬》이《大》가 된 것도 아니라는 점이다. 伏, 然, 黙, 獄 등은《犬》이 그대로 남아 있어 이들 한자는 1획을 줄일 필요가 없었던 것인지 의문을 품는 사람은 비단 나 혼자만은 아닐 것이다.

臭라는 자체(字體)가 일반 인쇄물에 쓰이고, 학교에서 가르치게 된 계기는 1949년 4월 내각(内閣)에서 고시한 「당용한자 자체표[当用漢字字体表]」이다. 이 「당용한자 자체표」에 대해서는 후술하겠지만, 실은 많은 문제를 후대에 남겼다. 현재 일본의 한자에 보이는 자형상의 혼란은 대부분 여기서 기인했다고 해도 과언이 아니며, 나는 '모든 악의 근원'이라고까지 생각한다. 그렇다면 도대체 왜 만들어졌고, 지금껏 단 한 번의 수정도 없이 전후 직후부터 지금까지 일본의 한자에 큰 영향을 주었던 것일까?

이 책에서는 전후 일본의 다양한 사정으로 인해 휘둘려 온 한자의 모습을 포착하고자 한다. 이는 실로 수난의 역사였다.

차례

일러두기

1. 기본적으로 원문 번역은 가독성을 고려했다. 내용의 이해와 전달을 위하여 한글, 한자, 가나의 순서를 달리하거나, 원문의 문단이 너무 짧거나 긴 경우 번역본에서는 이를 일정한 문단의 크기로 나누었다. 또 원문에서 본문에 괄호로 부연설명이나 인용 등을 표시한 것을 번역본에서는 각주로 변경한 경우도 있다.
2. 연호는 서기로 바꿔 적었으며 주요 인명의 이름에 병기된 생몰년은 옮긴이가 임의로 넣은 것이다.
3. 일본 가나 문자 등 일본어 기초 지식이 있는 독자를 대상으로 하였기에 내용에 따라 가나로만 표기한 경우도 있다. 필요시 일본어 표기, 발음 및 그 의미는 [ ]로 묶어 달았다.
4. 일본어 발음의 한글 표기는 국립국어원 외래어표기법을 원칙으로 하되, 필요에 따라 그렇지 않은 경우도 있다.
5. 본문 내용에 대한 역자의 부연 설명 등을 추가할 때에는 각주를 달았으며, 각주 말미에 '-옮긴이'를 적어 구분하였다. 이 경우 『日本国語大辞典』(小学館, 2003)을 주로 참조하였다.

종전과 한자

1-1. 일본어 로마자화로의 모색

전후(戰後) 교육개혁

저녁 식사 후 가족과 함께 TV를 보다가 전전(戰前) 소학교에서 촬영된 영상을 보고, 당시 초등학생이었던 자녀들이 왜 교실에 남자만 있고 여자는 한 명도 없는지 물었던 적이 있다. 과거엔 남녀 반이 따로 있었다고 설명하자 2학년이었던 아들아이는 "도대체 왜?"라며 이해할 수 없다는 표정을 했고, 5학년인 딸아이는 "체육시간에 싫어하는 남자애랑 수영장에 같이 안 들어가도 되니 편했겠네."라는 기발한 감상을 내뱉었다.

내 자녀들은 남녀공학의 공립초를 다녔기에 이런 광경을 신기해하는 것도 무리는 아니다. 일본의 학교는 1891년 발표된 「학급편제 등에 관한 규칙[学級編制等ニ関スル規則]」에 따라 심상(尋常) 소학교(1941년부터 종전 이후 얼마간은 '국민학교'라고 칭함)는 1·2학년만 남녀공학이었고 3학년부터는 남녀 분반이었다. 심상 소학교를 졸업한 후, 구제(舊制) 중학교, 고등여학교, 혹은 각종 실업학교 등에 진학했는데 이들 모두 남학생 혹은 여학생 전용이었다. 우리 세대에게는 상식이지만 전후 반세기나 흐른 지금의 젊은 세대 중에는 종전 일본에

'남녀공학'이 없었다는 사실을 모르는 사람도 많다.

사립학교는 별개지만, 일본의 학교가 의무교육부터 대학까지 남녀공학이 된 것은 전후 일정 시간이 흐른 이후다. 1947년 3월 31일에 공포된 「교육기본법」(2006년 12월 제정된 법과 구별해 「구(舊) 교육기본법」이라 칭하기도 함) 제4조 '남녀는 서로 존중하고 협력해야만 하며 교육상 남녀공학은 인정하지 않는다'라는 조항에 의거한다.

1945년 8월, 「포츠담 선언」의 수락과 태평양전쟁에서의 패전을 기점으로 일본에서는 정치, 경제 체제를 중심으로 다양한 영역에서 과거와는 매우 다른 변혁이 시행되었다. 메이지유신 이후 국가의 주권을 장악해 온 천황은, '아라히토가미[現人神]'[1]에서 인간이 되어 '일본 국가와 국민통합의 상징'이 되었다. 주권 재민(在民)과 전쟁 포기를 천명한 헌법이 공포되었고 '민주주의적이고 근대적'을 표방한 정책과 개혁이 사회 전반에서 추진되었다. '남녀동권(男女同權)'의 구호 아래 부인 해방이 주장되었고, 20세 이상 여성에게도 빠짐없이 참정권이 부여됐다. 경제면에서는 재벌이 해체되었고 '농지개혁'이라는 이름 아래 과거 지주가 보유했던 농지를 정부가 강제적으로 매입하여 소작인에게 매각했다. 마치 미증유의 대변동이 일본 내에서 전개되던 시대였다.

종전 직후의 각종 대개혁을 여기서 간단히 정리한다는 것은 불가

1 사람 모습으로 이 땅에 내려온 살아 있는 신이란 뜻이다. 일본에서는 보통 천황을 의미한다. -옮긴이

능하다. 애당초, 이 미천한 저술에 부여된 임무도 아니다. 다만 여러 격변 중에서 책의 내용과 연관된 학교와 교육 제도 역시 중요한 개혁이 잇따라 이루어졌는데, 이를 다루지 않을 수 없다.

미국교육사절단 보고서

교육 분야에서는 앞서 다룬 '남녀공학' 제도 도입을 비롯해, 중학교까지 9년간 의무교육화한 '6-3-3-4년제'의 실시, 도도부현(都道府縣)[2] 및 시정촌(市町村)[3] 단위의 교육위원회 설치, 또한 P·T·A(Parent Teacher Association) 신설을 통해 학교 교직원과 보호자를 연계하는 시책 등이 잇따라 실시되었다.

각종 교육개혁은 대부분, 종전 직후 일본에 진주(進駐)하여 점령 정책을 펼친 연합국 최고사령부(General Headquarters, GHQ)의 요청을 받고 방일한 미국교육사절단(United States Education Mission to Japan)의 보고서에 따라 실시되었다.

1946년 3월 5일과 7일 양일에 걸쳐 방일한 미국교육사절단(이후 1950년에 방일한 사절단과 구별하여 이들을 '1차 사절단'이라고 칭하기도 함)은 총 27명이었는데, 뉴욕주 교육 장관이던 스토다드(George D. Stoddard, 귀국 후 일리노이주립대학 총장을 역임함)를 단장으로 했으며, 단원은 대

2 일본의 광역자치단체 -옮긴이

3 일본의 기초자치단체 -옮긴이

학 학장, 교수, 교육행정관, 저명한 심리학자 등으로 구성되었다.

사절단은 그리 길지 않은 체류 일정으로 시찰과 조사연구를 진행했다. 또한 GHQ에 설치된 교육, 종교 등 문화정책 담당 부국(部局)인 민간정보교육국(Civil Information and Educational Section, 이하 CIE로 약칭함)의 로버트 킹 홀(Robert King Hall) 중위가 중심이 되어 작성한 「Education in Japan」이라는 문서를 참고하면서, 난바라 시게루[南原繁, 1889~1974] 도쿄제국대학 총장(당시)을 수장으로 한 일본 측의 '교육쇄신위원회'와 토론을 거쳐 3월 30일, 총사령부 최고사령관인 맥아더 원사에게 보고서(이하 『미국교육사절단 보고서』)를 제출했다.

참고로 패전국으로 시찰을 위해 온 전승국의 사절단은 전후 혼란기 속에서도 상당한 환대를 받은 것으로 보인다. 사전에 CIE가 일본 문부성에 제출한 「미국교육사절단의 일본 체재 일정 시안」이라는 문서에 따르면, '공식 회의는 오전 중에만. 오후에는 시찰에 나서거나 위원회 회의. 토요일과 일요일은 여행 일정. 일본 측은 주 3회 야간 오락거리를 준비할 것. 예를 들어 오페라, 음악회, 연극, 전람회 등(단, 이는 월요일부터 금요일까지 중에)'이라고 쓰여 있었다고 한다.[4] 또한 '지방 시찰'이라는 명목하에 도쿄와 나라[奈良]로, 관광 유람이라고밖에 볼 수 없는 '다이묘[大名] 여행'[5]도 했다. 일본 정부는 1946년

---

4 西鋭夫著『國破れてマッカーサー』中公文庫 2005, 348쪽.

5 다이묘란 10세기에서 19세기에 걸쳐 일본 각 지방의 영토를 다스리며 권력을 누렸던 영주, 많은 영지와 부하를 가진 무사를 말함. 이들의 유람처럼 사치스러운 여행에 빗대어 관리나 국회의원 등의 시찰을 빙자한 관광 여행을 가리킨다. -옮긴이

3월에만 사절단 체재 비용으로 숙박비와 식비를 제외하고도 16만 5천 엔을 사용했는데, 이 중 국내 여행에 5만 300엔, 야간 오락에 5만 엔이었다고 한다.[6]

『미국교육사절단 보고서』[7]는 머리말과 서론에 이어서 다음의 6장으로 구성된다.

1. 일본 교육의 목적 및 내용
2. 국어 개혁
3. 초등학교 및 중등학교의 교육행정
4. 수업 및 교사 양성 교육
5. 성인교육
6. 고등교육

그리고 마지막 부분의 「보고서의 적요(摘要)」에는 그간의 논의 개요를 정리하고 있다. 교육사절단은 '우리는 결코 정복자의 정신으로 일본에 온 것이 아니며, 모든 인간의 속마음에는 자유와 개인적·사회적 성장에 대한 헤아릴 수 없는 잠재적 욕구가 있다고 믿는, 경험 있는 교육자로서 온 것이다'(서론)라고 자부했다. 이러한 그들이, 근대교육이론에 근거하여 적극적이고 열정적으로 실시한 조사와 연

6 앞의 책.

7 이 책에서는 村井実 全訳解説『アメリカ教育使節団報告書』講談社学術文庫版 1979를 인용함.

구를 바탕으로 제출한 구체적인 제안에 대하여 GHQ는 전면적으로 지지했으며, 이는 그대로 일본 정부의 교육정책상 가장 기본적인 문서가 되었다.

여기서 권고된 정책 대부분은 얼마 지나지 않아 실시되었다. 고단샤 학술문고판[講談社学術文庫版]의 역자인 무라이 미노루[村井実, 1922~] 씨가 해설에서, '이 보고서가 등장한 지 벌써 30여 년이나 지난 지금은, 교육기본법과 6-3제를 비롯하여 남녀공학, PTA, HR, 사회과 등 지금의 학교 교육과 관련한 제도상, 행정상, 방법상, 내용상 할 것 없이, 한마디로 모든 것이 이 보고서에 의해 이 땅에 새롭게 도입되었을 리는 없다고 생각하는 사람이 적지 않을 듯 하다. 그러나 실은, 이 보고서의 권고에 따라 이 모든 게 시작되었다'라고 기술한 바와 같다.

일본문화에 대해 몰이해

그러나 동양과 서양 문화의 차이는 시대를 막론하고 작지 않다. 보고서는 물론, 당시 연합국의 점령통치 정책 중에는 일본의 역사나 문화에 대한 인식이 부분적으로는 있었다지만 오해와 편견이 존재한 것은 사실이다.

가령 1945년 11월, 군국주의의 부활을 막겠다는 명목하에 학교, 경찰 등 공공기관에서의 유도나 검도 연습이 금지되었다. 그러나 무도(武道)는 격투의 살상이나 방어 기술, 즉 싸움이나 전쟁의 수단을 습득하기 위해서만이 아니라 기술을 연마하는 계고(稽古)를 통해 인격을 완성하는 일본 전통의 정신 수양이라는 측면도 분명 존재한다. 이는 다도(茶道), 화도(華道), 서도(書道), 일본 무용 등의 예도와 공통된 '도(道)'인 것이다. 유도나 검도 애호가 모두가 충군애국(忠君愛國) 정신의 열렬한 신봉자이자 군국주의의 부활을 원하는 사람일 리 없다. 무도는 격투기이기 이전에, 상대를 존중함으로써 자신을 바로잡는 정신 수양의 장이었다. 무도 애호가 입장에서 보면 GHQ의 무도 금지령은 부당하고 납득할 수 없는 일이었지만, 피점령국의 비애였기에 저항할 수 없었다. 이러한 상황은 연합군의 점령이 종료된 후 무도 금지령이 해제되기까지 계속됐다.

또 다른 예는 가부키[歌舞伎]이다. 지금은 미국인 팬도 많은 가부키지만, 점령통치하에는 마찬가지로 고난의 시대를 겪었다. GHQ는 가부키의 주된 연기 주제인 충의나 효도의 개념을 천황제 혹은 봉건적 가족관계의 부활로 이어질 수 있는 위험한 사상으로 보고, 주군을 향한 충성, 할복, 복수 등을 그린 공연의 상연을 금지했다. 이 명령으로 인해 가부키 18번 「간진쵸[勧進帳]」[8], 「가나데혼 주신구라[仮名手本忠臣蔵]」[9], 혹은 소가형제[曾我兄弟]의 복수를 그린 공연[10]

8 일본 전국을 통일하는 데 큰 공을 세웠으나 질투하는 형 미나모토노 요리토모[源頼朝]에게 숙청당할 운명에 처한 요시쓰네[義経]가 충성스러운 부하 벤케이[弁慶] 등과 함께 도다이지[東大寺]의 야마부시[山伏: 산에서 수행하는 수도자]라고 자칭하며 아타카[安宅] 관문을 통과하여 도주하는 고난담을 그린 극 -옮긴이

9 에도 시대 실제로 일어난 아코 번[赤穂藩: 지금의 효고현 남서부]의 낭인(浪人) 47인이 주군을 위해 일으킨 복수 사건을 소재로 한 복수극 -옮긴이

10 형 스케나리[祐成], 아우 도키무네[時致] 형제는 어린 시절 부친이 구도 스케쓰네[工

은 상연을 엄격히 금지했다. 점령군의 눈에는 '상당히 반동적이고 봉건적인 것'으로 비춰졌던 것이다.

로마자 표기의 제안

이처럼 무도나 가부키 등이 금지 혹은 부분 상연 금지된 데에는 일본문화에 대한 일부 서양인의 천박(浅薄)한 이해 때문이었다. 그러나 지금이니 말할 수 있지, 상대는 전승국에서 온 통치자이고 이쪽은 무조건 항복을 선언한 패전국이었다. 승자와 패자 사이에 대등한 논의는 사실상 불가능하다. 결국 단기간에 일본인에게는 상당히 불합리한 정책과 명령이 통용되었다.

미국교육사절단이 일본 정부에 제시한 권고 역시, 무도나 가부키 금지처럼 일본의 전통이나 실정을 무시(혹은 경시)하고 서양인의 사고를 그대로 일본에 도입하려는, 성급하고 단락(短絡)적인 것이 있었다. 바로 일본어 표기 문자에 관한 문제였다.

보고서 2장에는 '국어의 개혁'이라는 장이 있다. 총 6장으로 구성된 보고서에 국어문제에만 1장을 할애한 것을 보더라도 그들이 이 문제를 얼마나 중시했는지 알 수 있다. 국어개혁에 관한 부분에 다음의 구절이 있다.

藤祐経]에게 살해당한 후, 모친의 재혼으로 소가[曾我]라는 성을 받아 소가형제로 칭해졌는데, 훗날 아버지의 원수를 갚는 이야기이다. 이 복수에 관한 내용은 다양한 문학, 공연 작품의 소재가 되었다. -옮긴이

글말로서의 일본어는 배우기 두려울 정도로 방해 요소이다. 일본어는 대개 한자로 적는데 한자를 외우는 일이 학생에게는 과중한 부담임을 대부분의 학자들이 인정한다. 초등학교 시절 내내 학생들은 문자를 외우거나 쓰는 데에만 대부분의 공부 시간을 할애해야 한다. 최초 교육 시기에 다양하고 유익한 어학, 수학 기술, 자연계나 인간사회에 대한 기본 지식 등을 습득하는 데 힘써야 될 시간을 문자를 외우는 고투(苦鬪)에 낭비하고 있다. (중략) 정리하자면, 글말 언어 개혁에 대한 세 가지 제안을 논의했다. 첫째, 한자 수를 줄일 것, 둘째, 한자의 전면 폐지 혹은 어떤 형태의 가나를 채택할 것, 셋째, 한자나 가나 모두 전면 폐지하고 어떤 형태의 로마자를 채택할 것을 요구한다.

이들 세 가지 제안 중 어느 것을 선택할지 결정하는 일은 간단치 않다. 그러나 역사적 사실이나 교육, 언어분석 관점에서 볼 때 본 사절단은, 언젠가 일반적인 글말로서의 한자는 전면 폐지되고 음표문자 체계가 도입되어야 한다고 믿는다.

음표문자는 비교적 습득하기 쉬워 학습 과정 전체가 매우 쉬워질 것이다. 먼저 사전, 카탈로그, 타자기, 라이노타이프(인용자주: 키보드로 입력한 문자의 활자모 1줄을 주형(鑄型)으로 만들어, 납을 흘려보내 인쇄용 판형을 만드는 장치. Line of type의 생략어) 및 기타 언어 보조 수단의 사용이 간단해진다. 또한 중요한 것은 대다수 일본인이 예술, 철학, 과학기술 관련 자국의 문헌 속에서 발견할 수 있는 지식과 지혜에 한층 더 쉽게 가까워질 수 있다. 또한 이로써 외국 문학 연구도 쉬워질 것이다.

물론 한자가 가지는 일종의 미적 가치나 그 밖의 가치는 음표문자로는 절대 완벽히 전달할 수 없다. 그러나 일반인이 국내외 사정을 충분히 알지 못하고, 제대로 표현할 수 없다면 그들에게 더 단순한 읽고 쓰는 수단이 마땅히 부여되어야 한다. 통일되고 실제적인 계획이 완성되기까지 오랜 시간이 걸리더라도 상관없다. 다만 지금이 이를 시작할 적기이다.

본 사절단의 판단으로는 가나보다 로마자가 이득이 더 많다. 게다가 로마자는 민주주의적 시민정신과 국제적 이해 확대에 큰 역할을 할 것이다. 여기에는 많은 난관이 있을 것이다. 많은 일본인이 주저하는 자연스러운 마음도 잘 알고 있다. 또한 의뢰받은 개혁의 중대함도 충분히 자각하고 있다. 그러므로 감히 우리는 다음과 같이 제안하는 바이다.

1. 어떤 형태의 로마자를 가능한 모든 수단을 동원하여 일반적으로 사용하도록 할 것
2. 선택된 특정 로마자의 형태는 일본인 학자, 교육계 지도자나 정치가로 구성된 위원회에서 결정할 것
3. 이 위원회는 과도기의 국어개혁계획을 수립하는 책임을 맡을 것
4. 이 위원회는 신문, 정기간행물, 서적 등 문서를 통하여, 학교 및 사회생활, 국민 생활에 로마자를 도입하는 계획과 실행안을 수립할 것
5. 이 위원회는 또한, 민주적인 형태의 입말을 만드는 방법을 연구할 것
6. 아이들의 공부 시간이 끊임없이 고갈되는 지금의 상황을 고려하여 위원회를 조속히 결성할 것. 적당한 기간

내에 완전한 보고와 포괄적인 계획안을 공표하도록 한다. (중략)

지금이야말로 국어개혁의 기념비적인 첫걸음을 내디딜 절호의 시기이다. 분명 이러한 기회는 앞으로 몇 세대가 지나더라도 두 번 다시 오지 않을 것이다. 일본인의 눈은 미래를 향하고 있다. 일본인은 자국 내 생활 및 국제적 지향에 있어서도 간단하고 효율적인 문자를 통한 전달법이 필요한 새로운 방향을 향해 나아가고 있다.[11]

한자의 어려움

사람들에게 그다지 알려지지 않은 자료이고, 이 책에서 깊이 논의하는 부분이므로 길게 인용했다. 여기서 제안된 내용을 한마디로 정리하면, 앞으로 일본어는 로마자로 적고, 이를 위한 설비와 시스템을 조속히 개발하라는 내용이다. 여기서 '어떤 형태의 로마자'라고 한 이유는, 당시 로마자 표기법으로 훈령식[訓令式: 1937년 내각 훈령에 제시된 방식], 헵번식[ヘボン式: James Curtis Hepburn(1815~1911)이 저술한 일본 최초의 일영사전 『화영어림집성(和英語林集成)』에서 사용한 방식], 일본식[日本式: 초기 대표적 로마자론자인 다나카다테 아이키쓰[田中舘愛橘, 1856~1952]가 1885년에 발표한 방식] 등 여러 종류가 존재했기 때문이다. 대소문자 다 합쳐

11 『アメリカ教育使節団報告書』 54~59쪽.

도 최대 수 십자인 표음문자로 언어를 표기하는 서양인의 눈에는 복잡한 형태의, 최소 2천 자 정도는 사용해야 하는 한자 표기법이 마치 악마가 만든 표기법처럼 느껴졌을 것이다.

그들에게는 로마자가 더 진보적인 문자였다. 고작 26자로 모든 단어와 문장을 쓸 수 있고, 구미 선진국은 대부분 모두 로마자를 사용하므로 서양인의 관점에서는 분명 '세계 공통의 문자'였을 것이다. 패전 후 일본이 재건에 성공하여 언젠가 국제사회에 복귀하려면 일본도 이 '세계 공통의 문자'를 미리 국어 표기에 도입하여 국제적 인식을 높여야 할 것이며 지금이 그 절호의 기회다.

물론 이전 방식을 바꿔, 한 번에 로마자 표기로 이행하기는 어렵고 오랜 시간이 걸린다. 그러나 전 세계적으로 보더라도, 어느 시점을 경계로 자국어의 표기 문자를 변경한 사례가 적지 않다. 가령 1922년에 제정(帝政)을 폐지하고 이듬해 공화제를 선언한 터키의 경우, 초대 대통령인 케말 아타튀르크(Mustafa Kemal Atatürk, 1881~1938)의 정책에 따라 아랍문자에서 로마자로 바꾼 것은 잘 알려진 사실이다. 또한 중국의 영향을 받아 왔던 베트남의 경우, 고전이나 역사적 기록의 대부분을 한자로 표기했는데, 1919년 과거제를 폐지하고 프랑스 총독부의 '꾸옥 응으(Quốc ngữ: 로마자로 베트남어를 표기하는 시스템)' 교육을 추진함으로써 전통적인 표기법이 감소했고 1945년 응우옌[阮] 왕조의 멸망과 베트남 민주 공화국의 성립으로 인해, 전통의 한자를 대신하여 '꾸옥 응으'가 문자 시스템으로 정식 채택되었다.

일본이 점령 통치한 시대에는 한자가나 혼용문의 일본어 사용이 강제되었던 한반도 역시 일본의 통치 종료 후, 민족 문자인 한글을 사용한 언어 표기법이 강력히 추진되었다. 현재 한반도의 북쪽은 한자를 전혀 사용하지 않고 남쪽의 경우도, 한국을 여행한 경험이 있는 사람이라면 알 수 있듯 거리에는 거의 100% 한글이다.

복잡한 것은 몽골이다. 몽골어는 역사적으로 종서(縱書)의 몽골 문자로 쓰였는데 소련의 전면적 지원으로 독립한 몽골 인민공화국은 모스크바의 지시에 따라 키릴문자 표기법을 채택했다(1941년). 이는 소련 붕괴와 연동되어 신생의 몽골국이 되자, 민족의식의 고양도 작용하여 전통적인 몽골 문자를 부활시키자는 움직임이 고조되었다. 그러나 문자의 변경은 그리 간단하지 않았는데, 우여곡절을 거치며 한때 정식 계획되었던 몽골 문자로의 전면 수정은 중단되었다. 현재는 개인에 따라 제각각의 표기법이 통용되는 상황이라고 한다.

전 세계적으로 볼 때, 거대한 사회 변혁기에 언어 표기 문자가 변경되는 일도 드물지 않다. 전후 일본에서도 새로운 문화가 도입되고, 새로운 국가로 재탄생하는 것을 계기로 언어 시스템이 바뀌는 게 당연하다는 인식이 일부 존재했다.

복잡한 형태, 소리와 뜻의 사용 구분

분명 한자는 로마자나 가나에 비해 현격히 어렵다. 이 복잡한 표기법을 배워 어느 정도 일본어를 쓸 수 있으려면 매우 긴 시간 노력해야 한다. 그만한 시간이 있다면, 간단히 익힐 수 있는 문자로 문장을 적고, 한자 학습을 폐지함으로써 발생한 남는 시간을 수학이나 외국어 등 보다 실용적인 학습에 할애해야 한다는 것이 미국사절단이 주장하는 바이며, 여기에 찬성한 일본인도 적지 않았다.

한자 학습 시간이 줄어들었다고 해서, 과연 학생들이 수학, 이과 혹은 영어 공부를 열심히 하게 될지 개인적으로는 상당히 의문스럽지만, 어쨌든 한자는, 특히 초등교육에서의 학습에 긴 시간을 요했던 것은 부정할 수 없는 사실이다.

히라가나, 가타카나라면 초등학교 저학년도 쓸 수 있고 지금은 대부분 유치원에서도 가나를 가르친다. 이에 반해 한자는 초등학교 6년간 기본적인 것을 습득하게 되는데, 현재는 총 1,026종의 한자를 「교육한자」(학습지도요령에 제시된 「학년별 한자배당표」의 한자)로서 학습한다. 이 1,026이라는 자수는 가나나 로마자 자수의 무려 20배가 넘는다. 그러나 초등학교에서 배우는 「교육한자」만으로 현실사회에 대응하기엔 우선 불가능하다. 「교육한자」에는 虹, 購, 渋, 鑑, 丼 혹은 冗, 錯 등 성인이 일상적으로 사용하는 한자가 포함되어 있지 않기 때문이다. 「교육한자」는 1,026자이므로 사회생활을 영위하는 사용 한자 기준인 「상용한자」(2,136자)의 절반 수준에 불과하며, 게다가 「교육한자」를 만족스럽게 읽고 쓰지 못하는 중고생도 실제로는 많다.

또한 한자와 가나, 로마자를 자형 관점에서 보더라도 로마자나 가나는 불과 3~4획으로 쓸 수 있는 데에 반해, 한자 획수는 비교가 안 될 정도로 많다. 一, 乙, 二, 上, 山, 川처럼 1~3획이 오히려 특수한 예이며, 家, 料처럼 매일 읽고 쓰는 한자도 10획, 営, 散은 12획, 整,

興, 賢은 16획이나 된다. 20획 내외 한자 중에는 警, 護, 露처럼 자주 사용하는 한자도 있어 이들 문자를 외우는 시간이나 쓰는 수고는 가나나 로마자와는 비교할 수 없을 정도로 크다. 참고로 초등학교에서 배우는 「교육한자」 중 가장 획수가 많은 것은 競, 議, 護(모두 20획), 상용한자 중 가장 획수가 많은 것은 23획인 鑑이었는데 「상용한자표」 개정 때 추가되어 대표적인 난해 한자로 잘 알려진 鬱은 무려 28획이나 된다.

심지어 복잡한 것은 자형만이 아니다. 읽는 법도 한자는 한 가지 방법만 있지 않다. 대부분의 한자는 음독과 훈독을 가지는데, 가령 '平'자는 平行[へいこう, 헤이코]과 平等[びょうどう, 뵤도], 平ら[たいら, 다이라] 등 읽는 법이 모두 다르다. 음독의 경우라면, 樂器[がっき, 갓키]와 樂園[らくえん, 라쿠엔]처럼 의미 차이에 따라 '樂'자를 달리 읽어야만 한다. 重複[ちょう/じゅうふく, 조/주후쿠], 発足[ほっ/はっそく, 홋/핫소쿠]의 경우는, 사람에 따라 읽는 법도 달라 어느 쪽이 옳다고 단정하기도 힘들다. '首相[しゅしょう, 슈쇼]を相手[あいて, 아이테]に相談[そうだん, 소단]する'라는 문장에서 '相'자, '断食[だんじき, 단지키]あとの食事[しょくじ, 쇼쿠지]でごちそうを食べる[たべる, 다베루]'라는 문장에서 '食'자, '異常気象[きしょう, 기쇼]で象[ぞう, 조]に異変'이라는 문장에서 '象'자, 다소 기묘한 예문이지만 '生意気[なまいき, 나마이키]な生娘[きむすめ, 기무수메]と一生[いっしょう, 잇쇼]にわたって生活[せいかつ, 세카쓰]をともにする'라는 문장에서 '生'자를 각각 올바르게 읽어야 한다. 한자를 자유자재로 사용한다는 것은 이처럼 복잡한 형태, 소리, 뜻의 사용 구분을 모두 암기해야 하는 것과 같다.

전전(戰前) 한자 규격의 작성

한자에는 이처럼 '결점'이 매우 많다. 따라서 일본어 표기에 사용하는 한자 수를 최소화해야 한다. '전근대적이고 후진적 문자'인 한자를 계속 사용하는 것은 근대국가 발전에 부정적인 요소이므로 이제 한자를 일절 사용하지 말자. 일본어도 서양어처럼 로마자로 적든가 가타카나만을 사용해 표기하자는 주장이 비단 외국인들뿐만 아니라, 일본 내에서도 메이지[明治] 시대(1867~1912) 전후부터 계속되어 왔다.

그 최초는, 일본에 우편제도를 도입한 인물로 알려진 마에지마 히소카[前島密, 1835~1919]가 1866년에 도쿠가와 요시노부[德川慶喜, 1837~1913][12]에게 제출한 건백서(建白書) 「한자 폐지의 의[漢字御廃止之議]」이다. 그는 '국가의 근본은 국민 교육에 있으며, 그 교육을 사민 차별 없이 국민에게 똑같은 것을 똑같이 하기 위해서는 최대한 간단한 문자와 문장을 사용해야 한다'라면서 가나 문자의 교육 보급을 주장한 바 있다.

한편 도사번[土佐藩][13] 출신의 난부 요시카즈[南部義籌, 1840~1917]는

12 에도 막부의 마지막 쇼군[將軍] -옮긴이

13 현재 시코쿠[四国] 고치현[高知県] -옮긴이

로마자에 의한 국어 표기를 제안했다. 난부는 메이지 정부가 설치한 학문소에서 한자를 배웠는데, 과거 난학(蘭學)[14]을 배웠을 때 익힌 로마자의 이점에 감복(感服)하여 1869년 옛 주군이자 당시 대학두(大學頭)였던 야마우치 도요시게(요도)[山内豊信(容堂), 1827~1872]에게 「수국어론[修国語論]」을 건백했다.

난부의 주장은 배우기도 외우기도 간단한 로마자로 국어를 쓰도록 하여 일본의 문맹을 유럽 국가 수준까지 낮추자는 것이었다. 비슷한 주장은 '철학(哲學)', '자유(自由)', '이성(理性)', '주관(主觀)' 등 당시 일본에는 존재하지 않았던 사물이나 개념에 대한 수많은 번역어를 만든 인물로 유명한 니시 아마네[西周, 1829~1897]에게도 찾아볼 수 있다. 니시는 1874년에 발표한 「서양 문자를 사용하여 국어를 표기하는 논[洋字ヲ以テ国語ヲ書スルノ論]」(『明六雑誌』 제1호 수록) 중에 '알파벳 26자를 알고 최소한의 맞춤법을 배우면 아이와 여자도 남자의 글을 읽고 천한 자도 군자의 글을 읽으며 또한 자기의 의견을 쓸 수도 있다'라고 했다.

갑자기 로마자나 가나 표기로 이행하는 것이 아니라 우선 한자 수를 줄이는 것부터 시작하자고 주장한 사상가도 있었다. 후쿠자와 유키치[福澤諭吉, 1835~1901]는 1872년 『문자지교[文字之教]』에서 '일본에는 가나 문자가 있음에도 한자를 함께 사용하는 것은 매우 옳지 않으나 왕고부터 내려온 관례에 따라 전국 일용서에 모두 한자를 사

14 에도시대 일본이 주로 네덜란드로부터 받아들인 서양 학문 -옮긴이

용하는 풍토이므로 이를 갑자기 폐지하는 것 역시 옳지 않다'라며 한자 수를 2, 3천자 수준으로 줄일 것을 주장했다. 그러나 후쿠자와도 언젠가는 한자를 폐지해야 한다고 했다. 앞의 글에 이어서 '시절을 기다린다며, 단지 아무것도 하지 않고 기다리는 것도 옳지 않으므로, 지금부터 점차 한자를 폐지하는 준비를 하는 것이 유일한 방법이다. 그 준비란 문장을 쓸 때 어려운 한자를 최대한 사용하지 않겠다고 마음먹는 것이다. 어려운 글자부터 사용하지 않는다면 한자 수는 2천 혹은 3천으로 족하다'고 했다.

그 밖에도 초대 문부대신인 모리 아리노리[森有禮, 1847~1889]는 일본어 사용을 멈추고 영어를 국어로 삼자고 했으며, 또한 '소설의 신'으로 칭송받았던 작가 시가 나오야[志賀直哉, 1883~1971]는 태평양 전쟁이 끝난 후 불과 반년 후인 1946년 4월, 미래 가장 우수한 언어가 될 프랑스어를 국어로 삼아야 한다는 주장을 『改造』라는 잡지에 발표한 바 있다. 이들의 주장은 지금의 나로서는 이해하기 힘든 폭론(暴論)이거나 무정견(無定見)한 농담 같지만, 당시 논자들은 매우 진지했다.

마에지마 히소카는 한자를 폐지하고 가나로 일본어를 표기하자는 주장을 실천하기 위해서 일본어 문장을 가나만으로 적은 『마이니치 히라가나 신문지[まいにち ひらかな しんぶんし]』의 발행(1874년)을 비롯하여, 가나나 로마자만을 사용한 신문·잡지를 인쇄 간행한 노력이 실제 다양한 사람들에 의해 실천되었다. 또한 그 방식을 더욱 널리 보급하기 위해 영문 타자기 구조를 활용하여 가타카나를 입력할 수 있는 타자기가 개발되어 공개되기도 했다.

개인적 경험인데, 졸업논문을 쓰던 1974년경 가타카나 타자기를 교토 시내의 문구점에서 실제로 본 적이 있다. 논문에 인용할 자료를 정리하기 위한 색인카드 작성에 편할 것 같아서 진지하게 구매를 고민했던 적도 있었다. 그러나 아무리 자료정리용이라지만, 한자를 사용할 수 없다는 치명적인 결점 때문에 결국 구매하지는 않았다. 영문 타자기는 당시 전동식이 기본이었는데, 내가 본 그 타자기는 전동식이 아닌 데다가, 대략 7만 엔 정도였던 것으로 기억한다. 당시 교토 버스요금이 80엔 정도였으니, 학생에게 저렴한 가격은 아니었다.

임시국어조사회의 상용한자표

한화휴제(閑話休題). 지금까지 얘기한 한자 제한론 혹은 폐지론은 모두 메이지 초기부터 전전 때까지 민간인들에 의한 주장이었다. 이들 주장에 힘입어 정부 기관이 일본어 표기에 사용하는 한자 수를 최대한 줄이려는 시도 역시, 전전부터 이미 실행되었다. 그 시작은 '임시국어조사회'였다. 문부대신 감독하에 국어에 관한 사항을 조사하기 위해 1921년 설치된 조직으로, '국민 생활에서의 한자 부담을 줄인다'는 목적하에 한자 1,960자와 그 간이자체 154자를 담은 규격이 작성되었다. 그 명칭을 「상용한자표」(1923년 12년 5월 발표)라고 했다. 명칭은 1981년에 만든 「상용한자표」와 같지만, 단순히 동명일 뿐 전혀 다른 것이다.

일본 최초로 한자 제한을 목적으로 제정된 이 표는 민간인의 개인적인 주장이 아니라 정부에서 나온 한자 규격이었다는 점에서 획기적이며, 심의 결과 1923년 9월 1일부터 신문사들이 이 규격에 따라 신문을 편집할 예정이었다.

문장 표기에 많은 한자를 사용하는 어려움을 해결해야 했던 곳은 바로 신문사였다. 활자 인쇄로 신문을 만들었던 시대에는 방대한 양의 활자가 필요하다. 게다가 제목과 본문은 문자 크기나 서체가 다르므로 신문사는 수천에 달하는 한자를 크기와 서체별로 여러 세트 준비해야만 했다. 거대한 설치 공간뿐만 아니라 이를 다루는 직원도 여럿 필요하다. 신문사의 경영적 측면에서는, 활자 관리의 공간과 수고로움은 물론, 직원 수를 최대한 줄이길 바라므로 지면에 사용하는 한자 수를 줄여야 한다는 절실함이 있었다.

그런 까닭에 「상용한자표」 심의 위원회에는 도쿄와 오사카의 유력 신문 14사의 임원들이 위원으로 참여했다. 이렇게 만들어진 규격은 신문사 입장에서 매우 환영할 만한 것이었고, 총 20개 신문사가 9월 1일에 공동선언을 발표하여 이 표에 따라 한자 제한을 실행할 예정이었다. 그런데 실시 예정 당일, 관동대지진이라는 격심(激甚) 재해가 발생했고, 수도에 위치한 대다수의 신문사가 소실 혹은 파괴되어 모처럼의 계획이 시행 불가능해졌다.

이야기 순서가 바뀌지만, 이 '임시국어조사회'의 초대 회장으로 일본을 대표하는 문호 중 한 명인 모리 오가이[森鷗外, 1862~1922](모리 린타로[森林太郎])가 취임했다.

전전부터 전후까지 문부성에서 국어 관련 시책에 오랫동안, 그리고 항상 핵심 부분에 관여해 온 언어학자 호시나 고이치[保科孝一]의 『어느 국어학자의 회상[ある国語学者の回想]』(朝日新聞社, 1952)의 기록에 따르면, 오가이는 본래 회장직을 원치 않았다고 한다. '임시국어조사회'에는 시마자키 도손[島崎藤村]이나 아리시마 다케오[有島武郎], 이와야 사자나미[巖谷小波] 같은 작가들도 참여했는데, 이들 문인 외에 앞서 언급했듯이 한자 문제와 깊이 관련 있는 신문업계에서 다수의 위원이 참여했다. 그러나 오가이는 신문기자가 대하기 어렵고, 신문사로부터 선출된 위원의 면면을 보고 두려움을 느꼈다. 괜히 회장직을 맡아 신문업계의 적이 되는 것은 아닌지 걱정했다고 한다. 이를 당시 문부차관이었던 미나미 히로시[南弘]가 반나절 동안 설득하여 겨우 승낙받았다고 호시나는 회고했다.

그러나 실제 회의에 참석해 보니, 신문업계 위원들은 꽤 신사적이었고, 국어 문제에도 굉장한 열의를 가졌음을 알고 난 후부터 오가이도 회의를 거듭할수록 위원들을 깊이 신뢰하게 되었다고 한다. 그러나 오가이는 회의의 성과인 「상용한자표」의 성립을 보지 못한 채 회장 취임 후 얼마 지나지 않은 1922년 7월 9일에 타계했다.

오가이가 사망한 후, 도쿄제국대학 국어 연구실의 초대 주임 교수이자 훗날 귀족원(貴族院) 의원이 되는 언어학자 우에다 가즈토시[上田萬年]가 회장을 이어받았다. 우에다는 독일에서 언어학(당시에는 박언학(博言學)이라고 칭함)을 배운 유학파로, 『대일본국어사전[大日本国語辞典]』(冨山房·金港堂, 1915~19)의 저자로 유명하다(다만 이 사전은 실제로는 대부분 공저자인 마쓰이 간지[松井簡治]의 작업이었고 우에다는 단순히 이름을 빌려주었을 뿐이라고 한다).

그러나 우에다가 유럽에서 공부한 것은 알파벳이라는 표음문자 위에 구축된 언어학이었다. 서구 언어학에서 문자란 음성언어를 받아 적는 수단으로만 인식할 뿐, 문자 각각의 고유한 의미가 없다고 보기 때문에 고대 문자의 해독 등을 제외하고 문자가 연구의 대상이 되는 경우는 거의 없었다. 우에다는 이러한 서양 언어학의 입장에서 한자 문제를 다루었기에 한자는 결국 폐지하는 것이 당연하다고 생각했고, 그러한 입장에서 주장을 전개했다. 전술한 호시나 고이치는 우에다 밑에서 언어학을 배운 초기 학생이었기에 비슷한 입장에서 국어시책에 관여했다.

표준한자표

임시국어조사회의 획기적인 「상용한자표」는 불행히도 관동대지진의 희생양이 되고 말았다. 그러나 한자 사용을 적합하게 제한하기 위한 시행은 이후에도 계속되어 1931년에는 「상용한자표 및 가나 표기법 개정안에 관한 수정[常用漢字表及仮名遣改定案に関する修正]」이라는 명칭으로, 1923년에 작성된 「상용한자표」(1,960자) 중 147자를 줄이고 새롭게 45자를 추가한 1,858자의 표가 작성되었고 1942년 6월에는 국어심의회가 '각 관청 및 일반기업에서 사용하는 한자의 표준'으로서 총 2,528자를 수록한 「표준한자표」를 문부대신에게 답신(答申)했다.

이 「표준한자표」야말로, 전후 한자 규범으로 큰 역할을 했던 「당용한자표」 작성에 중요한 기초 자료가 되었는데 이는 후술하도록 하고, 「표준한자표」의 제정 목적에 대하여 머리말에는 다음과 같이 적고 있다.

> 이 표는 근래 일본에서 한자의 무제한적인 사용으로 인해 사회생활상 작지 않은 불편함이 발생하므로 이를 조정, 통제하여 각 관청 및 일반기업에서 사용해야 하는 한자 표준을 제시한 것이다.

즉 이 표는 관청과 일반사회의 한자 표준을 제시한 것인데 한자 전체를 속성별로 3종으로 분류한 점이 가장 큰 특징이다.

그 분류란 상용한자(常用漢字), 준상용한자(準常用漢字), 특별한자(特別漢字)의 3종이다. 상용한자란 '국민의 일상생활과 관련이 깊고 일반적으로 사용 정도가 높은' 1,134자, 준상용한자는 '상용한자보다 국민의 일상생활과 관련이 적고 일반적으로 사용 정도도 낮은' 1,320자, 마지막으로 특별한자란 '황실전범(皇室典範), 제국 헌법, 역대 천황의 추호(追號), 국정교과서의 봉게(奉掲) 조칙(詔勅), 육해군 군인에 내려진 칙유(勅諭), 미국 및 영국에 대한 선전 조서(詔書) 문자로서 상용한자와 준상용한자 이외의' 74자이며, 구체적으로는 朕, 璽, 祚, 肱, 誥, 謨 등이 여기에 포함된다.

'간이자체'의 등장

또한 「표준한자표」는 사회에서 사용되는 자종(字種)을 선정했을 뿐만 아니라 몇몇 한자의 간이자체(簡易字體) 사용을 인정했다는 점도 후세에 큰 영향을 미쳤다.

「표준한자표」의 마지막 부분에 '간이자체'라는 항목이 있다. 여기에 '다음의 간이자체는 일반적으로 사용할 수 있는 것'이라며 並, 乱, 仮, 両, 実, 属, 廃 등 48자의 '상용한자'와 剤, 嘱, 岳, 径, 恋, 択 등 30자의 '준상용한자'를 제시하고 있다. 실제 표 안에는 乱(亂), 両(兩)처럼 간략체를 앞에, 그 뒤 괄호 안에 구자체를 배치하는 형태이다. 이는 그간 세간에서 사용해 왔지만, 약자(略字)나 속자(俗字)로 불리며 한 단계 낮게 인식되었던 '간이자체'를 정규 자체로 인정하고자 했던 것이다.

이와는 별개로 정규 자체로 인정하지는 않지만, 일반 문서에서의 사용을 허용하는 '간이자체'도 지정되었다. '다음의 간이자체는 일반적으로 사용해도 지장 없다'라며, 佛, 勞, 勵, 區, 國, 圍, 壽 등에 대하여 仏, 労, 励, 区, 国, 囲, 寿의 자체를 사용해도 무방하다고 했다. 이 항목에는 '상용한자'에서 40자, '준상용한자'에서 24자를 선정했으며, 실제 표에는 佛(仏), 區(区)처럼 정자체를 먼저 적고 그 뒤 괄호 안에 허용 자체를 제시했다. 단, 이들 '간이자체'는 '일반적으로 사용할 수 있는 것'과 '일반적으로 사용해도 무방한 것' 모두 '황실전범, 제국 헌법, 역대 천황의 추호, 조칙(詔勅)을 인쇄 혹은 서사하는 경우에는 간의자체를 사용하지 않는다'고 주를 달았다.

이처럼 당시 '약자', '속자' 등으로 불리던 간략체를 정규 자체로 인정하고자 한 방침은 전후 「당용한자표」에 계승되었고 지금의 한자 시책으로도 이어졌다고 할 수 있다. 그러나 「표준한자표」가 만들어진 1942년은 태평양전쟁이 한창이었던 시기로, '동문동종(同文同種)'인 중국 등 '대동아공영권(大東亜共榮圈)'을 건설하려는 당시 정부나 군부, 혹은 사회 분위기상 한자를 제한하거나 '약자'에 시민권을 주자는 주장에 대하여 반대론이 거셌다.

「표준한자표」는 실제 시행되지 못한 채 초안 상태 그대로 관청의 창고에 묻혀버리고 말았다. 그러나 이 표는 전후 '당용한자'의 모태로서 큰 영향을 미치게 된다. 「당용한자표」와의 관계는 후술하도록 한다(57쪽 참조).

한자 읽고 쓰기 조사

「표준한자표」는 일본어 표기에 있어 일정한 수의 한자만을 사용하고 최대한 알기 쉬운 일본어 표기법의 실현을 목표로 했다. 물론 '특별한자'로서 황실, '국체(國體)' 등과 관련된 한자가 포함되어 있다는 점은 시대가 만든 산물이지만, 그럼에도 한자 제한을 목표로 했음은 분명하다.

그러나 전쟁이 끝나자, 한자에 대한 비난이 더욱 거세졌고 제한론은 한순간에 폐지론으로 급발진하기 시작했다. GHQ가 점령 정책의 일환으로 한자 사용 자체에 대한 근본적인 수정을 권고했고, 이에 한자를 사용하지 않는 일본어 표기법을 모색하게 된 것이다.

GHQ의 최고사령관 맥아더 원사는 1945년 9월 2일 도쿄만에 주둔하던 미국 군함 미주리호 갑판 위에서 일본이 항복문서에 서명한 몇 분 후, 미국 국민에게 라디오를 통해 연설했다. 그중 "오늘 우리는 92년 전 페리 제독과 마찬가지로 도쿄에 서 있다(We stand in Tokyo today reminiscent of our countryman Commodore Perry 92 years ago)"라고 했는데, 패전 후의 점령통치는 흡사 쇼와[昭和] 시대(1926~1989)의 '흑선내항(黒船来航)[15]' 그 자체였다. 에도[江戸] 시대(1603~1868) 말 일본이 그럭저럭 자주적으로 외국에 대응했었던 것과는 달리, 패전국이었던 일본은 전승국에 머리를 숙인 채 점령군의 강압 하에 개혁 요구와 정책 대부분을 그대로 수용할 수밖에 없었다.

1945년 9월 3일 일본에 진주하자마자 GHQ는 '일본국 정부는 모든 도시 자치 정촌(町村) 및 시(市)의 명칭, 이와 연결되는 공공 도로의 각 입구 양측 및 정거장(停車場) 보랑(歩廊)에 최소 6인치 크기 이상의 문자를 사용하고, 영어로 게시하는 것을 확보하도록 하며, 영어 명칭으로의 전기(轉記)는 수정 '헵번식(로마자)'에 따른다'(연합국 최고사령부 지령 제2호 제2부 17)는 지령을 내렸다. 즉, GHQ 소속 대부분의 미국인이 한자나 가나를 모르기 때문에 도로 표식, 역명 표시

---

15 1853년 미국의 페리 제독이 에도(지금의 도쿄) 근처인 우라가[浦賀]에 흑선[黒船: 구로부네] 4척을 이끌고 나타나 일본에 개항을 요구한 사건으로, 일본에서는 '페리'와 '개국'을 연상하게 하는 말이다. -옮긴이

혹은 공공시설의 간판에 로마자와 영어로 표기하라는 명령이다.

이처럼 GHQ는 점령 당초부터 로마자를 사용한 일본어 표기를 고수했다. 당시 GHQ 산하 민간정보교육국에는 존 펠젤(John Pelzel)이라는 장교가 있었다. 1914년생이므로 당시 30대 전후에 불과했는데, 「일본 신화 속 인간성[日本の神話における人間性]」[16]이라는 논문도 저술한 문화인류학자였다. 그는 문부성에 일반 일본인이 한자를 얼마만큼 읽고 쓸 수 있는지 그 능력을 조사할 것을 제안했다. 펠젤 역시 GHQ 방침인 로마자 표기를 지지했으며 그 정책을 실현하기 위해서 우선 일본인의 식자 능력을 조사하여 일반 일본인의 읽고 쓰는 능력이 낮음을 실증하고 그 낮은 능력이 한자가 어렵기 때문이라고 결론지으려고 했다. 즉 한자 폐지를 위한 움직이지 못할 증거를 만들고자 했던 것이다. CIE로부터 일임받은 문부성은 '읽고 쓰기 능력 조사위원회[読み書き能力調査委員会]'를 설립하고 교육연수소 소장이었던 무타이 리사쿠[務台理作, 1890~1974]를 위원장에 지명했다. 무타이와 다른 위원들은 폐허가 된 도쿄에서 끼니조차 때우기 어려운 극도의 혼란기 속에서, 전대미문의 식자 능력 테스트 실현에 노력했다. 이는 필시 상상하지 못할 어려움이 수반된 업무였을 것이다.

조사는 반년의 준비를 거쳐 1948년 8월, 전국에서 일제히 실시되었고 약 1년 동안 정리 분석하여 1950년 10월, 『일본인의 읽고 쓰기

---

16 山崎信子訳『日本の歴史と個性：現代アメリカ日本学論集. 上 近世』ミネルヴァ書房 1973.

능력』[17]이라는 대작에 상세히 정리되었다. 이 조사는 당시 일본인의 언어 능력 실태를 통계학적 수법을 활용하여 거의 완벽하다고 할 정도로 정확히 파악했다.

보고서는 다수의 그래프나 표를 삽입한 대형 서적으로, 마지막에는 916라는 페이지 수가 적혀있다. 그러나 이는 액면 그대로의 총 페이지 수는 아니다. 그도 그럴 것이 보고서 작성에 직접 관여한 노모토 기쿠오[野元菊雄, 1922~2006](훗날 국립국어연구소 소장)가 저명한 국어학자인 하야시 오키[林大], 시바타 다케시[柴田武] 등 전후 국어시책 현장과 깊이 관여한 관계자와의 좌담회에서 다음과 같이 밝혔기 때문이다.

> 제가 『일본인의 읽고 쓰기 능력』이라는 책을 만들었다면 만들긴 했는데, 이 책만의 몇가지 특색이 있습니다. 예를 들어 페이지 수가 도중에 확 뛰거나 했습니다. 장마다 페이지를 새롭게 했기 때문에 갑자기 숫자가 뛰어버린 것입니다. 그렇다면 보통 책 소개에 『일본인의 읽고 쓰기 능력』 총 몇 페이지라고 적는데 마지막 페이지 수를 보고 적기 때문에 상당히 두꺼운 책이라고 생각하지만 실은 중간에 많이 빠져 있습니다. 어떤 장이 칠백 삼십 몇 페이지로 끝나는데 다음 장은 팔백 일 페이지부터 시작하는 식으로 말이죠. 내가 이 책을 만들게 된 만큼, 조금 장난을 쳐볼까 해서 그리했던 것

17 読み書き能力調査委員会編『日本人の読み書き能力』東京大学出版部 1951.

입니다. 그런 책은, 이후 어디에서도 나오지 않을 것이라고 생각합니다.[18]

페이지 수를 불연속적으로 한 것이 도대체 무슨 이득이 있었는지, 그리고 여럿이 편집한 책에 어떻게 이런 것이 허용되었는지 나로서는 전혀 이해할 수 없다. 독자 입장에서는 매우 민폐인 '장난'이라고 밖에 볼 수 없지만, 위의 대화를 참고하여 책을 조사해 보니 실제 9장의 '결론'이 430쪽으로 끝나는데, 바로 이어지는 '표'가 500쪽부터 시작하는 식이다. 그러므로 제일 마지막의 916이라는 페이지 수를 있는 그대로 믿을 수는 없다. 그럼에도 굉장한 볼륨의 책임에는 틀림없다.

놀라운 것은 가격이다. 책의 뒷면에는 1,800엔이라는 정가가 적혀있다. 도쿄 전차가 10엔, 버스가 15엔, '피스' 담배 한 갑이 40엔이었던 당시 물가를 고려하면 터무니없는 금액이다. 내가 확인한 교토대학 소장본에는 778번이라는 숫자 스탬프가 찍혀있으므로 아마도 한정 판매였을 것이다.

책의 첫 부분에 있는 '읽고 쓰기 능력 조사위원회'의 무타이 리사쿠 위원장의 서문에 따르면, '이 조사는 일본은 물론 세계적으로도 유례없는 대규모 작업이다. 특히 각 분야 전문가의 협력하에 공동조사이자 최신 통계학을 도입한 과학적인 조사로서 이는 일본 최초

---

18 文化庁編『国語施策百年の歩み』文化庁 2003, 14쪽.

의 일이다. 이를 통해 국어국자문제는 물론, 국어정책 혹은 문화정책에 공헌하는 기초 자료를 얻을 수 있었다고 본다'고 적고 있다. 실제 이후 일본에서 이만한 규모의 식자 능력 조사는 없었으며 앞으로도 없을 것이 분명하기에 흡사 공전절후(空前絶後)의 대작업이었다고 할만하다.

실제 조사 대상은 당시 '물자배급대장(物資配給臺帳)'에 따라 주도면밀하게 준비되었고 통계학적 방법에 따라 전국 15세부터 64세까지의 남녀가 선정되었다고 한다. '물자배급대장'이라 하면 특정 시대를 연상시키는 말이다. 전시 때부터 전후까지 심각하게 물자가 부족했던 시대에는 일용잡화품 등 정해진 범위 안에서 배급을 받았다. 1951년생인 나는 종전 직후의 암시장이나 가이다시[買い出し][19] 등은 잘 모르지만, 소학교 때에는 아직 쌀 배급을 받았기 때문에 '미곡배급통장(米穀配給通帳)'이 있었다. 어느 날 어머니를 따라 쌀집에 갔는데, 통장을 놓고 와서 쌀을 사지 못해 통장을 가지러 집까지 뛰어갔던 기억이 난다(미곡배급통장은 1981년 6월「식량관리법」 개정에 따라 폐지되었다).

당시 국민이라면 세대별로 곡물이나 의료품 배급용 통장이 있었는데, 이 대장을 자료로 조사의 피험자를 선정했다는 것이다. 지금이라면 상상도 할 수 없지만 당시로서는 매우 현명한 피험자 추출 방식이었다고 할 수 있다.

---

19 식량 부족으로 도시민들이 근교 농촌으로 식량을 직접 구하러 가는 일 -옮긴이

이처럼 무작위로 선발된 피험자에게, 당신은 '추첨'되어 시험을 보게 되었고, 개인별 시험 성적은 일절 묻지 않으며 발표도 하지 않으며 애초에 무기명 조사이므로 어떤 답안이 누구의 것인지도 전혀 알지 못한다는 내용을 설명하고 조사를 시행했다. 조사 대상인 피험자 데이터(보고서에는 sample이라고 적혀 있음)는 최종적으로 전국 1만 6,814명에 달했다. 실제로 시험을 실시한 곳은 문부성 교육연구소(훗날 국립교육정책연구소)이며, 취합 결과를 통계수리연구소 연구원이던 통계학자 하야시 지키오[林知己夫]가 일본 최초로 '무작위 추출법(random sampling)'으로 분석했다.

조사의 목적과 결과

이 조사는 본래 진주군의 요청(실제로는 명령)에 따른 것이었는데, 그렇다면 일본 측은 조사에 대해 어떠한 목적을 가졌을까. 이에 대하여 앞의 보고서는 다음과 같이 적고 있다(원문은 개조식이지만 여기서는 그 요지를 발췌했다).

> 조사가 필요한 이유
>
> 일본 국민의 읽고 쓰기 능력은 전 세계적으로도 상당히 높은 수준이라고 여겨졌다. 이 가설은 일본의 의무교육 보급률이나 취학률과 일반 서적의 출판률 등이 높기에 추정한 것으로, 지지를 받아 왔다. (중략)

그러나 메이지 유신 이래 '국어국자문제'로 논해진 것 중에는, 일본 국민의 읽고 쓰기 능력은 정상적인 사회생활을 영위하기에 불충분하다는 것이다. 일본은 의무교육 보급률이 거의 최고치에 달하였고 언어(문자) 교육은 학교 교육에서 가장 중시되어 온 것 중 하나였으므로 국민의 읽고 쓰기 능력이 아직 정상적인 사회생활을 영위하기에 불충분하다면 개혁해야 하는 것은 문자 언어 그 자체라는 것이다. 이는 '국어국자문제'를 논하는 사람들의 공통되고 근본적인 의견이다. 그러나 국민의 읽고 쓰기 능력이 정상적인 사회생활을 영위하기에 불충분하다는 것은 과학적으로 증명된 적이 한 번도 없었다. (중략)

일본의 국자 개혁의 가장 온당한(국민에게도 손쉽게 받아들여지는) 수단은 '한자 제한'일 것이다. 그리고 그 수단은 종종 시도되었으나 태평양전쟁이 끝날 때까지 성공하지 못했다. 전쟁 후인 1946년 11월에 발표된 한자 제한안, 즉 당용한자표는 많은 신문과 잡지, 공문서에도 채용되어 실행되었으나 과연 이 정도의 제한이 충분하다면 대중의 읽고 쓰기는 쉬워진 것일까. 만약 한자를 이 만큼 제한했음에도 대중의 읽고 쓰기 능력이 향상되지 않는다면 한자 제한과 그 방법이 더 합리화되어야만 할 것이다.[20]

글에서 언급된 「당용한자표」는 1946년에 내각이 고시한 것으로, 이 조사 시점에는 한자 제한을 위한 가장 공적인 규범이었다. 이는

20 『日本人の読み書き能力』 1~2쪽.

바로 다음에 상술하도록 하겠다. 여기 명시된 조사 목적 중에는 일본인의 읽고 쓰기 능력의 저하가 증명된다면 즉시 한자를 폐지하고 로마자 표기법을 추진하겠다는 연합국의 의도가 분명하게 읽힌다.

그렇다면 실제, 어떠한 문제가 출제되었을까. 이제 실제 문제를 살펴보도록 하자. 문제는 몇 가지 유형으로 나뉘는데, 그중 하나가 선택지 중에서 올바른 한자를 택하는 문제이다.

예를 들어, '朝、太陽は[아침, 태양은]'이라는 문구(모두 루비[21]가 달려 있다) 다음에 冬, 東, 雨, 上이라는 선택지가 있고 이어서 'から出る[~에서 뜬다]'라고 적혀 있다. 물론 '東'이 정답이며, '朝、太陽は 東 から出る(아침, 태양은 동쪽에서 뜬다)'라는 문장이 완성된다. 비슷한 문제가 총 16문 출제되었다.

> 病気のときは (健康 死亡 医師 危険) にみてもらう。
> きょうは砂糖の (配給 産業 食糧 数量) があります。
> あの人の (態度 国民 各派 必要) は立派だ。
> 統制を (上程 該当 機関 緩和) する。

또한 한자 단어 의미에 대해 올바른 것을 선택하는 문제가 있었

21 후리가나[振り仮名] 는 한자 읽는 법 등을 해당 문자 근처에 병기하는 표기체제이다. 한편 루비[ルビ]는 후리가나 표기를 위해 사용되는 활자를 뜻하는 말로, 메이지시대 영국에서 유입된 말이다. 당시 영국에서는 활자의 크기에 따라 다른 보석의 이름을 붙였다고 한다(루비는, 현재의 5.5포인트에 해당). 지금은 인쇄물에서의 후리가나 표기 자체를 통칭하거나 후리가나와 구별 없이 사용되기도 한다. -옮긴이

는데, 가령 '父'에 대하여, 'ひと/おとうさん/子/兄/おかあさん' 중에 정답을 선택하도록 한다(선택지 중 한자에는 루비가 달려 있음). 그 밖에도 '警官'에 대하여, 'あるく/役人/巡査/警告/あいさつ', '希望'에 대하여 'のぞみ/将来/たのしみ/心配/思いがかなう', '交渉する'에 대하여 'けんかする/話しあう/訪問する/汽車にのる/はじめる' 등이 있었다. 가장 어려운 문제는 '利潤'에 대하여 'ききめ/商売/もうけ/うるおい/便利'일 것이다. 물론 한자 받아쓰기 문제도 있었는데 실제 출제 문제는 다음과 같다.

(つき) を見る。	(せんせい) お体を大切に。
お (てがみ) いただきました。	この子は (しょうわ) 生まれです。
みなさん (げんき) ですか。	のちほど (つうち) します。
さっそく (へんじ) をしましょう。	あつく (おんれい) 申しあげます。
(ごうけい) すると千円になります。	私には (いもうと) があります。
お (ねが) い致します。	(ほしょうにん) になって下さい。
かぜをひいて (けっせき) した。	役場へ (とどけ) 出す。
右のように (せいきゅう) 致します。	ともかく (りれきしょ) お出しなさい。

당시 시대 배경을 느끼게 하는 문제도 많았다. 이는 차치하고 본 시험 결과는 어땠을까. 보고서에 따르면 '§6 결과의 기술'과 '§60 대강'에서 다음과 같이 정리하고 있다.

본 조사는 '일본 국민의 이 정도는 어떻게든 읽거나 쓸 수 있어야 하는 현대 문자 언어의 사용 능력 조사'가 목적이며, 이에 부합하도록 구성된 테스트 자료를 통해 세심한 주의를 기울이면서 실시되었으며 최대한 신뢰도 높은 결과를 얻고자 노력했기 때문에 본 조사의 문제는 정상적인 사회생활을 영위하는 사람이라면 전부 풀 수 있는 문제일 것이다.

그러나 액면 그대로 만점(즉 90점)을 받은 사람은 4.4%이며, 부주의에 의한 실수를 고려하더라도 만점으로 인정할 만한 사람은 6.2%에 불과했다. literacy(인용자 주: 문자의 읽고 쓰는 능력)의 정의에 따르면, 전 국민의 6.2%가 literate(원 주: literacy를 가짐)이라고 할 수 있다. (중략) literacy 한계 이하인 가장 최하는 0점이다. 0점은 이른바 '문맹'(여기서는 '완전 문맹'이라고 칭함-이하 원문 그대로)이라고 불리는 자이다. 이 조사에 따르면 0점은 1.7%였다(단 한 자도 못 쓰는, 백지로 제출한 경우와 모두 오답인 경우를 포함함). 가나는 어찌해서 적었더라도 한자는 전혀 쓰지 못하는 자도 '문맹'에 가까운 자(이를 '불완전 문맹'이라고 칭함)라고 한다면 이들 문맹('불완전 문맹'과 '완전 문맹' 모두 포함)은 전 국민의 2.1%로 추정된다. 이 수치는 분명 전 세계 국가 대비 매우 낮은 수준이므로 일본은 UNESCO가 구호로 내건 '문맹 퇴치' 문제에는 해당되지 않는다.

요약하자면 당시에도 일반적인 일본어의 식자 능력은 결코 낮은 수준이 아니며, 전 세계적으로 보더라도 높은 수준을 유지했다고 볼 수 있다. 이와 관련하여 아사히 신문[朝日新聞] 2008년 12월 5일자 석

간에 게재된 「일본 인맥기[ニッポン人脈記]」라는 칼럼에 흥미로운 기술이 있었다. 기사에 따르면 '읽고 쓰기 능력 조사위원회'의 핵심 멤버 중 한 명이자 출제를 담당한 시바타 다케시(당시 29세로 도쿄대학 조수(助手), 훗날 도쿄대학 교수, 1918~2007)가 문맹자 2.1%만으로는 한자 폐지가 어렵다고 우려한 펠젤에게 불려 가 "글자를 읽지 못하는 사람이 매우 많다는 식으로 하지 않으면 곤란하다"는 이야기를 들었다. 그러나 시바타는 "조사 결과를 왜곡할 수 없다"며 강하게 거절하였고 펠젤도 그 이상은 무리하게 강요하지 않았다고 했다.

민주주의와 자유의 화신인 점령군 간부가 데이터 개찬(改竄)을 의뢰했다는 것은 심상치 않으며, 그대로 믿기는 어려운 이야기지만 당시 시바타씨 본인의 직접적인 증언도 있었다. 전술한 국어학자들로 구성된 좌담회에서 시바타씨는 다음과 같이 회고했다.

> 그런데 조사를 마친 날, 돌연 분위기가 바뀌었습니다. 제가 1949년 3월 국연에 이직했을 때였던가. 날짜는 전혀 기억하지 못하지만 펠젤이 다이이치 호텔[第一ホテル]로 와달라고 했습니다. 그는 다이이치 호텔에 머물렀습니다. 그리고 함께 커피라도 마시자는 말도 없이 자신의 침실로 데려갔습니다. 유럽식 에티켓에서 보면 굉장히 실례되는 일이었죠.
>
> 다이이치 호텔방은 좁았습니다. 겨우 몸이 통과할 정도의 여유 공간이 있는데, 거기 침대에 나란히 앉아 이야기를 했습니다. 펠젤이 "이 보고서를 수정해 달라"고 말했습니다. 저는 즉시 거절했습니다. 식자(literacy) 테스트의 정의는 그

> 쪽에서 했고, 그 정의에 따라 모두 논의하면서 했기 때문에, 학자로서 수정할 수 없었습니다. "아, 그렇군"이라며 대화를 마쳤습니다.
>
> 펠젤은 미국으로 바로 귀국했는데, 그때가 마지막이었습니다. CIE에서 이를 이용하려고 했었던 것일까요. 다시 말해 더 능력이 낮다는 식으로 적었다면 로마자화로 가기에 편했겠죠. 성적이 좋다는 결과는 그들에게 불리했을 겁니다. 그러나 6.2%만이 충분한 식자 능력을 갖추고 있다는 것은 분명 부족한 것인데 이를 더 낮추라니 그런 수정은 절대 할 수 없었습니다.
>
> 저는 원래 로마자론자입니다. 만약 로마자론자가 여기에 정치력을 발휘해서 매우 낮다고 보고서 문장을 개찬했다면 그것 자체로 도움이 되었을지도 모릅니다. 그러나 저는 정치 소질은 없었던 것 같고, 조사자로서의 학문적 입장을 무너뜨릴 수 없었습니다. 실제 이런 일이 있었습니다. 이 일은 어느 정도 시간이 흐를 때까지 아무에게도 말할 수 없었습니다.[22]

이처럼 일본어 표기를 로마자화하려는 의도는 무너졌다. 한자의 읽고 쓰기 테스트 결과는 GHQ의 미국인이나 일부 일본인에게는 의외였겠지만, 잘 생각해 보면 그 시대의 일본인은 개인의 능력이나 교육의 격차는 있을지언정 일정 수준의 한자는 읽을 수 있었을 것이

---

22 『国語施策百年の歩み』 15쪽.

다. 이는 전쟁이 끝날 때까지 '대동아공영권실현(大東亞共榮圈實現)'[23] 이라든가 '대본영발표(大本營發表)'[24] 혹은 팔굉일우(八紘一宇)[25], 신주불멸(神州不滅)[26] 등과 같이 어려운 말이나 슬로건을 하물며 구자(舊字) 구가나(舊かな)[27]로 쓰인 문장을 아침부터 밤까지 계속 접했다.

일본인은 본의 아니게 어려운 한자에 매일 둘러싸여 있었다. 이는 초·중학생도 거의 비슷한 상황이었으므로 당시 일반인의 한자 읽고 쓰기 능력이 낮았을 리가 없다. 한자의 읽고 쓰기가 불가능한 사람이 2.1%에 불과했던 수치는 다소 높은 듯 한데, 본래 집계 결과는 출제 내용에 따라 크게 바뀌기 마련이다. 그렇지만 앞서 살핀 바와 같이 읽고 쓰기 능력 시험에 출제된 문제를 확인해 보면 모두 간단한 한자였다. 미국의 경우 대학을 졸업한 지식인도 한자를 읽지 못한다. 물론 당연한 이야기지만, 그렇다고 해서 어렸을 때부터 한

23 제2차 세계대전 당시 일본이 아시아의 여러 나라를 침략하며 내세운 정치 슬로건. 1940년 7월 일본이 국책요강으로 '대동아 신질서 건설'이라는 것을 내세우면서 처음 사용한 말이다. -옮긴이

24 대본영은 태평양 전쟁 때 일본군의 최고사령부로서, 그 보도자료를 가리킨다. -옮긴이

25 팔방의 멀고 너른 범위 즉 온 세상이 하나의 집이 됨. 일본의 침략 논리를 뒷받침하며 사용된 주요 정치적 선동 구호 -옮긴이

26 신의 나라인 일본은 절대로 멸망하지 않는다는 뜻의 마찬가지 선동 구호 -옮긴이

27 구자는 1949년 신자체 제정 이후 이 신자체와 대응되는 말로 옛날에 쓰였던 정자체를 가리킨다. 구가나는 히라가나나 가타카나의 옛 자체 혹은 옛 표기법을 말한다. 역사적 가나 표기법이라고도 한다. 1946년 현대 가나 표기법이 제정되고 86년 개정시, 현대 가나표기법 이전에 사용되었던 표기법을 역사적 가나 표기법이라 칭했다. -옮긴이

자를 사용한 문장을 읽고 써 온 일본인이 일반적인 한자를 읽지 못했을 리 없었을 것이다.

1-2. 당용한자표 제정

표준한자표의 재검토

앞으로 일본어는 히라가나 혹은 가타카나처럼 표음문자, 가능하다면 미국인 등 한자나 가나를 사용하지 않는 외국인도 알 수 있도록 로마자로 써야 한다는 권고가 GHQ와 CIE에서 나오기 전, 문부대신 마에다 다몬[前田多門, 1884~1962]이 1945년 11월에 개최한 제8회 국어심의회에 한자 제한을 통한 국자 개혁 심의를 위탁했다. 마에다는 니토베 이나조[新渡戸稲造, 1862~1933]의 문하생이었으며 종전 직후 히가시쿠니[東久邇] 내각[28]과 시데하라[幣原] 내각[29]의 문부대신으로서 교육개혁을 추진했던 인물인데, 그의 위탁을 받아 국어심의회는 새로이 '표준한자표 재검토에 관한 한자주사위원회[標準漢字表再検討に関する漢字主査委員会, 이하 한자주사위원회]'를 설치했다.

---

28 황족이자 육군 대장인 히가시쿠니노미야 나루히코 왕[東久邇宮稔彦王]이 43대 내각총리대신으로 임명되어 1945년 8월 17일부터 1945년 10월 9일까지 지속된 내각 -옮긴이

29 시데하라 기주로[幣原喜重郎] 남작이 44대 내각총리대신으로 임명되어 1945년 10월 9일부터 1946년 5월 22일까지 지속된 일본 내각 -옮긴이

위원회는 이름에서 알 수 있듯이 전시 중인 1942년에 만들어진 「표준한자표」(40쪽 참조)를 재검토하여 새로운 한자표를 작성하는 기관으로, 위원장에는 다이쇼[大正] 시대(1912~1926) 말 주가이쇼교신포샤[中外商業新報社, 니혼게이자이신분샤[日本経済新聞社]의 전신] 사장이던 야나다 규지로[簗田欽次郎]가 임명되었다. 위원으로는 도쿄제국대학 명예교수이자 중국 철학사 연구자인 우노 데쓰토[宇野哲人], 전 대만제국대학 총장이자 국어학자인 안도 마사쓰구[安藤正次], 당시 도쿄문리과대학 교수이자 『대한화사전(大漢和辞典)』의 저자이기도 했던 모로하시 데쓰지[諸橋轍次] 등 쟁쟁한 멤버 11명으로 구성되었다.

문화청 홈페이지에 게재된 '각기(各期)의 국어심의회 기록(종전~조직 개편)'에 따르면 '한자주사위원회'는 1945년 12월 17일부터 이듬해 1946년 4월 9일까지 약 4개월간 총 14회나 개최되었다. 이는 종전 직후 혼란기였음에도 연말연시를 제외하고 매주, 많았을 때는 주 2회의 과밀한 일정이었다. 또한 위원회가 몇 차례 문부성 식당을 회의장으로 개최되었다는 점도 시대를 느끼게 하는 에피소드이다.

이 위원회는 먼저 '표준한자표 재검토에 관한 목표'라는 기본 방침을 제정하고, 의사(議事)는 기본적으로 이 방침에 따라 심의되었다. 그 목표란 다음과 같다.

> 1. 1942년 6월 발표된 국어심의회 표준한자표를 재검토하는 것으로, 우선 그 상용한자 중 현대에 적합하지 않은 것을 제외하고, 추가로 앞으로 사회생활에 널리 관용할

만한 것을 준상용한자 중에서 선정하여 추가할 것.

2. 표준한자표를 선정함에 있어 각종 제약에서 벗어나 완전히 자유로운 입장에서 새로운 일본 재건에 적응하는 상용한자표를 선정할 것.
3. 위의 상용한자표 이외의 한자는 원칙적으로 가나 쓰기로 할 것. 다만 동음어, 고유명사 및 그 밖의 사정으로 인해 가나 쓰기로는 의미 불명의 여지가 있는 것은 한자를 할주(割註)로 적을 것.
4. 상용한자표는 대강 1,300자 이내를 목표로 선정할 것.

또한 상기 3번 항목에 대해서 후일 위원회에서 보충 조항을 추가했다.

(1) 지명은 모두 가나로 적어도 지장이 없는가.
(2) 인명은 모두 가나로 적어도 지장이 없는가.
(3) 관청명, 관직명 및 은행, 회사, 점포명 등 모두 가나로 적어도 지장이 없는가.

고유명사에 대해서는 이후에도 논의가 지속되었는데 지명·인명, 관청·은행·회사의 명칭을 모두 가나로 쓰는 것에 대해서는 반대론이 많아 본 제안은 최종적으로 보류되었다. 지명이나 인명을 모두 가나로 쓰는 것은 '지장'이 많다고 나 역시 생각하는데, 이 3가지 사항을 만약 '지장 없음'이라고 판단했다면 지금의 인명, 지명, 회사명을 모두 가나로 쓰는, 말도 안 되는 상황이 되어 있을지 모른다.

당용한자표의 전단계 시안(試案) - 「상용한자표」

위원회는 「표준한자표」를 토대로, '새로운 일본 재건에 걸맞은 상용한자표를 선정'하기 위해 단기·집중적으로 심의를 진행해 최종적으로 「표준한자표」 중 1,295자를 선정한 「상용한자표」를 시안으로 작성했다.

그러나 이 시안은 결국 공개되지 못했다. 이유는 1,295자가 너무 적었기 때문이다. 이 자수는 1981년에 정해진 「상용한자표」가 1,945자였던 것에 비해 650자 적고, 현재 초등학교에서 학습하는 「교육한자」(1,026자)와 비교해도 고작 300자 정도 많은 수준이다.

사용할 수 있는 한자가 적기 때문에 가장 곤란한 곳은 신문업계였다. 전전 한자 시책 때도 신문업계가 가장 발언력을 가졌다는 점은 앞서 다루었다. 이때 결정된 「상용한자표」 시안을 두고 개최된 제9회 국어심의회 총회에서도 예상대로 신문업계 위원들로부터 자수가 너무 적어 이것만으로는 신문을 발행할 수 없다는 의견이 속출했다. 또한 법률관계 위원들도 신헌법 초안에 사용되는 한자가 62자 포함되지 않았다는 결점을 지적했다. 그 밖에도 표내 한자의 자형이나 음훈 문제를 둘러싼 많은 의견, 질의가 나와 시안은 그대로 계속 심의 상태였다.

이어진 제10회 국어심의회 총회에서는 '표준한자표 재검토에 관한 한자주사위원회'를 폐지하고, 그 대신에 새롭게 '한자에 관한 주사위원회'를 설치하기로 했다. 새로운 위원회는 『路傍の石』 등의 작품으로 유명한 작가 야마모토 유조[山本勇造, 필명은 山本有三]를 위원장으로 하고, 18명의 위원이 임명되었다.

새로운 위원회 역시 구 위원회에 못지않게 자주 개최되었다. 제1회 위원회가 개최된 것은 1946년 6월 4일이었는데, 이후 10월 16일까지 4개월간 23회나 개최되었다.

이와 같이 새로운 한자표를 만드는 작업이 놀라운 속도로 추진된 배경에는 한자 제한을 조속히 해결해야 할 긴급 과제로 인식했기 때문이다. 여기에는 필시 GHQ의 지시나 전술한 미국교육사절단의 권고가 큰 영향을 미쳤다고 추측된다.

단기간에 작성된 「당용한자표」

새롭게 구성된 '한자에 관한 주사위원회'는 제1회 위원회에서 향후 작성할 한자표를 앞전의 「상용한자표」 1,295자 안(案)에 얽매이지 않고 의무교육에서 가르칠 한자를 포함하며, 이와는 별개로 법령, 언론 등 사회에서도 사용할 수 있는 안을 만드는 양립 방침을 확인했다. 제2회 위원회(6월 11일)에서는 심의 일정에 대하여 교과서 편수(編修)나 사령부 등의 요청을 감안하여, 7월 말을 목표로 새 한자표를 완성하고 음훈의 경우 '1자당 1음 1훈'으로 하는 방침 등을 결정했다. 그러나 새 한자표의 완성 기일까지 불과 2개월도 남지 않았다. 또한 한자 음훈도 '1자당 1음 1훈'이 가능할 리 없다. 가령 楽이라는 한자에 1음만을 인정할 때 '라쿠[楽園]'로 할지 '가쿠[音楽]'로 할지를 떠올려 보면, 이 얼마나 무모한 방침인지 바로 이해가 될 것이다. 종전 직후 극도의 혼란기에 이루어진 논의라고는 하지만, 당시 위원회에서는 다소 평범하지 않은 논의가 수시로 이루어졌다.

어쨌든 이처럼 위원회는 다방면에서의 요청을 검토하면서, 구체적인 자종(字種) 선정 작업을 정력적으로 추진했고 10월 16일에 심의를 마쳤다. 최종적으로 정리된 안은 시안이었던 「상용한자표」에서 9자(也·俸·慾·棉·硯·聯·蓑·輯·輿)를 삭제하고 신문·헌법·법령·공문서·교육 등의 분야에서 요청받은 한자 564자를 추가하여 총 1,850자로 구성되었다.

새로운 「상용한자표」가 문부대신에게 상신된 후, 정부는 1946년 11월 16일에 이를 「당용한자표」라는 이름으로 내각총리대신 요시다 시게루[吉田茂, 1878-1967] 의 내각훈령(内閣訓令)으로 관보에 게재했다. 여기서 말하는 훈령이란 '상급 관청이 하급 관청의 권한 행사에 있어, 이를 지휘하기 위해 발하는 명령'이며, 내각훈령은 내각총리대신이 정부 조직 내 실시를 지시하기 위한 명령이다. 이로써 내각 지휘계통에 있는 각 행정기관은 이후 이 범위 내의 한자를 사용해야 한다.

「당용한자표」의 머리말에는, '이 표는 법령·공문서·신문·잡지 및 일반 기업에서 사용하는 한자 범위를 제시한 것이다'라고 적고 있으므로 정부 및 지방 관공서 이외, 신문업계 등에서도 이 범위 내의 한자 사용이 기대되었다. 그러나 내각훈령은 법률이 아니므로 직접적으로 일반 국민을 구속하거나 강제하지 못한다. 따라서 「당용한자표」는 내각총리대신 이름으로 고시되었다고는 하나, 일반 국민의 사생활과 직접적인 관련은 없다. 게다가 1946년이라는 시기는 국민 누구나 폐허 속에서 살 집과 식량을 확보하는 데 필사적이었기 때문에 보통의 일본인은 공문서나 신문 등 인쇄물에 사용되는 한자가 앞으로 어떻게 되든지 신경 쓸 여유가 없었다.

그렇다면 「당용한자표」는 도대체 어떠한 것인지, 이를 판단하기 위해 서론을 먼저 살펴보도록 하자. 머리말에는 다음과 같이 적혀 있다(표기는 현대문으로 수정함).

> 一. 이 표는 법령·공문서·신문·잡지 및 일반 기업에서 사용하는 한자의 범위를 제시한 것이다.
> 一. 이 표는 오늘날 국민 생활에 있어 한자 제한이 큰 무리 없이 진행되는 것을 기준으로 하여 선정한 것이다.
> 一. 고유명사는 법률 및 기타 연관된 사항이 상당하므로 별도 고려했다.
> 一. 간이자체는 현재 관용되는 것 중에서 채택했으며 이를 본체로 삼고 참고를 위해 원자(原字)를 그 하단에 표기했다.
> 一. 자체와 음훈의 정리는 조사 중이다.

이어서 '사용상의 주의 사항'이 적혀있다.

1. 이 표의 한자로 표기할 수 없는 말은 다른 말로 바꾸던가, 혹은 가나로 적는다.
2. 대명사·부사·접속사·감동사·조동사·조사는 가능한 가나로 적는다.
3. 외국(중화민국 제외)의 지명·인명은 가나로 적는다. 단, 미국[米国], 영미[英米] 등의 용례는 기존 관습을 따르더라도 무방하다.
4. 외래어는 가나로 적는다.
5. 동식물 명칭은 가나로 적는다.
6. 아테지[あて字][30]는 가나로 적는다.
7. 후리가나는 원칙적으로 사용하지 않는다.
8. 전문용어에 대해서는 이 표를 기준으로 삼아 정리하는 것이 바람직하다.

한자표의 적용 범위

머리말의 첫 부분에 이 한자표의 적용 범위가 기술되어 있으며 가장 처음 국가통치의 근간인 '법령'이 나오는 것은 당연하다. 법률 최상위는 물론 헌법이므로, 「당용한자표」와 거의 같은 시기에 공포된 일본국헌법에 사용되는 한자도 모두 「당용한자표」에 포함되었다.

30 한자 본래의 뜻과는 관계없이 음(音)이나 훈(訓)을 빌려서 쓰는 한자, 또한 그러한 용법 -옮긴이

법률에 이어서 '공문서'란 정부나 공공단체에서 나오는 공식 문서로서, 이는 한자 사용의 대상이 되어야 하는 점 역시 굳이 설명할 필요가 없을 것이다.

이어서 '신문·잡지 및 일반 기업에서 사용하는 한자의 범위'이다. 이 「당용한자표」의 후속 규범은 1981년 제정된 「상용한자표」인데, 이 부분에 '방송'이라는 항목이 들어갔다. 1946년에는 아직 TV 방송이 없었기 때문에 '방송'에서 한자를 사용할 일은 없었다.

한자 배열에 관하여

「당용한자표」에는 1,850자가 포함되어 있는데 이렇게 많은 한자를 정리하기 위해서는 원칙이 필요하다.

예를 들어 많은 책을 책장에 수납하는 것을 떠올려 보자. 만약 소유한 책이 십여 권이나 수십 권 정도라면, 문고본이나 단행본 등 크기별로 책장에 정리하는 방법이 있다. 책이 일정한 높이로 배열되면 보기에도 좋고, 마구잡이로 책을 책장에 나열해 놓더라도 필요한 책은 쉽게 찾을 수 있다. 그러나 수백 권이 되면, 정해진 분류 방법에 따라 배열하지 않으면 필요한 책을 찾기 어렵다. 도서관은 물론, 시내 서점이나 개인 서가에서도 일상적으로 경험할 수 있는 일이다.

많은 한자를 표나 책 속에 배열하는 것도 이와 마찬가지다. 한자를 배열하기 위해서는 일정한 원칙이 필요하다. 이를 위한 여러 방법이 있는데, 가장 간단한 것은 한자의 발음에 따라 '아이우에오[あ

いうえお]' 순으로 배열하는 방법이다. 실제로 아래에 언급된 「상용한자표」에서는 1,945자가 '대표음훈(代表音訓)'[31]에 따라 배열되었다. 그러나 한자의 배열에 대하여 「상용한자표」의 '표 보는 법 및 사용법[表の見方及び使い方]'에 따르면 '자종은 자음에 따라 오십음도(五十音圖)[32]순으로 나열했다. 동음이의어인 경우 대체로 획수가 적은 것을 앞에 두었다. 자음을 따르지 않는 것은 자훈에 따라'라고 적고 있을 뿐, '대표음훈'이라는 용어는 사용되지 않았다.

또한 컴퓨터 등에서 일본어 정보를 교환하기 위한 코드, 이른바 'JIS 한자 규격'에서는 제1 수준에 속하는 한자가 이 방법에 따라 배열되어 있다.

한자를 발음에 따라 배열하는 것은 분명 일반적으로 가장 알기 쉬운 방법이지만, 여기에도 문제는 존재한다. 가장 큰 문제는 한자별 '대표음훈'이 모든 이에게 같다고 단정할 수 없다는 점이다. 대부분의 한자에는 음독과 훈독이 있고, 동일 한자라도 바로 떠오르는 훈법이 사람에 따라 다르다. 예를 들어 平를 보고 '헤이[ヘイ]'라고 읽는 사람이 있는 반면, '다이라[たいら]'라고 읽는 사람도 있다. 静을 '세이[セイ]'라고 읽는 사람이 있는 반면, '시즈카[しずか]'라고 읽는 사람도 있다. 静脈의 경우 '조[ジョウ]'라는 음독이 사용된다. 그렇다면 훈독을 사용하지 않고 모두 음독으로 배열하면 되지 않을까 하는 의

31 각 한자에 대하여 대표 1음 혹은 1훈을 정한 것 -옮긴이

32 일본어의 가나를 모음은 세로로 5자, 자음은 가로로 10자. 총합 50자를 배치한 표 -옮긴이

견도 나올 수 있다. 그러나 예를 들어 平는 한음(漢音)인 헤이[ヘイ] 와 오음(呉音)인 뵤[ビョウ]의 두 가지 음독이 있고, 어느 쪽이 대표 발음인지 즉각적으로 판단하기 어렵다. 실제로 「상용한자표」에서는 '세이[反省, ハンセイ]'와 '쇼[省略, ショウリャク]'와 같이 두 가지 음독을 가지고 있는 省는, '세이[セイ]'를 기준으로 배열되었고, 읽는 법 둘째 줄에 '쇼[ショウ]'를 적고 있다. 그러나 省의 발음이 무엇인지 묻는다면, 많은 사람이 가장 먼저 '쇼[ショウ]'를 떠올릴 것이다. 여기에 훈독이 추가되면 더 복잡해진다. 行은 한음 '코[銀行, ギンコウ]'와 오음 '교[行商, ギョウショウ]' 외에도 당음(唐音) '안[行灯, アンドン]'도 있다. 그러나 일반 사람들이 이 한자를 보고 가장 먼저 떠올리는 것은 '이쿠[いく]'라는 훈독이 아닐까. 이처럼 여러 발음을 가지는 한자의 경우, 무엇을 기준으로 할지가 매우 어렵다.

또한 한자 중에는 미야기현[宮城県] 나토리시[名取市]에 위치한 유리아게[閖上]나 와카야마현[和歌山県] 히다카군[日高郡] 이난마치[印南町]에 위치한 호쿠소가와[椦川]와 같은 지명에 사용되는 閖나 椦처럼 일부 특정 지역에서만 사용되어 바로 읽기 어려운 한자들도 있다. 더욱 특수한 예로는 妛와 같이 JIS 규격에 채택되기 전에는 어떠한 한자 사전에도 수록되지 않았던 출처 불명의 '유령문자(幽靈文字)'라는 것도 있다.[33] 너무 특수한 예이긴 하지만, 이러한 한자는 발음이

33 사사하라 히로유키[笹原宏之, 1965~]의 연구에 따르면, 이는 원래 지명에 사용되는 《山》의 하단에 《女》를 배치한 문자를 만들기 위해 《山》과 《女》를 잘라 부쳐 복사했는데, 이때 종이가 접혀서 자형 안에 《一》이 추가되었다고 한다.

바로 떠오르지 않기 때문에 발음 순서에 따른 배열 방법은 사용할 수 없다. 그래서 閖나 妛처럼 '읽을 수 없는 한자'를 수록한 JIS 규격의 제2수준 한자의 경우 한화사전(漢和辭典)의 부수에 따른 배열 방법을 채택하고 있다.

발음 순서 배열 방법을 사용할 수 없다면, 한자를 글자의 특징에 따라 배열하는 방법을 떠올릴 수 있다. 바로 한자 사전의 부수에 따른 배열이다. 부수별 배열 방법은 한자 사전에 익숙하지 않은 사람에게는 꽤 불편할 수 있지만, 실제 가장 합리적인 방법 중 하나이며 「당용한자표」의 경우 1,850개의 한자가 이 방법으로 배열되었다.

모두 '부수별 배열'이라고 부르지만, 실제로는 몇 가지 방법이 있다. 「당용한자표」에서 사용된 것은 중국과 일본에서 한자에 대해 가장 권위 있는 『강희자전(康熙字典)』의 부수순이다. 『강희자전』은 청나라의 강희제(康熙帝, 재위 1661~1722)의 칙명에 의해 편집된 대규모 한자 사전으로, 47,000자 정도를 수록하고 있다. 황제의 명령으로 만들어진 이력 때문에 중국과 일본에서 지금까지 가장 유서 깊고 공식적인 사전으로 여겨져 왔다. 1716년 간행이므로 지금부터 약 300년 전 책이지만 한자에 관한 논의에 있어, 여전히 『강희자전』에 어떻게 기재되어 있는지가 논의의 근거가 되는 일이 많다. 과거 내 강의를 들은 정보학 연구과 대학원생은 컴퓨터로 표시된 자형을 고려하기 위해 3종이나 『강희자전』을 소유하고 있다고 했다(각 버전이 다르며 몇몇 한자는 자형에 아주 미세한 차이가 있다). 20년이나 전인 이과 학생으로는 생각하지 못할 일을 한 학생이었다.

『강희자전』에서는 부수 《一》부터 시작하여 17획의 《龠》(일본에서는 이 부수를 '야쿠노후에[やくのふえ]'라고 함)로 끝나는 총 214개의 부수로 한자를 수록하고 있으며, 이는 중국이나 일본에서 한자를 배열하는 가장 표준적인 부수법이며 전전에 편찬된 한자 사전은 이 방법으로 배열하는 것이 가장 보편적이다. 전후 얼마 지나지 않은 시기에 만들어진 「당용한자표」가, 당시 한자 자전에 가장 정통적이라 인식되는 방식으로 한자를 배열한 것은 매우 현명한 처리였다고 생각한다.

다만 「당용한자표」 수록 한자 중에는 『강희자전』 등에 나타나지 않는 간략체(簡略體)도 있어, 그중 일부는 『강희자전』식 부수법으로는 배열하기 어려웠다. 「당용한자표」의 한자 배열은 이 점에서 약간의 무리가 있었다.

「당용한자표」의 배열

그럼 「당용한자표」에 수록된 간략자체에 대해 간단히 살펴보자.

과거 스모[相撲] 업계에는 오사카 출신 아키요시 사다지[穐吉定次, 1912~1968]라는 인물이 있었는데, 그는 35대 요코즈나[横綱][34]가 되었

34 스모의 최고 지위 -옮긴이

다. 그가 세운 찬란한 '혼바쇼[本場所][35] 통산 69연승'이라는 대기록은 이후 등장한 다이호[大鵬][36], 가타노우미[北の湖][37], 지요노후지[千代の富士][38] 등 엄청나게 강력한 요코즈나도 깰 수 없었는데, 이 대기록을 세운 요코즈나의 시코나[醜名][39]는 '후타바야마[双葉山]'이지 '후타바야마[雙葉山]'라고 쓰지 않는다.

이처럼 전전에도 본래 자체가 아니라, 복잡한 구조를 간단히 적은 간이자체가 사용되었다. 그리고 「당용한자표」에는 双(雙)을 비롯하여, 勧(勸), 関(關) 등 이전까지 약자나 속자로 여겨지며 관용적으로 사용되던 간이자체 총 131자를 수록했다.

이들 한자에 관하여, 서론에는 '간이자체는 현재 관용되는 것 중에서 채택했으며, 이를 본체로 삼고 참고를 위해 원자를 그 아래에 적었다'라고 명기했다. 실제 표에는 乱(亂), 両(兩), 区(區), 廃(廢), 独(獨)과 같이 간이자체를 먼저 적고 괄호 안에 본래 글자를 표시하는 형식으로 나열했다.

이들 131자 역시, 위에서 언급한 대로 『강희자전』식 부수법에 따라 배열되었는데 그 부분만 추출하면 다음과 같다.

---

35 일본 스모협회는 해마다 1·3·5·7·9·11월에 도쿄·오사카·도쿄·나고야·도쿄·후쿠오카 등으로 각각 장소를 바꿔가며 정기적으로 개최하는 대회 -옮긴이

36 제48대 요코즈나 -옮긴이

37 제55대 요코즈나 -옮긴이

38 제58대 요코즈나 -옮긴이

39 본명 대신 스모 선수 전용의 이름을 사용한다. 일종의 예명 -옮긴이

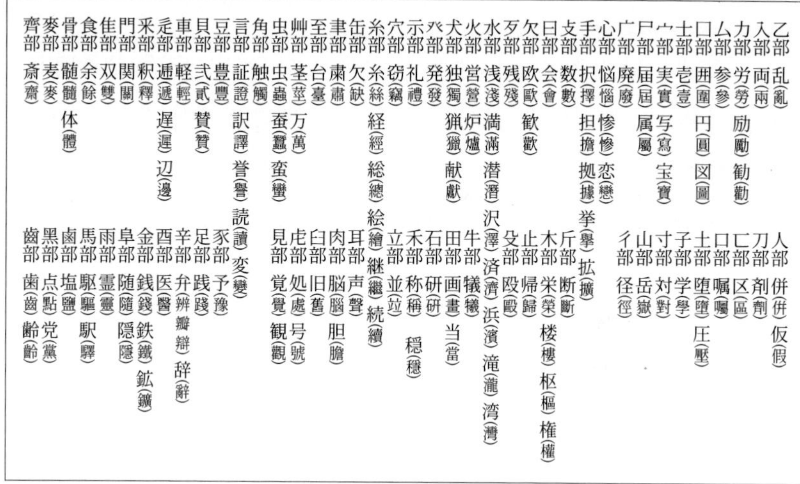

部	字
乙部	乱(亂)
入部	両(兩)
力部	労(勞) 励(勵) 勧(勸)
厶部	参(參)
囗部	囲(圍) 円(圓) 図(圖)
士部	壱(壹)
宀部	実(實) 写(寫) 宝(寶)
尸部	届(屆) 属(屬)
广部	廃(廢)
心部	悩(惱) 惨(慘) 恋(戀)
手部	択(擇) 担(擔) 拠(據) 挙(擧) 拡(擴)
攴部	数(數)
日部	会(會)
欠部	欧(歐) 歓(歡)
歹部	残(殘)
水部	浅(淺) 満(滿) 潜(潛) 沢(澤) 済(濟) 浜(濱) 滝(瀧) 湾(灣)
火部	営(營) 炉(爐)
犬部	独(獨) 猟(獵) 献(獻)
癶部	発(發)
示部	礼(禮)
穴部	窃(竊)
糸部	糸(絲) 経(經) 総(總) 絵(繪) 継(繼) 続(續)
缶部	欠(缺)
聿部	粛(肅)
至部	台(臺)
艸部	茎(莖) 万(萬)
虫部	虫(蟲) 蚕(蠶) 蛮(蠻)
角部	触(觸)
言部	証(證) 訳(譯) 誉(譽) 読(讀) 変(變)
豆部	豊(豐)
貝部	弐(貳) 賛(贊)
車部	軽(輕)
辵部	逓(遞) 遅(遲) 辺(邊)
釆部	釈(釋)
門部	関(關)
隹部	双(雙)
食部	余(餘)
骨部	髄(髓) 体(體)
麥部	麦(麥)
齊部	斎(齋)
人部	併(倂) 仮(假)
刀部	剤(劑)
匸部	区(區)
口部	嘱(囑)
土部	堕(墮) 圧(壓)
子部	学(學)
寸部	対(對)
山部	岳(嶽)
彳部	径(徑)
斤部	断(斷)
木部	栄(榮) 楼(樓) 枢(樞) 権(權)
止部	帰(歸)
殳部	殴(毆)
牛部	犠(犧)
田部	画(畫) 当(當)
石部	研(硏)
禾部	称(稱) 穏(穩)
立部	並(竝)
耳部	声(聲)
肉部	脳(腦) 胆(膽)
臼部	旧(舊)
虍部	処(處) 号(號)
見部	覚(覺) 観(觀)
豕部	予(豫)
足部	践(踐)
辛部	弁(辨 瓣 辯) 辞(辭)
酉部	医(醫)
金部	銭(錢) 鉄(鐵) 鉱(鑛)
阜部	随(隨) 隠(隱)
雨部	霊(靈)
馬部	駆(驅) 駅(驛)
鹵部	塩(鹽)
黑部	点(點) 党(黨)
齒部	歯(齒) 齢(齡)

이들 중에는 獨→独, 腦→脳, 證→証, 錢→銭으로의 변경처럼, 원래의 형태를 간략화했지만 해당 한자가 속한 부수는 그대로인 경우가 압도적으로 많다. 이들 한자의 경우, 간이자체를 원자가 속한 부수에 배속하더라도 획수가 바뀔 뿐이지 별다른 문제는 발생하지 않는다. 그러나 일부는 간략화한 결과, 원자의 부수에 해당하지 않는 간이자체도 상당수 있었다.

예를 들어, 「당용한자표」에는 과거 點이었던 한자가 点으로, 과거 黨이었던 한자가 党이 되었다. 点의 경우 중국에서도 일찍이 點의 속자로 사용되었으며 이미 명대 간본(刊本)에서도 확인할 수 있다. 아마 點의 오른쪽의《占》과 왼쪽 아래의《灬》를 조합하여 点을 만든 것으로 추정된다.

한편 黨과 党은 본래 다른 글자였다. 党은 중국인 성씨에 사용되거나 당항(党項: 중국 서북부에 거주한 티베트계 민족)이라는 민족명으로 사용되는 한자였다. 그러나 黨과 党은 본래 발음이 같았는데 黨이 획수가 많고 어려운 한자였기 때문에 언제부턴가 黨의 '아테지[当て字]'로 党이 사용되기 시작했다. 원나라 간본에는 党이 민족 이름이 아니라 黨의 의미로 사용된 사례가 나타난다.

일본에서도 点, 党과 같은 자형이 오래전부터 사용되어 왔기 때문에, 「당용한자표」에서 点, 党의 간이자체가 채택된 것에 대한 타당성을 여기서 논할 생각은 없다. 다만 點 대신 点, 黨 대신 党의 형태로 표에 수록하려면, 이 두 글자를 《黑》 부수에 넣는 것은 타당하지 않다. 물론 點과 黨은 『강희자전』에는 《黑》 부수에 속하지만, 点, 党의 형태를 채택한 단계에서 그 소속 부수를 다시 고려해야 했었다. 点은 無와 같이 외관상의 형태를 기준으로 《火》 부수에 속하게 하는 편이 옳았을 것이며, 党은 《儿》 부수에 속하게 하는 것이 적절했을 것이다(실제로 『강희자전』에는 党이 《儿》 부수에 속한다).

그 외에도 号(號)나 処(處)를 《虍》 부수에, 旧(舊)를 《臼》 부수에, 医(醫)를 《酉》 부수에, 双(雙)을 《隹》 부수에, 塩(鹽)을 《鹵》 부수에 속하도록 하는 등, 귀속 부수의 부적절함을 지적할 만한 간이자체는 매우 많지만 번거로움을 피하고자 여기서는 자세히 다루지 않겠다. 또한 국자인 匁, 畑 등도 『강희자전』에는 수록되어 있지 않기에, 귀속 부수에 문제가 있다.

「당용한자표」라는 명칭

전후 직후 시작된 「표준한자표」 개정 작업의 결과 작성된 안은 「상용한자표」라는 명칭이었다. 의사록을 검토해 봐도 '한자에 관한 주사 위원회' 대부분 회의에서 「상용한자표」라는 명칭으로 논의되었다. 그랬던 것이 1946년 문부대신에게 상신되었을 때 「당용한자표」라는 명칭으로 바뀌었는데, 이 명칭 변경에는 '한자에 관한 주사위원회' 위원장이었던 야마모토 유조의 의견이 강하게 반영된 듯하다. 1946년 8월 24일에 열린 제14회 '한자에 관한 주사위원회' 의사록에 '표준한자표에 근거한 한자 재심의를 종료한다. 또한 위원장으로부터 새롭게 작성되는 한자표 표제를 「당용한자표」로 하는 것은 어떠한지 하는 의견이 제안되었다. 그 의미는 일상적으로 사용하는 것에 해당한다는 뜻이다. 이 문제에 대하여 여러 의견이 나왔는데 찬반은 미결정'이라고 했다. 여기서 위원장이란 야마모토 유조를 가리킨다.

「당용한자표」라는 명칭이 정식 결정된 것은 같은 해 10월 1일 열린 제20회 위원회 때이며, 이날의 의사록에 따르면 '한자표의 명칭은 「당용한자표」로 한다. 이 표는 사회정세에 따라 수년마다 수정하고 향후 별도 작성되는 교육한자표 수준까지 근접시키길 바란다고 위원장은 밝혔다'고 적혀있다.

작가로서도 저명한 야마모토 유조는 본래 국어에 관심이 매우 컸으며 전시 중일 때부터 국어연구기관이 필요하다고 일관되게 주장했다. 그러한 열정은 1945년 12월 도쿄도[東京都] 미타카쵸[三鷹町, 현 미타카시] 자택에 국어연구소를 열었으며 그 건물은 훗날 국립국어연구소 미타카 부속사무실이었던 적도 있다(현재는 미카타시 야마모토 유조 기념관).

야마모토는 국립국어연구소 설립을 내걸고 1947년 참의원 의원에 입후보하여 당선되었다. 그의 노력은 훗날 국립국어연구소 설립(1948년 12월)이라는 결실을 보았다. 「당용한자표」라는 명칭도 위원회 의사록에 따르면 '일용적으로 사용한다'라는 의미로 야마모토가 명명한 것이다.

'당용'이라는 말

그러나 나는 개인적으로 이 명칭이 무척이나 석연치 않다. 중국어학·중문학과를 졸업한 나로서는, '당용(當用)'이라는 두 글자가 한문·중국어식으로 '마땅히 사용되어야 한다'라는 의미로밖에 읽히지 않기 때문이다. 지금은 거의 읽는 사람이 없는 이와나미 쇼텐[岩波書店]의 『한문입문(漢文入門)』(小川環樹·西田太一郎著, 1957)이라는 명저가 간행되었다(이와나미 전서[岩波全書] 시리즈에 포함되어 현재는 신장판(新装版)이 나온 듯하다). 이 책은 서술이 다소 전문적이고 인용 한문도 원문과 훈독문만 있을 뿐, 현대어역이 없어서 젊은 세대에게는 익숙지 않지만, 우리 세대에 중국 고전문헌을 읽으려는 사람이면 바이블 같은 필독서였다. 사담이지만, 저자 두 분은 나에겐 은사님으로 니시다[西田太一郎, 1910~1982] 교수는 교토대학 전체 학부 1, 2학년 교양과정에서 '동양사회사상사'라는 강의를 담당했다. 중국철학의 권위자이자 한문 어법 연구에도 일인자였던 유명한 교수였는데, 강의가 매우 재미있고 종종 주제에서 벗어나 본인 저서의 뒷이야기도 알기 쉽게 풀어 설명해 주셨다. 그 중 "문학부 오가와[小川] 교수와 함께 이와나미[岩波]에서 『한문입문』라는 책이 나왔는데 너무 어려워서 잘 안 팔리네요. 나중에 개정을 한번 해야 할 듯해요."라고 말씀하셨던 기억이 선명하다. 그러나 니시다 교수는 1982년에 타계하셨고 또 한 명의 저자인 오가와[小川環樹, 1910~1993] 교수 역시 1993년에 돌아가셨다. 두 분이 타계하신 지 꽤 시간이 흘렀다. 니시다 교수가 강의 때 언급한 『한문입문』의 개정판이 만약 나왔더라면 내가 제일 먼저 학생들에게 필독서로 지정했을 텐데 지금은 이루어질 수 없는 일이 되었다.

한화휴제. 『한문입문』에서는 当(當)이라는 글자에 대해 『간죠[漢書]』 고제기(高帝紀)에 나오는 '오당왕관중(吾當王關中, 제가 마땅히 관중의 왕이 될 것)'을 인용했는데, 그 해설에 따르면 '當은 동사 앞에서 동사를 보어로 하는 조동사적 조사이다. (중략) 當은 '마땅히……해야 할 것'으로 훈독하여, '당연히 해야 한다', '하는 게 당연하다', '당연……임에 틀림이 없다'는 의미이다'라고 적고 있다.

이 해설을 따르자면, 뒤에 用이라는 동사를 수반하는 当用은 '마땅히 사용해야 하는'으로 훈독해야 한다. 따라서 '당용한자'란 '마땅히 사용하는 한자', 즉 '사용해야 하는 한자'라는 의미로만 읽을 수 있다.

사실 나는 오랫동안 '당용한자'라는 명칭을 그렇게 이해했고 그 해석을 전혀 의심하지 않았다. 그러던 어느 날 언어학 관계자와 이야기하다가 '당용한자'란 '당면 사용하는 한자'라는 의미라는 말을 듣고 경악했다. 은행의 '당좌예금(當座預金)'도 아니고 그런 용법은 없다고 반박했지만, 내 얘기는 전혀 받아들여지지 않았고 일반인들도 '당용한자' = '당면 사용하는 한자'라고 이해하고 있다.

그러나 이번에 종전 언어 정책에 관한 의사록을 살펴보니, 그 명칭이 야마모토에 의해 '일용적으로 사용하는 한자[日用の使用に当てる漢字]'라는 의미였음을 알고 다시금 이해가 가지 않았다. '일용적으로 사용하는' 것을 '당용'이라고 표현한 것도, 한문 어법상 있을 수 없는 일이지만 당시 '구시대의 문화 잔재'인 한문 지식 따위는 전혀 받아들여지지 않았다는 점 때문이었을 것이다.

그런데도 나는 계속 주장하고 싶다. 한자는 원래 중국에서 태어난 문자로, 일본에 유입된 이래 천년이 넘는 역사를 가지며 전 세계적으로도 유례없이 긴 역사를 가진 문자 체계 중 하나이다. 또한 이집트나 메소포타미아의 고대 문자가 현재는 '사문자(死文字)'가 되었지만, 한자는 고대부터 현재까지 수천 년 동안 계속 사용되고 있으며 지금도 동아시아의 넓은 지역에서 많은 사람이 사용하고 있다. 따라서 한자를 둘러싼 논쟁에는 당면의 현대적인 시각뿐만 아니라, 중국과 일본에서의 전통적인 문자 문화와 연구 체계 또한 고려되어야 함은 두말할 필요가 없다. 그러나 '당용한자' 명명에는 과거 한자 문화에 대한 연구나 분석이 거의 없었으며, 전혀 염두에 두지 않았다고 해도 과언이 아니다. '국어 문제'에 관심이 매우 컸다고 하더라도, 야마모토 유조가 이해했던 '한자'는 일본에만 한정되는, 실용 본위라고는 하나 꽤 피상적이었던 것은 아닐까. 그러고 보니 그가 노력하여 설립한 국립국어연구소는 일본 전역의 방언에 대해 전국 807곳에서 267개 항목을 현지 출생의 고령 남성들을 직접 면접하여 조사한 『방언문법전국지도』, 메이지 시대부터 현대에 이르는 일본어의 전모를 이해하기 위한 방언이나 말투에 관한 방대한 자료를 체계적으로 수집한 「KOTONOHA」 등 훌륭한 성과를 올렸으며 지금까지 일본 국내외 언어학계에서 높은 평가를 받아왔다. 나 역시 이를 평가함에는 이견이 없지만 한자의 전통적인 학문적 연구나 조사가 거의 이루어지지 않았다는 점은 매우 아쉽다. 이를 뒷받침하듯 연구소 홈페이지에 게시된 연구과제에는 여전히 한자 자체를 대상으로 하는 연구가 전혀 포함되어 있지 않다.

루비 폐지도 야마모토 유조의 방침

아쉬운 마음은 여기까지만 적도록 하고 「당용한자표」에서 파생된 몇 가지 문제를 여기서 다시금 생각해 보자.

이 표의 '사용상의 주의 사항' 중 첫 번째에는, '이 표의 한자로 적을 수 없는 말은 다른 말로 바꾸거나 가나로 적는다'라는 조항이 있고, 이와 더불어 뒤에서 두 번째에는 '후리가나는 원칙적으로 사용하지 않는다'는 조항이 있다. 이 두 조항을 있는 그대로 받아들이면, '법령·공문서·신문·잡지' 등에는 표외 한자를 사용해서는 안 되며 루비를 다는 것도 허용하지 않는다는 것이다.

이 루비 폐지의 정책도 야마모토 유조가 강력히 주장했다고 한다. 야마모토는 한자에 루비를 다는 것에 일관되게 반대하는 입장이었다. 이에 대해 야마모토는 1938년에 저술한 「국어에 대한 일 의견[国語に対する一つの意見]」(『戦争と二人の婦人』의 발문)에서 다음과 같이 적고 있다.

> 국민이 지켜야 하는 법률 조문에는 후리가나가 없습니다. 학자의 논문에도 없습니다. 그러나 이런 문장은 유감스럽게도 많은 국민이 읽을 수 없습니다. (중략) 도대체 어떤 훌륭한 문명국에서 그 나라의 글자로 쓴 글이, 그 자체로는 그 나라의 대다수는 읽을 수 없고 일단 적은 글의 옆에 별도의 글자를 나란히 쓰지 않으면 안 되는 것이, 국어로서 명예롭다고 할 수 있습니까. (중략) 문장에 루비를 달 것인가 달지 않을 것인가 하는 것은, 모두에게 사소한 일 같지만 이렇게 생각하다 보면 그것은 일국의 국어로서의 존엄성과도 관련이 있고, 문체의 혁신 문제에도 큰 관련이 있습니다.[40]

40 山本有三『定本版 山本有三全集 第十一巻』新潮社 1977.

강요된 '바꿔 쓰기'

오랜 전통을 가지는 일본어 중에는 과거 중국 문헌과 불교 경전에서 유입된 어휘를 중심으로 한자로 쓰인 단어가 다수 존재하며, 이를 쓰기 위해서는 많은 한자가 필요하다. 그러나 이제까지 한자로 쓰인 단어라도, 표외 한자는 사용할 수 없으며 여기에 루비를 붙이는 것도 허용되지 않는다. 그렇다면 방법은 둘 뿐이다. '사용상의 주의 사항'에 적힌 대로 '다른 말로 바꿔 쓰거나, 가나로 쓰는' 방법이다.

'다른 말로 바꿔 쓰기'는 표에 포함되지 않아 사용할 수 없는 한자를 그 한자와 동일한(또는 유사한) 의미, 혹은 단순히 동음의 표에 포함된 다른 한자로 대체하여 쓰는 방법이다.

실제 예시를 들어보겠다. 당시 공무원이 권한을 이용하여 타인에게 편의를 제공하고, 그 대가로 돈 등을 받는 행위를 '瀆職(とくしょく)(독직)'이라고 했지만, 瀆은 「당용한자표」의 미포함 한자이므로(이후 「상용한자표」에도 미포함) 이를 '汚職(오직)'으로 바꾸게 되었다. 엄밀히 말하면 瀆과 汚는 의미가 다르지만, 두 한자 모두 '더럽히다'는 뜻을 가지기 때문에 瀆 대신 汚가 사용된 것이다. 지금은 '瀆職'이라는 단어 자체가 사어가 되었기 때문에 대체 표기가 사회에 완벽히 정착된 사례라고 할 수 있다.

마찬가지로 지금까지 사회에 완벽히 정착한 유명한 예로서, '추리 소설(推理小説)'이 있다. 「당용한자표」에 偵이 포함되지 않아 그동안 사용되던 '탐정소설(探偵小說)'이라는 표기를 사용할 수 없게 되었다. 그래서 '탐정소설'을 대체하는 말로 '추리소설'이라는 표현이 만들어졌다. 이는 한자를 바꿔 쓴 것이 아니라 단어 자체를 다시 만든 사례로서 한자의 대체 쓰기보다 훨씬 알기 쉽다.

또한 「당용한자표」의 후속 규격으로 만들어진 「상용한자표」에는 偵이 포함되어 있어 현재는 '탐정소설'도 표기할 수 있지만 '추리소설'이라는 표현이 이미 정착되어 오히려 '탐정소설'이 비주류적 표현이 되었다. 그러나 엄밀하게 말하면, 어린이부터 어른까지 다양한 독자층의 지지를 받아 전전 한 세대를 풍미한 에도가와 란포[江戸川乱歩, 1894~1965]의 명탐정 아케치 고고로[明智小五郎]와 소년탐정 고바야시[小林]가 괴인 이십면상(怪人二十面相)과 맞서 활약하는 이야기는 탐정소설이지 추리소설은 아닌 느낌이 나에겐 여전히 있다.

어색한 대체어

「당용한자표」의 표외 한자를 어떻게 대체 한자로 바꿀 것인지 하는 기준에 관해서는, 국어심의회가 1956년 7월에 발표한 「동음 한자로 바꿔 쓰기[同音の漢字による書きかえ]」라는 보고서가 있다. 「당용한자표」가 제정된 후 10년이 지난 시점에 발표된 것인데, 현실사회에서 다양한 바꿔 쓰기로 인한 혼란이 발생했고, 이를 바로잡기 위해 작성된 것이었다. 이는 단순히 국어심의회의 보고서에 불과하며 장관에서 상신한 것도 아닌데다가 내각의 고시 훈령도 아니기

때문에 공식적으로는 그 어떤 규제력도 없다. 그러나 저명한 학자와 평론가 등으로 구성되어 정부의 국어정책에 큰 영향력을 가진 국어심의회가 작성한 문서이기 때문에, 해당 보고서도 어느 정도의 권위를 갖고 사회에 등장했다.

이를 살펴보면 註釈 → 注釈, 保姆 → 保母, 骨骼 → 骨格, 颱風 → 台風 등 현재 대체어에 의한 표기가 정착한 것들을 많이 포함하고 있다. 이는 최대한 이해하기 쉬운 표기를 보급하고자 한 노력의 결과이며, 이러한 노력은 높게 평가할 만하다. 그러나 아무리 생각해도 여전히 어색하고, 한자 본래의 의미를 크게 왜곡한 표현이 있는 것도 사실이다.

예를 들어 臆説[おくせつ]을 憶説[おくせつ]로 쓰는 것에 나만 위화감을 느끼는 것인가? 臆(헤아리다)과 憶(기억하다)은 분명히 다른 글자이며, 의미가 겹치는 부분도 없다. 그런데 단순히 획이 같거나 혹은 발음이 같다는 이유로 臆説을 憶説로 바꿔 쓰라고 한다면, 나는 큰 반감을 느낄 것이다. 글자 형태가 비슷하거나 발음이 같다면 臆説을 億説, 臆測[おくそく]을 億測[おくそく]으로 써도 괜찮다는 것인데, 이를 양식 있는 일본인이 과연 허용할 수 있을까.

내가 쓰는 글은 '법령, 공문서, 신문, 잡지'가 아니므로 어떻게 쓰든 나의 자유이다. 그래서 나는 손 글씨든 컴퓨터든 꼭 臆説이나 臆測이라고 쓴다. 그리고 신문이나 잡지에서 憶病者(臆病者: 겁쟁이)나 憶測이라는 표기를 보면, 여전히 나는 그것을 오타로 간주한다. 이와 유사한 예가 여럿 있는데, 徽章[きしょう]을 記章[きしょう]로, 肝腎

[かんじん]을 肝心[かんじん]로, 日蝕[にっしょく]을 日食[にっしょく]으로 쓰는 것도 여전히 거부감을 느낀다.

古希와 古稀

'동음의 한자로 바꿔쓰기'에 따르면 「당용한자표」에 수록되지 않았던 稀가 동음인 希로 대체되어 있다. 즉, 稀少[きしょう]는 希少[きしょう]로, 稀代[きたい]는 希代[きたい]로 쓰도록 제안되었다. 화학에서 사용되는 학술용어인 稀釈[きしゃく]도 希釈[きしゃく]으로 되었고, 실제로 우리는 학교 수업에서 希塩酸[きえんさん]이나 希硫酸[きりゅうさん]이라는 표기를 배우지만 이 역시 원래는 稀塩酸, 稀硫酸으로 쓰였던 것이 대체된 것이다.

이러한 표기법은 수십 년 동안 교육을 통해 사회에 거의 정착되었기에, 그 표기에 이의를 제기할 생각은 없다. 다만 古稀를 古希로 쓰라고 한다면 "그건 좀!"하고 반론을 제기하고 싶어진다.

사람이 70세가 된 축하, 정확히는 고희(古稀)다. 지금 같은 장수 사회에서 70세 노인은 흔한 데다가 건강한 70세를 자칫 노인 취급하면 꾸지람을 들 수 있는 시대이다. 그러나 옛날에는 70세까지 살면 장수로 여겨졌다. 그래서 古稀라는 단어가 생겼다.

古稀는 중국 시인 두보[杜甫]가 지은 「曲江」이라는 시에 '人生七十古来稀[인생 칠십, 고래부터 희귀하다]'가 그 출전으로, 원문에 古稀라고 적혀있다. 이 稀가 「당용한자표」에 포함되지 않아서 '법령, 공문서, 신문, 잡지' 등에서는 해당 글자를 사용할 수 없다. 그래서 稀와는 다른 뜻을 가졌지만 발음이 동일한 希를 사용하여 古希로 표기하기 시작했다.

稀는 '드물다'는 의미를 가지기 때문에 두보의 시는 '인생이 일흔까지 사는 것은 옛적부터 드물었던 일'로 해석된다. 이러한 사실은 한자 공부를 한 사람이라면 바로 이해할 수 있는 내용이다. 그러나 이 시를 기반으로 한 古稀를 古希로 바꾼다면 어떻게 될까? 만약 두보의 시의 원문이 '人生七十古来希'가 되어 버린다면, 이는 '칠십이 되는 것이 오래 전부터 소원이었다'는 의미가 된다. 이렇게 되면 古希라는 단어의 의미는 지금의 의미와는 달랐을 것이다.

알기 어려운 '섞어 쓰기'

「당용한자표」에 포함되지 않은 한자에 대해서는 전술한 바와 같이 다른 한자로 대체하는 방법이 있었지만, 이외에도 미포함 한자를 가나로 쓰는 방법도 있다. 이를 '섞어 쓰기[交ぜ書き]'라고 한다.

이 방식은 현재도 신문이나 공공기관에서 배포되는 문서 등에서 사용되고 있으며, 흔히 볼 수 있는 예로는 'はく奪(剝奪)', 'ほう助(幇助)', '石けん(石鹸)', '混とん(混沌)', 'ばい菌(黴菌)', 'う回(迂回)', '軽べつ(軽蔑)' 등이 있다. 2010년 봄부터 여름까지, 미야자키현[宮崎県]을 중심으로 가축 전염병인 '口蹄疫(구제역)'이 맹위를 떨쳤는데, 이때 주의 깊게 텔레비전이나 신문을 본 사람이라면 구제역이 '口てい疫'으로

쓰여 있었다는 사실을 알아챘을 것이다. 蹄가 표외한자이기 때문에 '섞어 쓰기' 한 결과이다.

이러한 예들은 모두, 한자를 깜빡해서 우선 가나로 써 놓은 것이 아니다. 본래 사용되던 한자가 「당용한자표」(또는 「상용한자표」)의 표외한자이기 때문에 이를 히라가나로 쓴 것이며 국어 정책상 오히려 바람직한 표현법으로 인식되어 왔다.

그러나 국어정책과는 상관없이, 대중적으로는 섞어 쓰기가 이해하기 어렵고, 뭔가 부족한 유치한 표현법으로 인식되는 경우가 많아 전반적으로 평판이 좋지 않다. '一世を風びした音楽'(한 시대를 풍미(風靡)한 음악)이나 '三時からお茶のけい古'(3시부터 다도 공부(稽古)), '損失補てんに喝さい'(손실 보전(補塡)에 갈채(喝采)) 또는 '界わいの山ろくで、は虫類の化石が見つかった'(일대(界隈) 산록(山麓)에서 파충류(爬虫類) 화석이 발견되었다) 같은 문장들은 분명 이해하기 어렵다. 그러나 「당용한자표」의 '사용상의 주의 사항'에 따르면, 이것이 정식 표현법이 되므로 '법령, 공문서, 신문, 잡지' 등 사회적으로 권위 있는 문서에서도 이 방식이 사용된다.

너무 성급했던 표 작성

1946년에 제정된 「당용한자표」의 '머리말'에는 '무리 되지 않는 선에서'라는 조건을 달고 있지만, 이 표가 '한자를 제한하는' 목적임을 명확히 기술하고 있다. 본래 전전부터 한자 제한·폐지론을 주장하는 사람들이 있었음은 전술한 바 있다. 그리고 전후 가장 빨리 제정된 「당용한자표」는 한자 제한의 노선을 따른 것으로, 명확하게 문장으로 밝히진 않았지만 분명 한자 전면 폐지로 향하는 과도기적인 표준으로서의 성격을 지닌다.

그러나 이 표준은 매우 급박하게 제정되었다. 나라의 언어를 기록하는 문자 규정은 전 국민의 문화, 생활과 관련된 매우 중요한 문제이며, 결코 정부 내 일부 기관이나 소수의 전문가, 연구자들이 모여 국민의 의견도 듣지 않고 단독으로 결정할 사안이 아니다. 그러나 「당용한자표」가 문부대신의 의뢰를 받아, 전시 중에 작성된 「표준한자표」를 기반으로 작성하여 상신한 과정 중에 단 한 차례도 민간 토론을 거치지 않고 그대로 내각에서 공포했다. 더욱이 이 표준은 미래 일본어 표기에서 한자를 배제하는 상황까지 고려하고 있었음에도, 정부에서도 민간에서도 충분한 논의가 이루어지지 않은 채 마무리됐다. 전후 혼란기에 GHQ의 통치 아래에 있었다는 상황을 고려하더라도, 너무 성급했다고 할 만하다.

1-3. 이후의 「당용한자표」 - 「별표」와 「음훈표」

1946년에 제정된 「당용한자표」는 '오늘날 국민 생활에서 한자의 제한이 무리되지 않는 선에서 이루어질 수 있도록'(머리말) 선정된 1,850자로 이루어져 있다. 그러나 이것은 단순히 사용 가능한 한자를 목록에 올린 것뿐이며 각각의 한자를 어떻게 읽고 어떤 형태로 인쇄할지에 대한 그 어떠한 기준도 제시하지 않았다. 이에 대해서 '머리말'에는 '자체와 음훈과의 정리는 조사 중이다'라고 적고 있다.

그러나 한자 제한 방침은 GHQ로부터 긴급한 과제로 권고되었기 때문에 정부도 계속해서 연기할 수 없었고, 음훈과 자체의 선정 등 여러 보류된 사항도 신속하게 진행되었다. 구체적으로 의무교육에서 가르치는 한자를 규정한 「당용한자 별표(當用漢字別表)」와 각각의 한자를 어떻게 읽을지를 규정한 「당용한자 음훈표(當用漢字音訓表)」, 그리고 각각의 한자를 어떤 글자체로 인쇄할지 규정한 「당용한자 자체표(當用漢字字體表)」가 작성되었다. 이하 순서대로 살펴보도록 한다.

당용한자 별표

「당용한자표」가 내각에서 고시되기 한 달 전인 1946년 10월, 국어심의회 내에서 '의무교육용 한자 주사위원회(義務教育用漢字主査委員會)'가 설치되었다. 국어학자 안도 마사쓰구가 위원장, 위원으로는 국어 문제에 열심히 참여한 야마모토 유조, 시인 도키 젠마로[土岐善麿, 1885~1980], 가나문자주의자로 한자 제한을 강력히 주장한 마쓰사카 다다노리[松坂忠則, 1902~1986], 훗날 국립국어연구소의 초대 소장이 되는 니시오 미노루[西尾実, 1889~1979] 등이 참여했다.

이 위원회도 놀랄 만한 빠른 속도로 진행되었다. 제1회가 개최된 것은 1946년 10월이었지만, 1년이 채 지나지 않은 1947년 8월까지, 33회나 개최되었다. 연말연시를 제외하면, 거의 매주 개최되었다.

위원회에서는 앞으로 의무교육에서 가르치는 한자를 어떻게 선택할지에 대한 논의가 이루어졌다. 구체적으로는 상당히 오래된 1900년 8월에 개정된 「소학교령」에 '심상소학교에서 가르치는 한자는 제3호 표에 게재된 문자 범위 내에서 선택해야 한다'라며, 「제3호 표」(총 1,200자) 혹은 1942년 「표준한자표」, 혹은 가나문자회[カナモジカイ][41]가 발표한 500자 시안(試案), 그리고 추가로 개인 연구발표 결과 등 다양한 자료를 참고하여 토론을 거친 후 최종적으로 881자로 이루어진 「당용한자 별표」를 정리하여 1947년 9월 국어심의회 총회에 보고했다.

본 총회에서 안도 위원장에 의해 교육용 한자 선정 과정 보고와 설명한 내용이 문화청 홈페이지에 공개되었는데, 당시 국어 정책이나 학교 교육상 한자를 어떻게 이해했는지 명확히 제시되어 있기에 매우 흥미롭다. 안도 위원장은 다음과 같이 말했다.

> 본 위원에게 맡겨진 역할은, 일전에 정한 당용한자 중 특히 기본적인 것으로 인정되는 일부 한자를 선택하여 의무교육 동안 가르쳐야 할 한자의 범위를 명확히 하는 것이었습니다. (중략) 당용한자는 일반사회에서 사용하는 한자의 범위를 제시했지만, 1,850자는 의무교육 동안 그 전부를 가르치기에

41 가나문자 전용론을 주창했던 민간단체 -옮긴이

> 는 많습니다. 당용한자를 향후 정리하는 것은 이미 애초부터 약속된 것이었는데, 그 실현은 급하게 할 수 있는 일이 아닙니다. 의무교육의 본래 취지에서 말하자면, 의무교육 동안 다음 세대가 사회인으로서 문자 생활을 자유롭게 영위할 수 있는 정도의 교양을 전수 받아야 하므로 국민의 상용한자와 의무교육에서 배우는 학습 한자와의 일치는 이상적이고 바람직하나, 상술한 이유로 인해 현실적으로 불가능하다면 당장은 적절한 대책을 마련하여 의무교육의 본래 취지에 따를 수밖에 없습니다. 그 긴급 조치로 고려될 수 있는 것은 당용한자 중에서 의무교육 중 반드시 가르쳐야 할 한자를 선정하여 이를 중심으로 학습자의 문자 능력을 키우고 문자 상식을 길러 훗날 큰 성과로 이어지도록 하는 것입니다. (후략)

여기서 안도가 말한 '당용한자의 향후 정리'는 「당용한자표」의 한자를 추가로 삭제하여 한자 제한을 더욱 강화하겠다는 방침을 의미하는 것이며, 안도의 발언을 요약하면 이하 네 가지로 정리할 수 있다.

1. 당용한자표에 포함된 1,850자는 의무교육 기간에 모두 가르치기에는 너무 많다.
2. 당용한자는 미래에 '정리'될 것이라고 약속되었지만 당장은 시간이 걸린다.
3. 국민 상용의 한자(자수를 줄인 미래의 「당용한자표」)와 의무교육 기

간에 학습하는 한자의 일치가 바람직하나 당장은 불가능하다.
4. 따라서 긴급 대책으로서, 당용한자 중 의무교육 기간에 꼭 가르쳐야 할 한자를 선정해야 한다.

이러한 인식하에 위원회는 「당용한자표」를 검토했다.

1. 일상 사회생활과 직접 관련이 있고 국민에게 친숙한 한자
2. 숙어 구성력이 높고, 그 숙어가 광범위하게 사용되는 한자
3. 널리 사회에서 사용되는 숙어의 구성 요소이자 대조적 의의를 나타내는 한자

이상의 기준으로 총 881자를 선정했다. 이 표는 처음에는 「국민한자」라는 명칭으로 논의되었다. '국민학교'에서 배우는 한자라는 의미였을 것이다. '국민학교'는 전시 중 초등교육기관 명칭이었는데 1941년 「국민학교령」에 따라 이전의 심상소학교(6년)는 국민학교 초등과에, 마찬가지로 고등소학교(2년)는 국민학교 고등과에 편입되었다. '의무교육용 한자 주사위원회'가 처음 회의를 개최한 1946년 10월은 아직 '국민학교' 시대였기 때문에, 의무교육용 한자를 「국민한자」라고 부르게 된 것이다. 그러나 1947년 7월에 개최된 위원회에서는 「국민한자」에서 「교육한자표」로 명칭이 변경되었다. 이 「교육한자표」가 「당용한자 별표」라는 이름으로 문부대신에게 답신되었고, 1948년 2월에 내각 훈령으로 고시되었다. 「당용한자 별표」에

는 '당용한자표 중에서 의무교육 기간 중 읽고 쓸 수 있도록 지도해야 할 한자의 범위를 다음 표와 같이 정한다'라며 881자를 명시했다. 즉 이 「당용한자 별표」도 「당용한자표」에 준하여, 수록 한자를 『강희자전』의 부수 순으로 나열하였기 때문에 이 역시 「당용한자표」와 마찬가지로 일부 한자가 간략체를 채택한 결과 부수와 자형이 일치하지 않는 현상이 발생했다. 예를 들어 営은《火》, 当은《田》, 旧는《臼》에 배치되었고, 그 뒤 괄호 안에 구자체 營, 當, 舊가 명기되었다. 「당용한자표」 중에서 교육용 한자를 골라, 지금으로 말하면 '잘라 붙이기(cut and paste)' 하여 만든 표이기 때문에 당연한 일이지만, 그래도 의무교육 한자 학습에 관한 규정인데 자형과 부수가 일치하지 않는 것은 다소 아쉬운 결말이다. 'トウバン'을 앞으로는 当番이라 쓰고, 'キュウショウガツ'를 旧正月이라고 쓴다고 가르치는 교사들이 「당용한자 별표」에서 当이나 旧를 찾아내는 일은 꽤나 어려웠을 게 분명하다.

「당용한자 별표」는 '의무교육 기간에 읽고 쓸 수 있도록 지도할 필요가 있는 한자'이기에, 또한 「교육한자」라고도 불렸다. 약 10년 후, 「당용한자 별표」는 1958년 개정 『소학교 학습지도요령』에 따라 「학년별 한자배당표」로 편입되었다. 이때 소학교 6년간 881종의 한자를 올바르게 읽고 쓸 수 있게 하는 것이 한자 교육의 목표가 되었다. 그러나 사회의 완만한 변화에 대응하여, 학교에서 학습하는 한자는 그 후로 계속 증가했으며, 1968년에는 표의 비고란에 115자가 추가되었다(이를 「비고한자(備考漢字)」라고 부른다). 당시에는 「비고한자」가 공식적으로 「교육한자」로 인정되지 않았지만, 1977년 학습지도요령 개정 때 공식적으로 「교육한자」로 편입됨과 동시에 각 한자의 배당 학년이 큰 폭으로 변동되어 「교육한자」가 총 996자가 되었다. 또한 1989년 개정 때 1,006자로 늘었고 2017년에는 도도부현 명칭에 사용되는 한자를 추가하여 1,026자로 늘었다.

당용한자 음훈표

「당용한자 별표」와 같은 날에 「당용한자 음훈표」를 내각에서 고시했다. 이는 「당용한자표」에 수록된 한자음을 규정한 표이다. 새삼 논하기에는 조금 이상하지만, 1946년에 공포된 「당용한자표」에는 각각의 한자음이 전혀 표시되지 않았다.

한자에는 자형과 자음, 자의가 있는데, 이를 한자의 3요소라고 한다. 중국에서 전해진 한자에는 반드시 음독이 있으며, 여기에는 가령, 貿, 茶, 恩, 詩, 税, 脈처럼 훈독이 없고 음독만 사용되는 한자도 있다. 참고로 菊을 '기쿠[キク]'로 읽는 것은 음독이며, 菊에는 훈독이 없다. 반면에 榊, 畑, 峠, 裃, 鰯, 凧처럼 일본에서 만들어진 국자(国字: 화제한자(和製漢字))에는 働이나 塀 등 일부 문자를 제외하고는 음독이 없다.

음독에는 한음(漢音)과 오음(呉音), 그리고 당음(唐音), 또한 관용음(慣用音)이라고 불리는 종류가 있다. 예를 들어 解釈[カイシャク]이나 図解[ズカイ]에서는 한음 '가이[カイ]'로, 解毒[ゲドク]이나 解熱[ゲネツ]에서는 오음 '게[ゲ]'로 읽고, 그 밖에 '도쿠[とく]'나 '와카루[わかる]'와 같은 훈독이 있다. 正은 正義[セイギ]나 正当[セイトウ]에서는 한음 '세이[セイ]'로, 正月[ショウガツ]이나 正午[ショウゴ]에서는 오음 '쇼[ショウ]'로 읽으며, 그 밖에 '다다시이[ただしい]'나 '마사[まさ]'와 같은 훈독이 있는 것이 그러하다.

참고로 음독 중 한음과 오음의 구분은, 그 기원인 중국에서 발음한 시대와 지역 차이에 따른 것으로, 그 밖에 헤이안[平安]·가마쿠라[鎌倉] 시대부터 에도 시대까지 중국과의 긴 교류 와중에 유입된 한자음도 있는데, 이를 당음(唐音)(혹은 당송음(唐宋音))이라고 부른다. 行을 行灯[アンドン], 行脚[アンギャ], 行宮[アングウ] 등에서 '안[アン]'으로 읽는 것이 당음이다.

「당용한자표」는 '국민생활상 한자의 제한이 무리되지 않는 선에서 이루어지는 것을 목적으로'(머리말), 1,850자를 선정한 것인데 단순히 자종의 일람표로서 사용 가능한 한자 범위만을 제시해서는 각 한자를 어떻게 읽어야 하는지 알 수 없다. 한자는 규범으로 삼을 음과 훈을 정해 놓지 않으면 실제 사용에 있어 여러 문제가 발생한다. 예를 들어 総説[ソウセツ]이나 総合[ソウゴウ]에서는 보통 '소[ソウ]'로 음독하지만, '스베테[すべて]'와 같은 훈독을 허용해 'すべて'를 '総て'로 쓰는 것을 인정할 것인가 하는 문제는 개인에 따라 다양한 의견이 있을 수 있다. 또한 創은 創造[ソウゾウ]나 創作[ソウサク]처럼 일반적으로는 '소[ソウ]'로 음독하지만, '쓰쿠루[つくる]'라는 훈독의 '創る'로 적는 것을 인정한다면 '作る[つくる]', '創る[つくる]', '造る[つくる]'의 구분이 어려워진다.

「당용한자표」에는 각 한자를 어떻게 읽고, 혹은 어떻게 발음을 제한할지 전혀 언급이 없었다. 이에 대해 국어심의회는 머리말을 통해, '음훈의 정리에 대해서는 조사 중이다'라면서 문제를 보류했다. 그러나 선택된 1,850개의 한자에 대해 어떤 발음을 채택하고 어떤 발음을 채택하지 않을지 정하는 것은, 특히 학교 교육에 있어 시급한 문제였다. 그래서 국어심의회 내 '당용한자 음훈정리 주사위원회(當用漢字音訓整理主査委員會)'가 구성되어 이 문제에 대응하게 되었다. 이 위원회 역시 1946년 12월 24일부터 1947년 9월 4일까지 약 9개월간 29차례 개최되는 등 빠른 속도로 진행되었다. 위원장에는 야마모토 유조가 취임했고, 교육한자 선정위원회에서 위원장을 맡았던 안도 쇼지도 위원으로 참여했다. 이 기간에 설치된 한자 관련 위원회에는 같은 인물이 여러 위원회에 참가했는데, 각 위원회가 놀라운 속도로 개최되고 있다는 점을 감안하면 위원들의 노고가 상당했을 것이다.

이는 차치하고서라도, 종전 직후 '한자에 관한 주사위원회'는 1946년 6월 11일에 개최된 제2차 위원회 때 GHQ의 요청과 교과서 편집상의 편의를 고려하여, 새로운 한자표(훗날 「당용한자표」)의 7월 말 완성을 목표로 정했다. 그날 회의 때 의결된 사항 중에 '대강의 음훈 정리 방침은 한자 1자당 1음 1훈주의로 한다'고 했다. 즉, 하나의 한자에는 1 음독과 1 훈독만 인정된다는 방침이다. 그러나 이는 생각해 보면 불가능한 일이다. 예를 들어 文의 음독을 '분[ブン]'이나 '몬[モン]' 중 하나만 선택한다면, '文学[ブンガク]'나 '文様[モンヨウ]' 중 하나는 한자로 쓸 수 없게 된다. 重의 '주[ジュウ]'나 '초[チョウ]' 중 하나의 음독만을 허용한다면, '重量[ジュウリョウ]'나 '貴重[キチョウ]' 중 하나를 쓸 수 없게 된다. 이 방침을 철저히 이행하는 것은 현실적으로 불가능하며, 1음 1훈주의의 방침은 곧바로 철회되었다.

어쨌든 '당용한자 음훈정리 주사위원회'는 음훈 정리를 위해 활발하게 회의를 개최하였고, 1,850자 가운데 30자를 훈독 전용, 844자를 음독 전용, 976자를 음훈 양용으로 하는 「당용한자 음훈표」를 작성하여, 심의회 답신의 형태로 1948년 2월 16일 「당용한자표 별표」와 함께 내각 고시되었다. 그 주석에는 다음과 같이 언급되었다.

> 一. 이 표는 당용한자표의 각 한자에 대한 음과 훈을 정리하여 앞으로 사용할 음훈을 제시한 것이다.
> 一. 이 표의 자음은 한음·오음·당음 및 관용음의 구분과 관계없이 현대 사회에서 널리 사용되고 있는 것을 채택하였다.
> 一. 이 표의 자훈 역시 현대 사회에서 널리 사용되고 있는 것을 채택하였으나, 이자동훈은 묶어 정리하였다.
> 一. 음훈의 제시 방법은 먼저 자음을 가타카나로 적고, 그 다음에 자훈을 히라가나로 제시했다. 또한 한정된 말에만 사용되는 경우에는 밑줄을 그어두었다.

실제 읽는 법을 제시한 이 표는 「당용한자표」와 마찬가지로, 『강

희자전』의 부수 순으로 배열된 각각의 한자에 대하여 음독은 가타카나로, 훈독은 히라가나로 적고 있다. 여기서 표의 문제점을 세세하게 검토하지는 않겠지만, 간단히 언급하자면 帝는 '데이[テイ]'만 있고 '미카도[みかど]'는 없으며, 懷는 '가이[カイ]'만 있고 '후토코로[ふところ]'가 없으며, 球은 '규[キュウ]'만 있고 '다마[たま]'가 없다. 선택된 음훈을 살펴보면, 가능한 한 훈독을 최소화하려는 경향이 엿보인다. 이 표에는 나중에 「당용한자 개정 음훈표」(1973년 6월)나 「상용한자표」(1982년) 부표(付表)에 있는 '숙자훈(熟字訓)'(한자 단위가 아니라 숙자 단위로 훈을 매긴 것, 明日[あす: 내일], 大人[おとな: 어른], 五月晴れ[さつきばれ: 5월의 쾌청] 등)은 전혀 찾아볼 수 없다.

1-4. 「당용한자 자체표」 제정

거듭 인용하는 「당용한자표」의 '머리말'에는 '자체와 음훈 간의 정리는 조사 중이다'라고 적고 있다. 즉 1946년 「당용한자표」 작성 당시 자종(한자의 종류) 선정에만 주안을 두었고 각각의 한자를 어떻게 읽을지, 또한 각각의 한자를 어떠한 형태로 인쇄할 것인지는 단 하나도 결정하지 않았다.

한자 읽는 법에 대해서는 「당용한자 음훈표」가 만들어졌다. 마찬가지로 표에 포함된 한자를 어떻게 인쇄할지도 조속히 정할 필요가 있었다. 특히 「당용한자표」가 관보에 실렸을 때는 國, 團, 彈, 眞, 溢

등 전통적인 자체와 恋, 断, 会, 数, 営 등 속자나 약자로 불리던 간략체가 혼재되어 있었다. 그러나 國의 경우 별도로 国이나 囯, 眞의 경우 真과 같은 자체가 있었고, 恋이나 会는 전전 문헌에는 戀이나 會로 적는 것이 일반적이었다.

같은 한자인데 다양한 표기가 있는 경우, 도대체 어떠한 형태를 사용할지 결정하지 않으면, 특히 교과서 편수(編修) 등에 있어 큰 혼란을 야기할 수 있다. 그러나 「당용한자표」에는 그 기준이 부분적으로만 제시되어 있었다. 하루라도 빨리 동일 자종의 이체자군 중에서 한 가지 자체만을 선정하여 이를 규범화할 필요가 있었다. 그 목적으로 만들어진 것이 「당용한자 자체표」이다.

왜 이체자가 생겼는가?

한자를 사용하는 한, 어느 시대라도 이체자와 무연할 순 없다. 지금의 우리도 얼마 전 기록을 보면 略이나 峰, 群 같은 한자가 畧, 峯, 羣으로 적힌 것을 종종 볼 수 있다. 이처럼 한자에는 발음과 의미는 모두 같으나 문자의 형태가 다른 그룹이 종종 존재한다. 이 동음동의(同音同義)의 다른 형태의 한자 그룹 중에서, 사람들이 가장 자주 사용하고 사회적으로 표준자형이라고 인지되어 정착된 자형을 통용자체로 삼고, 이와 다른 형태를 '이체자', '별체자' 혹은 '혹체자(或體字)' 등으로 부른다. 이체자의 역사는 매우 길고, 지금 우리가 볼 수 있는 가장 오래된 한자인 갑골문에도 존재했다. 예를 들어 好라는 한자는 《女》와 《子》로 만들어졌다. 여성이 자신의 아이를 귀여워한 데에서 '좋아하다, 사랑하다'라는 의미를 나타내고, 또한 여성에게 아이가 매우 좋은 것이므로 '좋다, 즐기다'라는 의미를 나타낸다. 갑골문이나 청동기에 새긴 명문(銘文 = 금문(金文)이라고 한다.)의 경우, 《女》와 《子》의 배치가 좌우 일정하지 않다.

好의 갑골문
(二玄社『大書源』 인용)

이체자는 문자의 사용 인구가 늘어나면서 증가했으며, 특히 진(秦) 시황제에 의한 중앙집권 관료제 국가가 성립되고 중앙과 지방 간 오가는 행정문서를 많은 관리가 작성하게 되면서 더 빠르고 간단히 문자를 적기 위하여 자형을 흘려 쓰는 경향이 더욱 강해졌다.

또한 서사 재료의 다양화가 이를 촉진했다. 여기서 말하는 서사 재료란 글자가 쓰이는 소재를 말한다. 지금의 우리는 보통 종이 위에 글자를 쓰지만, 표찰이나 우편함의 명패는 나무나 플라스틱을 사용하고, 비석이나 묘에는 돌을 사용한다. 중국의 4대 발명 중 하나인 종이는 발굴 성과를 고려하면, 기원전 약 100년 전에 발명된 것으로 추정되며 종이는 지금까지 약 이천 년 이상의 역사를 가진다. 그러나 한자의 역사는 삼천 년 이상이므로 한자가 사용된 이래 대략 천 년은 종이가 없던 시대였다.

이때에도 한자는 어떤 재료 위에 쓰였다. 신의 계시를 알기 위해 행해진 점복의 결과는 점복에 사용된 거북이 등에 나이프로 새겨졌으며, 선조를 모시는 제단 위 음식과 술을 담는 청동기에는 그 출처를 기록한 글이 내부에 주조되었다. 종이의 발명 이전, 서적이나 기록은 대개 대나무, 나무판(죽간·목간)을 길고 얇게 깎아 만든 판에 적고, 이를 여러 장 엮어 합치는 것이 일반적이었다(이 형태를 한자로 하면 冊이 된다).

종이가 발명된 후에도 산의 벼랑이나 산에서 채취한 돌에 글자를 새긴 비석이 대량으로 만들어졌다. 종이에 글자를 쓸 때는 붓끝이 부드러워야 하지만 석비에 글자를 새길 때는 철제 끌을 사용한다. 이러한 도구의 차이가 글자의 형태에 반영되지 않을 리 없다. 같은 사람이 석비에 글자를 새기거나 붓을 사용하여 종이 위에 글자를 적는 경우, 그 형태가 같다면 그것이 오히려 이상하다. 이처럼 유구한 문자 기록 환경의 다양화와 더불어 필연적으로 많은 이체자가 탄생했다.

이체자 순위표

이체자가 다수 존재한다는 것은 사실 귀찮은 문제이기 때문에 결국 이체자를 정리하고 유서 바른 자형과 그렇지 않은 것을 구별하려는 움직임이 일어났다. 유서 바른 자형을 '정자(正字)'라고 하고, 그렇지 않은 것을 '속자(俗字)'라고 부른다. 그러나 이러한 구분은 개인의 능력을 기반으로 관료를 채용하기 위한 시험인 '과거'의 응시와 그 답안 채점이 계기가 되어 시작되었다.

당(唐) 시대 본격적으로 실시된 과거는 여러 분야로 나뉘지만, 대부분 응시자가 목표로 했던 것은 진사과(進士科)였고 실제 시험은 현대 용어로 말하자면 소논문 형식이었다. 즉 시사 문제에 대해 의견을 서술하라는 문제였는데, 응시자는 유학 경전에 기록된 기술을 바탕으로 '팔고문(八股文)'이라는 극히 번쇄(煩瑣)한 형식을 따르면서 형식적으로나 내용적으로 풍부한 글을 써야 했다. 과거는 고금동서의 역사에 있어서 가장 어려운 시험이었다. 응시자는 그동안의 모든 인생의 노력을 쏟아 답안을 썼으며, 그것을 읽어 채점하고 우열을 가리는 것도 응시자의 노력만큼이나 세심하고 어려운 작업이었다.

이때 같은 자종임에도 다양한 쓰기 법이 있는 한자는 응시자와 채점자 모두에게 매우 골치 아픈 문제였고, 이체자가 어떤 기준도 없이 마음대로 사용되는 것은 혼란을 초래할 뿐이었다. 그래서 많은 이체자 중에서 유래가 정확한 글자와 그렇지 않은 통속적인 글자를 구별할 필요성이 점차 강조되었다.

그리하여 당대 중기에는 이체자를 정리하고 정자와 속자를 구별하기 위한 서책이 만들어지기 시작했다. 이처럼 한자(원칙적으로 해서(楷書)만)의 이체자를 정리하고 '정자'를 확정하는 서책을 '자양서(字樣書)'라고 하며, 최초로 만들어진 것은 당대 초기 훌륭한 학자였던 안사고(顔師古, 581~645)가 유학 경전의 올바른 본문을 확정하면서 이체자를 별도로 기록하여 정속을 구별한 『안씨자양(顔氏字樣)』이라고 전해진다.

다만 이 서책은 이미 산일(散逸)하여 전해지진 않았다. 다만 당 시대에 있었던 이체자 정리의 상황을 파악할 수 있는 서적으로, 안사고의 후손인 안원손(顔元孫)이 만든 『간록자서(干禄字書)』가 전해진다.

『간록자서』는 약 800자의 이체자를 열거하고, 이를 정(正)·통(通)·속(俗)의 세 가지로 분류했다. 서문에 따르면 이 분류 기준은, '정'은 『설문해자』 등 확실한 근거가 있는 유래가 정확한 글자 형태로, 천자(天子)에 바치는 상소문 등이나 학문적인 저술, 시문이나 비문 등에 사용해야 하는 가장 정통적인 글자 형태이다. 과거 답안에는 물론 이를 사용해야 한다. 반면에 '통'은 현실사회에서 오랜 기간 사용되어 정착된 이체자로, 관청 내에서 통상의 문서나 편지 등에 사용해도 좋다고 했다. '속'은 학문적인 근거가 없는 민간의 속자로, 상업 명부나 약의 처방전 등 일상적인 용도로 쓰이는 문서에는 사용해도 좋다고 했다.

『간록자서』란 제목을 사용한 것은 『논어』 중 위정편(為政篇)에 '자장, 벼슬을 구하는 방법을 배우고 한다[子張 禄を干むるを学ぶ]'라는 글

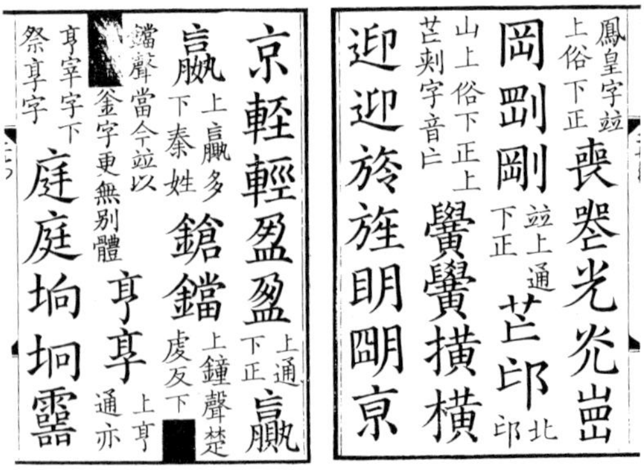

『간록자서』

귀에서 따왔다(여기서 '干'을 '모토무루(もとむる)'라고 훈독한다). '간록(干禄)'은 관직에 나아가는 것을 뜻한다. 즉, 이 책은 관료가 되어 봉급을 받기 위해서는 먼저 자체에 대해 올바른 이해를 해야 한다는 인식에 입각하여 만들어진 매우 실용적인 목적을 가진 책이며, 과거의 수험자로부터 크게 환영받았을 것으로 생각된다. 이 책은 돌에 새겨져 탁본(拓本)이 매우 널리 유통되었다.

참고로 위 도판의 중앙 부분에는 黌(쇼헤이코[昌平黌][42]에서 사용된, 학교를 뜻함)부터 시작하여, 横·迎·旌(旗을 말함)·明·京·軽·盈처럼 각각의 한자가 두 글자 세트로 나열되어 있으며, 마지막에는 작은 글씨로 '위는 통, 아래는 정'이라고 적고 있다. 각 세트 중 위가 통용자, 아래가 정자라는 것을 의미하는 주석이다.

이를 통해 당대에는 横가《手》변으로, 京 또한 亰로 쓰이기도 했음을 알 수 있다(전전 '교토제국대학(京都帝國大學)'의 경우 실제로 亰이라는 자체를 사용하기도 했다).

迎이나 軽에 대한 지적은 현대인에게도 수긍되는 부분이 있는데, 흥미로운 것은 明이다. 그 통용자는《目》과《月》을 조합한 형태로, 우리에게 익숙한《日》과《月》을 조합한 明이 아니다. 明은 당 시대에는《目》과《月》의 조합으로 더 많이 사용되었다. 반면에 정자로 인식된 朙의 좌측《囧》는 창문 모양을 본뜬 요소로, 본래 朙은 '창문으로 들

42 쇼헤이코는 에도 막부 직할의 교육기관인 쇼헤이자카학문소[昌平坂学問所]의 별칭이다. -옮긴이

다양한 '明'
(二玄社『大書源』 인용)

어온 달빛'을 의미하였으며 여기에서 '밝다'라는 의미를 나타내게 되었다. 《日》과 《月》을 조합한 明도 일찌감치 사용되었지만, 당 시대에 과거를 응시할 때는 明 대신 朙을 써야만 합격했다는 것이다.

간략화자체란?

현재의 한화사전 등에 나타나는 '정자(正字)', '속자(俗字)', 또는 '오자(誤字)' 등의 구별은 원칙적으로 『강희자전』에 기반한다. 그러나 중국의 긴 역사 동안 한자를 사용한 사람들은 학술적으로 유서 있는 정자만을 쓴 것은 아니었다. 오히려 민간에서는 구조가 간단하고 적기 쉬운 '속자', 즉 간략화한 자체를 사용하는 것이 드물지 않았다.

간략화자체도 이체자의 일종이며, 그 역사는 매우 길며 최근에 만들어진 것이 아니다. 기본적으로 갑골문 이래 한자의 발전은 외형적으로는 서체의 변화라는 형식을 취하면서 사실상 복잡한 글자 형태를 단순화해 온 역사라고 할 수 있다. 예로부터 글을 쓰는 사람들은 더 빨리, 더 간단하게 쓸 수 있는 글자를 찾아 적극적으로 간편한 표기법을 추구해왔다. 처음엔 전서(篆書)에서 예서(隷書)로의 이행, 예서를 흘려 쓴 행서(行書)나 초서(草書)가 만들어진 것도, 그 목적은 글자의 간략화에 있었다고 할 수 있다. 더 나아가 해서(楷書)가 된 이후에도, 같은 한자이지만 변이나 방을 간략화하거나 같은 발음의 다른 글자로 바꿔 쓴 간략자가 사용되는 것은 꽤 보편적인 일이었다.

간략화자체의 채용

이체자를 설명하려 했는데, 이야기가 조금 산만하게 흘렀다. 이쯤에서 「당용한자표」로 돌아가 보자.

「당용한자표」는 '머리말'에서 '자체와 음독에 대한 정리는 조사 중이다'라고 기재하면서도 그 전 항목에서 '간이체는 현재 통용되고 있는 것 중에서 채택하여 이를 본체로 하고, 참고를 위해 원자를 그 아래에 적었다'는 기술이 있다. 자체에 대해 '조사 중'이라고 되어 있음에도 불구하고, 그러나 '표'에는 간이체 몇 자를 채용한다는 것은 일단 모순적일 수 있다. 다만 '머리말'의 의도를 이해해 보자면 그동안 사회적으로 잘 사용해 온 간이체에 대해서는 현 단계에서 정식 자체로 채용하고, 그 밖의 것은 향후 조사 검토에 맡기기로 한 것으로 보인다.

참고로 「당용한자표」 제정 당시, 채용된 간이체는 다음의 131종이며 乱(亂)이나 仮(假), 剤(劑)와 같이 간이체를 앞에 두고 구자체를 괄호 안에 적어 뒤에 배치하는 형식이다(현행의 신자체로 표시하며 각각의 원자(原字)인 구자체는 생략).

圧 囲 医 壱 隠 栄 営 駅 円 塩 欧

殴 穏 仮 画 会 絵 拡 覚 学 岳 勧

関 歓 観 帰 犠 旧 拠 挙 区 駆 径

茎 経 軽 継 欠 研 献 権 鉱 号 済

斎 剤 参 蚕 惨 賛 残 糸 歯 辞 実

写 釈 粛 処 称 証 触 嘱 図 随 髄

枢 数 声 窃 浅 践 銭 潜 双 総 属

続 堕 対 体 台 滝 択 沢 担 胆 断

遅 虫 逓 鉄 点 当 党 独 読 届 弐

悩 脳 廃 麦 発 蛮 浜 併 並 辺 変

弁 宝 豊 万 満 訳 予 余 誉 乱 両

猟 礼 励 霊 齢 恋 炉 労 楼 湾

이 131자는 「당용한자표」에서 간이체가 공식 자체로 채택된 것이다. 그렇지만 「당용한자표」 수록 한자 전체의 자체는 '아직 조사 중'이었으며, 최종적인 조사 결과가 「당용한자 자체표」였다.

활자 자체 정리안의 작성

그렇다면 과연 이 「자체표」의 규범이 되는 자체 조사는 누가 어떻게 진행했을까?

애당초 사용 가능한 한자의 종류가 결정되더라도, 같은 한자에 형태가 여럿이어서 가장 곤란한 분야는 교과서 편집과 신문인쇄일 것이다. 교과서는 GHQ의 지도하에 전전의 국정교과서를 대대적으로 개정했다. 연배가 있는 사람들로부터 '교사의 지시에 따라 교과서 내용을 먹으로 새까맣게 될 때까지 적었다'는 경험담을 자주 들었는데, 교과서 내용은 물론, 인쇄할 때도 이체자가 많아서 어떤 글자를 선택해야 할지 확실히 정해져 있지 않으면 교육 현장에 큰 혼란을 일으키게 된다. 또한 신문은 매일 대량의 한자를 인쇄하므로, 다른 분야와 비교할 수 없을 만큼 자체 결정의 필요성을 강하게 느끼고 있었다.

이러한 요구에 따라 「당용한자표」 수록 한자에 대해 자체를 자세히 검토하고, 규범 형태를 확정하기 위해 '활자 자체 정리에 관한 협의회'가 결성되었다. 이는 '협의회'이지 '위원회'가 아니며, 현재 용어로 표현하면 '작업부회(working group)'에 해당한다. 회장은(위원장이 아니라) 문부성 교과서국장이 맡고, 교과서국 관계 공무원을 비롯하여 일본인쇄학회 부회장, 인쇄도서관장, 대장성(大蔵省)[43] 인쇄국의 공장장, 주요 인쇄업체의 임원, 각 신문사의 활판부나 교열부, 그리고 타자기 업체나 활자 주조사 관계자 등이 참여했다. 인쇄 업무에 정통한 '실무부대'로서, 이 협의회에서 활발한 조사와 검토를 진행하여 최종적으로 774자의 자체를 결정했다. 이는 곧 「활자 자체 정리안」이라는 이름으로 국어심의회에 보고되었으며, 국어심의회는 추가 검토를 거쳐 몇몇 자체의 선택과 배제 후 최종적으로 723종의 자체를 선정하여 「당용한자 자체표」를 작성했다.

활자 설계의 기준

「당용한자 자체표」가 1949년 4월 28일에 내각에 고시되어, 당용한자 1,850자에 대한 자체의 규범적인 형태가 드디어 제시됐다.

이 「당용한자 자체표」의 성격을 간단히 말하자면, 활자 설계의 표준을 제시한 표이다. 표준으로 삼을 자체가 확정되지 않으면 한자를 인쇄할 때 어떤 자체를 사용해야 할지 알 수 없다. 대형 인쇄업체나 신문사에는 전전부터 사용하던 활자가 대량으로 보관되어 있지

---

43 메이지 유신 이후 2000년까지 있었던 중앙 관청으로, 재무 업무를 담당했던 기관 - 옮긴이

만, 이를 그대로 사용해도 좋을지 알 수 없다. 물론 山, 川, 木, 水 등 하나의 자체만 있는 것은 그대로 사용하면 되지만, 자종별 여러 자체가 있는 경우에는 어느 것을 사용해야 하는지 알 수 없다. 그래서 「당용한자 자체표」에 수록된 한자는 앞으로 이 「자체표」의 형태를 활자 설계 기준으로 삼아 인쇄하라는 취지이다.

그런데 「당용한자 자체표」에는, 당연하게도 1,850자만 포함되어 있다. 표에 포함된 한자라면 그 형태로 활자를 만들어 인쇄에 사용하면 된다. 그러나 '표외한자', 즉 「당용한자표」에 포함되지 않은 한자를 인쇄할 때는 어떻게 해야 하는지 우리로서는 당연히 그런 의문이 생긴다. 그러나 당시에는 「당용한자표」에 포함되지 않은 한자를 사용하는 것은 가정되지 않았다. 표외한자는 '가나로 쓰거나, 다른 한자로 대체하거나' 하는 식으로, 그 한자를 사용하면 안되는 것이었다. 이것이 '한자 제한'이며, 이때 '표외한자'에 대해 아무런 조치도 취하지 않았다. 이것이 결국 한자에 큰 영향을 미치게 되지만, 이는 후술하도록 한다.

자체 선정의 방침

「당용한자 자체표」의 '머리말'에는 자체 선택의 방침이 다음과 같이 기술되어 있다.

一. 이 표는 당용한자표에 수록된 한자에 대해 자체의 표준을 보여주는 것이다.

一. 이 표의 자체는 한자의 읽고 쓰기를 평이하고 정확하게 하는 것을 목표로 선정된 것이다.

一. 이 표의 자체 선택에 있어서는 이체의 통합, 간략체의 채용, 점획의 정리 등을 도모하고, 필사의 습관, 학습의 난이도도 고려했다. 또한, 인쇄 자체와 필사 자체를 가능한 한 일치시키는 것을 원칙으로 하였다.

또한 '비고'에는, '이 표는 당용한자표의 배열을 따르며, 자체는 활자 자체의 기본 형태로 제시했다'고 설명하며, 다음의 세 가지 방침 하에 자체의 정리가 이루어졌다고 기술했다.

1) 활자에 종래 사용되던 형태를 그대로 사용한 것
2) 활자로는 종래 둘 이상의 형태가 있었는데, 그 중 하나를 선택한 것
3) 종래 활자로는 보통 사용되지 않았던 것

내 나름대로 설명을 덧붙이자면, 1)은 본래 1 자종 1 자체인 것으로, 山, 川, 金, 木, 手 등이 해당된다. 2)는 예를 들어, 効, 叙, 姉, 略, 島, 冊, 商, 編, 船, 満이 나열되어 각각의 이체자가 작게 첨부되어 있다(아래 그림 참조).

効 效　叙 敍 敘　姉 姊　略 畧　島 嶋
冊 册　商 商　編 編　船 舩　満 滿

「당용한자 자체표」 인용

하지만 가장 큰 문제는 3)인데, '종래 활자로 보통 사용되지 않았던 것'이기 때문에 대다수 인쇄업자는 이들 한자의 활자를 새롭게 만들어야 했다. 이는 문자 형태의 변화 유형에 따라 아래의 여덟 가지로 분류되었고, 각각에 대한 구체적인 예시가 제시되었다.

(1) 점획의 방향이 바뀐 예

半半　兼兼　妥妥　羽羽

(2) 획의 길이가 바뀐 예

告告　契契　急急

(3) 동일 계통의 글자, 혹은 유사한 형태의 작은 차이를 통일한 예

拝招拜招　全今全今　抜友拔友
月期朝青胃月期朝靑胃　起記起記

(4) 1점 1획이 증감, 혹은 획이 결합하거나 분리된 예

者者　黄黃　郎郞　歩步　成成

黒黑 免免

(5) 전체적으로 쓰기 쉬워진 예

亜亞 倹儉 児兒 昼晝

(6) 조합이 바뀐 예

黙默 勲勳

(7) 일부가 생략된 예

応應 芸藝 県縣 畳疊

(8) 일부가 다른 형태로 변한 예

広廣 転轉

'등선체(等線體)'라는 서체

이 방침에 따라 1,850자의 표준 자체가 정해졌으며, '법령, 공문서, 신문, 잡지' 및 학교에서 사용되는 교과서 등의 인쇄에 사용되었다.

그런데 「당용한자 자체표」는 인쇄 활자를 설계하는 표준을 보여주기 위해 만들어졌으므로 표에는 각 한자의 '견본'이 손 글씨로 적혀 있다. 특히 위의 자체 정리 방침 중 '3)종래 활자로는 보통 사용되지 않았던 것'의 경우 인쇄하려 해도 활자가 없기에 당연히 손글씨로 적었던 것이다.

그러나 「당용한자 자체표」가 실제 관보에 게재되었을 때 한자가 상당히 작은 사이즈여서 명확히 확인하기 어려웠다고 한다. 이 표가 관보에 게재된 것은 종전 후 얼마 지나지 않은 1949년으로, 당시의 인쇄 기술과 종이 품질을 고려하면 인쇄 상태가 좋지 않았을 것이다. 나는 예전에, 당시 활자 디자인 일을 하셨던 분(이미 고인이 되신)으로부터 얘기를 들은 적이 있는데, 실제 너무 보기 힘들어서 어려

殉 殊 殖 残 段 殺 殿 殴 母 毎 毒 比
毛 氏 民 気 水 氷 永 求 汗 汚 江 池
決 汽 沈 没 沖 河 沸 油 治 沼 沿 況
泉 泊 泌 法 波 泣 注 泰 泳 洋 洗 津
活 派 流 浦 浪 浮 浴 海 浸 消 渉 液
涼 淑 涙 淡 浄 深 混 清 浅 添 減 渡
測 港 渇 湖 湯 源 準 温 溶 滅 滋 滑
滞 滴 満 漁 漂 漆 漏 演 漢 漫 漸 潔
潜 潤 潮 洪 澄 沢 激 濁 濃 湿 済 濫
浜 滝 瀬 湾 火 灰 災 炊 炎 炭 烈 無
焦 然 煮 煙 照 煩 熟 熱 燃 燈 焼 営
燥 爆 炉 争 為 爵 父 片 版 牛 牧 物
牲 特 犠 犬 犯 状 狂 狩 狭 猛 猶 獄
独 獲 猟 獣 献 玄 率 玉 王 珍 珠 班
現 球 理 琴 環 璽 甘 生 産 用 田 由

「당용한자 자체표」의 '등선체'

웠다고 했다.

앞 장의 도판에서 확인할 수 있듯이, 자체는 약간 독특한 형태인데 필획의 세로선과 가로선이 동일한 두께로 되어 있다. 이러한 서체를 '등선체'라고 한다. 보통은 그다지 주의 깊게 보진 않지만, 우리가 일반적으로 인쇄물에서 익숙한 명조체의 경우 세로선이 두껍고 가로선이 얇다. 그러나 「당용한자 자체표」의 자체는 모두 동일한 두께이다. 또한 인쇄에 자주 사용되는 고딕체와도 다르다. 완성도가 떨어지는 간판이나 포스터 수준이라고 말하면 지나친 표현일까? 그러나 적어도 나에게는 '아름다운 글자'를 쓰겠다는 의지가 느껴지지 않는다. 그러나 이는 당연한 일이다. 이 표는 '글자의 아름다움'을 추구할 필요가 전혀 없는, 오히려 예술적 요소는 의도적으로 배제되었다. 단지, 자체=문자의 구조를 보여주기 위한 표에 불과했기 때문이다.

자체표는 누가 쓴 것인가?

그렇다면 이 한자는 도대체 누가 쓴 것인가? 당시 문부성의 의뢰를 받아 자체표 제작에 참여한 하야시 오키씨는 앞서 인용한 『국어시책 100년 여정[国語施策百年の歩み]』(46쪽 참조) 중 좌담회 부분에서, 다음과 같이 적고 있다.

하야시 당용한자표의 서론에 따르면 자체와 음훈과의 정리에 대해서는 조사 중이라고 적고 있습니다. 따라서 자체 문제가 숙제였음은 분명합니다. 제가 이 문제를 접하게 된 것은 인쇄학회 부회장인 야마가미 겐이치[山上謙一] 공학박사가 국어과에 찾아와 구기모토[釘本] 과장과 함께, 지금의 활자는 이런 차이가 있어 곤란하니, 이를 어떻게든 통일해야 하지 않느냐 하는 이야기였습니다. 그래서 그 문제에 대해 제가 관여하게 된 것입니다. 이게 시작이 되어 활자 자체 정리에 관한 협의회가 만들어졌습니다.

사이가 1947년 7월 15일에 문부성에 활자 자체에 관한 협의회가 만들어졌죠.

하야시 맞습니다. 그게 야마가미 선생의 이야기가 계기가 되었다고 생각합니다. 예를 들어, 《亠》의 윗부분이 점인지, 세로 막대인지, 가로 막대인지, 그런 문제들 말입니다. 이에 활자업체를 모아 통일하자며 7월에 만들어진 것입니다. 그 협의회는 소위원회 9회와 총회 8회, 총 17회 진행되었을 겁니다.

사이가 그래서 10월에 정리안이 완성되어 국어심의회에 제출되었고, 이에 따라 11월에는 국어심의회 내에 자체 정리를 담당하는 조사위원회가 설치되었죠.

하야시 새롭게 주사위원회가 구성되어 거기서 심의되었습니다. 당용한자표 자체에는 131개의 약자가 괄호에 표시되

어 있었습니다. 예를 들어, 당용한자[当用漢字]의 当. 또 'み だれる[미다레루]'라는 글자는 '亂れる'가 아닌 '乱れる'로 표기되도록 했습니다. 이것은 당용한자표 때의 일입니다. 이를 조금 더 확대했습니다. 다음에는 활자업체 입장에서 一이 길이가 긴지 짧은지, 二는 윗부분이 짧고 아랫부분이 길다는 관습이 이대로 괜찮은지를 검토했습니다. 이것이 전체 한자의 부분 요소로 들어가면, 긴지 짧은지가 다시 문제가 되거나 어떤 활자업체의 것은 여기가 긴데 다른 업체는 어떻다 하는 문제가 생겼고, 그래서 통일 문제라든가, 전체적으로 간략화하는 문제 등을 다뤘습니다.

이와부치 선생님께서 판하(版下)의 글자를 쓰시진 않았지만, 원본을 쓰셨다고 들었습니다만.

하야시 저는 거기서 활자의 자체에 대해 많이 배웠습니다. 활자업자들은 아마도 명조활자를 생각했을 겁니다. 저는 명조활자의 형태적인 뼈대를 가져와서, 가리반[がり版]에 판하 원고를 새겼습니다.[44] 刀라는 글자를 이렇게 들고 가서 여기서 선을 빼고, 약간 커브를 주고, 삐치고 하는 식이었죠.

이와부치 내각 고시의 표는 원본이 아닌 것 같지만, 이것도 선생님께서……

---

44 가리반[ガリ版: 줄판]을 사용한 인쇄는 기름종이를 철판에 올려두고 철필로 글을 쓴 다음 롤러로 밀어 잉크가 철필로 쓴 글씨 아래의 종이로 새어 나오게 하는 식이다. -옮긴이

하야시 이건 내가 쓴 것이 아니라, 인쇄국 사람이 썼습니다. (이하 생략)

(이와부치 마사시[岩淵匡], 사이가 히데오[斎賀秀夫], 노모토 기쿠오[野元菊雄], 시바타 다케시[柴田武]의 좌담회)

「당용한자 자체표」의 문제점

하야시씨는 자체 선정의 중심인물 중 한 명이었으며, 훗날 국어학자인 하야시 지로[林四郎, 1922~2022]와 중국어학자인 마쓰오카 에이지[松岡榮志]와 함께 당시의 자체 선정과 관련된 추억을 다음과 같이 털어놓았다.

(당용한자의 자체는) 좀 더 고민해 봤어야 했던게 있었어요. 그때는 잊었었는데, 바로 선거(選挙)에서 '選'자에요. 머리 부분을 'ツ'로 했으면 좋았을 텐데 말이죠.. 그건 나중에 논의하자 했는데, 잊어버리고 말았지요(웃음).[45]

選의 머리 부분을 'ツ'로 하면 '选'이라는 형태가 된다. 이러한 자체가 채택되지 않았다는 사실이 진심으로 기쁘고, 관련자들이 그 논의를 고맙게도 '잊어버려 주셔서' 정말 감사드린다.

또한 하야시씨는 같은 책에는 與가 중국의 간체자로는 与로 쓰이

45 林四郎・松岡榮志著『日本の漢字・中国の漢字』三省堂 1995, 211쪽.

는 반면, 일본에서는 与로 '꼬리가 나온' 자체가 된 것도 '이 글자는 정말 꼬리가 나올 이유가 없어요(웃음). 진짜로 뒷이야기일 수도 있는데, 이 글자를 활자화할 때 튀어나오는 편이 좋다고 해서'라고 밝혔고, 이어서 雪에 대해서 '또 雪이라는 글자는, 중국에서는 원래 雪입니다. 이런 것은 그대로 둬도 좋았을 수도 있겠죠. 왜 바꿨냐면, 당용한자가 공표될 때 當을 当으로 표시했는데, 그래서 《ヨ》를 다 《ㅋ》로 하자는 결정을 내렸죠. 물론 자원론적으로 성질이 다릅니다만, 닮았으니 통일해버렸다'고 적고 있다(앞의 책 279쪽).

이 꽤 '스스럼없는' 대화를 보자니, 자체표의 자체 선정은 전문가들이 반복적으로 토론하여 결론 낸 것으로는 전혀 보이지 않는다. 솔직히 말하면 몇 명의 사람들에 의한 밀실 작업으로, 외부 의견은 전혀 반영되지 않은 듯하다.

「당용한자 자체표」가 세상에 나온 이래 70년이 넘은 시간이 흘렀고, 그동안 표의 자체는 학교 교육 등을 통해 사회에 완전히 자리 잡았다. 이제와서 어찌해 볼 의도는 없지만 개인적인 견해로는, 「자체표」의 자체에는 몇 가지 문제가 있었고 훗날 혼란을 야기했다고 생각한다.

「자체표」의 문제점으로는 먼저 간략화가 완벽하지 않다는 점이 자주 지적되었다. 예를 들어 「자체표」에서 佛은 仏로 표시되었지만, 같은 구성 요소를 가진 沸와 費는 그대로이며, 이 두 글자에 대해서는 《弗》 부분을 《厶》로 표시하지 않았다. 費의 상부를 《厶》로 하면 貟이 되는데, 이것은 費가 아니라 員의 이체자이다. 그래서 費를 그대로 두었을 것이라 생각한다면, 아마도 이는 「자체표」 작성팀에 대한 선의(善意) 넘치는 시각일 것이다.

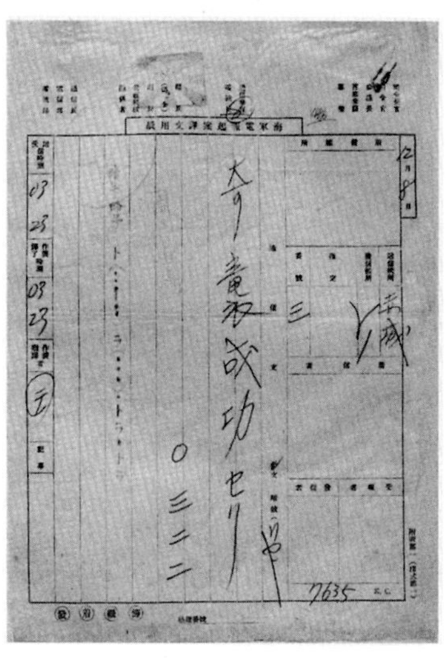

진주만 공격 성공을 전하는 전보
야스쿠니신사[靖國神社] 유슈칸[遊就館] 소장

마찬가지로 「자체표」에서 獨은 独으로, 觸은 触으로 했지만, 濁에 대해서는 그대로이며, 방 부수를 《虫》으로 바꾼 浊으로 표시하지 않았다. 또한 이전에 專으로 쓰여진 한자는 専으로 간소화되었지만, 구성 요소로서 專을 가진 傳은 伝, 轉은 転으로 간략화했다. 그러나 동일한 《專》을 구성 요소로 가진 團이 団으로 표시된 이유는 무엇이었는지 의문이다.

瀧은 《龍》의 부분을 《竜》으로 바꿔 滝으로 표시되었지만, 동일한 龍을 부분으로 가지는 襲은 그대로이다. '머리말'에서 언급한 '인쇄 자체와 필사 자체를 가능한 한 일치하도록 할 것'을 '명분'으로 삼는다면, 𮪌이라는 자체도 가능했을 것이다(물론 반드시 그래야 한다는 것이 아니라, 단순히 철저하지 않았음을 지적하고자 함이다). 실제로 진주만 공습의 성공을 본부에 전하는 그 유명한 전보에는 '奇𮪌成功セリ[기습에 성공했다]'라며, 그 자체가 사용되었다.

《示》변과《衣》변

과거 내 학생 중에 지금은 중학교 국어 선생님이 된 여학생이 어느 날,《示》변과《衣》변의 구별을 가르치는 데 어려움을 겪고 있다는 내용의 이메일이 왔다. 일부 학생들은 두 문자의 차이를 이해하지 못하고 神을《衣》변으로 쓰거나, 補를《示》변으로 쓰는 등 다양한 오류가 있으며, 이에 대한 조언이 필요하다는 내용이었다.

과거에는 神, 社, 祝, 祈 등이 神, 社, 祝, 祈와 같이 왼쪽 부분이《示》의 형태로 쓰였지만,「당용한자 자체표」에는 왼쪽을《礻》로 적고 있다.《示》를《礻》로 바꾸면서 획수는 1획 줄었지만, 그 결과로 '옷·의복'을 의미하는 부수의 변형인《衤》과 매우 유사한 형태가 되었다. 두 글자의 차이는 작은 점의 유무뿐이어서 초·중학생들 중에는 그 차이를 알아차리기 어려운 경우가 많다고 한다.

나는 답메일로, 종교적인 내용이라면《示》변, 의복과 관련된 내용이라면《衣》변으로 가르치면 된다고 매우 상식적이고 평범하게 보냈다. 그러나 다시 메일이 왔고, 裕나 複, 補 등의 한자가 자원적으로 의복과 관련이 있다고 설명하는 것은 매우 어렵다고 하여, 고심하게 되었다. 만약 자체표에서《示》를《礻》로 변경하지 않았다면, 양자를 구별하는 것은 그렇게 어려운 일이 아니었을 것이다.

별의별 문자를 하나로 만든 공죄(功罪)

문제는 이뿐만이 아니다. 여러 한자가 하나의 형태로 통일되면서 효과적으로 한자를 정리할 수 있었던 반면, 혼란도 야기됐다. 辨(처리하다), 辯(말하다), 瓣(꽃잎)은 원래 서로 다른 한자였지만, 「당용한자표」에는 이를 모두 弁이라는 글자로 통일했고, 변리사[弁理士]·변론대회[弁論大会]·화판[花弁] 등으로 쓰이게 되었다. 이는 분명히 비슷하고 혼동하기 쉬운 한자를 알기 쉽게 만든 측면이 있다. 한때 '레트로풍'이란 것이 유행했을 때, 동네 슈퍼의 '에키벤이치[駅弁市, 역 도시락 대전]'[46] 전단지에, '駅辯市'(駅은 驛라고 쓰지 않았음)라고 적혀 있었는데, 이 정도는 애교에 불과하다(물론 驛辨이 옳은 표기이다).

그러나 藝과 芸이 된 것에 대해서는 이견을 가진 사람이 많았을 게 분명하다. 芸와 藝는 본래 다른 글자였다. 芸의 자음은 운[ウン]. 본래는 향초(香草)의 이름으로 방충 효과 때문에 서책을 보관하는 방에 두는 식물이었다. 나라 시대 말 이소노카미노 야카쓰구[石上宅嗣]가 세운 일본 최고(最古)의 도서관인 운테이[芸亭, ウンテイ]의 이름이 여기서 유래한다. 예전에 재직했던 대학은 '편차치가 높은 곳'으로 자주 언급되어 어릴 때부터 수험 공부에 열심이었던 학생들이 많았지만, 이를 아무렇지 않게 '게이테이[ゲイテイ]'로 읽는 사람이 너무

---

46 에키벤[駅弁]은 역[駅]과 도시락을 뜻하는 벤토[弁当]의 합친 말로 철도역이나 열차 내에서 판매하는 철도여행객을 위한 도시락을 말한다. 弁当의 구자체는 辨當이다. -옮긴이

많아 놀랐다. 일본문예가협회(日本文藝家協會)나 출판사인 문예춘추(文藝春秋)가 지금도 藝자를 사용하고 있는데, 나는 이들이 매우 탁월한 견식을 가졌다고 본다.

그리고 하나 더 '문제자'를 지적하고 싶다. 현재 중국에서는 자형을 크게 간략화한 간체자가 사용되고 있다. 많이 알려져 있지만, 이 간체자에서는 從을 从으로 쓰고 있다. 매우 크게 간략화된 것 같지만, 从은 인민공화국이 된 이후 '문자 개혁' 때 만들어진 간체자가 아니라, 이미 2000년 이상의 역사를 가진 매우 오래된 한자이다.

從은 갑골문에서는 ⺌라는 형태였는데, 보시다시피 한 사람의 뒤에 또 다른 사람이 '따라가는' 모습이다. 이것이 전서(篆書)에서는 '⺌'로 쓰여지고, 이후 예서(隸書)에서 从이라는 형태가 되었다. 이 从에, 도로를 걷는 것을 나타내는《辵》(훗날 辶)를 결합하여 從이라는자형이 생겨났다. 현대 중국에서 사용되는 从은 이 從을 고대 형태로 돌리는 방식으로 간략화되었다고 할 수 있다.

从와 辵을 결합한 從이 '따르다'의 의미를 나타내는 것은 당연히《从》 부분에서 유래한다. 이 부분이 이 한자의 심장부이다. 그러나 「당용한자 자체표」에서는 이 한자를 従으로 쓰도록 규정하고,《从》의 부분이 알 수 없는 기호로 대체되었다. 왜 이런 일이 발생한 것인지 정확한 이유는 알 수 없다.《示》를《礻》로 바꾼 것과 마찬가지로 從을 従으로 바꿈으로써 전체 획수는 분명 1획 줄였다. 그러나 1획의 감소가 이 한자를 '쓰기 쉽고, 외우기 쉽게' 만들었다고 할 수 있을까? 그 대가로 이 문자의 핵심이라고 할 수 있는 从이 사라져도 아무런 문제가 없었던 것일까?

《犬》은 왜 《大》가 되었는가?

部首	道光版 康熙字典 1831年	(1) 五車韻府 1820年	(2) 米長老会 1844年	(3) 英華書院 1860年	(4) 美華書館 1873年	(5) 国文五号 1887年	(6) 国文四号 1887年	(7) 築地二号 1892年	(8) 築地五号 1894年	(9) 製文初号 1903年	(10) 製文二号 1906年	(11) 築地三号 1912年	(12) 大阪三号 年代不明	(13) 築地二号 1912年	(14) 築地五号 1913年	(15) 築地四号 1913年	(16) 博文四号 1914年	(17) 宝文四号 年代不明	(18) 宝文二号 1916年	(19) 宝文一号 1916年	(20) 秀英一号 1926年	(21) 民友35ポ 1934年	(22) 築地三号 1935年	(23) 朝日讀字 1946年	修訂版 大漢和 1986年
自	自	自	自	自	自	自	自	自	自	自	自	自	自	自	自	自	自	自	自	自	自	自	自	自	自 30095
						臭			臭						臭										
	皃														皃										皃 30102
	臬		臬	臬	臬	臬	臬	臬	臬		臬		臬	臬	臬		臬						臬		臬 30107
	臭	臭	臭	臭	臭	臭	臭	臭	臭	臭	臭	臭	臭	臭	臭	臭	臭	臭	臭	臭	臭	臭	臭	臭	臭 30108
	臯	臯	臯	臯	臯	臯			臯			臯	臯	臯	臯		臯	臯	臯				臯		臯 30119

『明朝体活字字形一覧』

이제 이 책의 '서문'에서 언급한 臭에 대해 상세히 살펴보도록 하자. 위의 도판은 『明朝体活字字形一覧』(文化庁文化部国語課編, 1999)의 臭라는 한자 관련 부분이다. 이 책은 일본의 에도 막부 말기와 메이지 시대에서 전전까지, 구체적으로는 1820년부터 1946년까지 활자 제작사와 인쇄업체의 '활자견본장(活字見本帳)'에서 발췌한 자료로서, 당시 활자 제작사와 인쇄업체는 자사에서 인쇄한 것이 어떻게 완성될지 '활자견본장'를 통해 고객에게 보여주었다. 이 『明朝体活字字形一覧』은 대표 업체의 견본장을 정리하여 문자별로 나열한 것이므로 일본에서 실제로 사용된 활자의 역사적인 변천을 자종별로 한눈에 볼 수 있는 매우 귀중한 자료이다.

자료에 따르면, 전전, 다시 말해 「당용한자 자체표」 공표 전까지 臭라는 글자는 모두 《自》와 《犬》의 조합이었음을 알 수 있다. 그러다가「당용한자 자체표」에서《自》와《大》의 조합이 되었다. 이와 유사한 예로는 類나 器도 있지만 여기에서는 간단히 臭에 대해서만 살펴보기로 한다. 자체의 변화는「당용한자 자체표」의 '머리말'에 나와 있는 자체 선정의 방침(107쪽 참조) 중 '(4)1점 1획이 증감, 혹은 획이 결합하거나 분리된 경우'에 해당한다. 그 부분만 살펴보자면, (4)에는 예시로 다음의 한자가 나열되었다(신자체는 크게, 구자체는 작게 표시됨).

者者 黄黃 郎郞 歩步 成成 黒黑 免兔

이 부분에서 나열된 한자는 기존 자체에서 점이나 선이 미묘하게 가감되는 등의 변화가 있었는데, 이런 변화에는 어떤 배경이 있었을까? 112쪽에서 인용한 좌담회에서, 하야시 오키씨는 "제가, 나중에『당용한자 자체표의 문제점[当用漢字字体表の問題点]』이라는 해설을 문부성의『국어시리즈』에 작성했는데, 대강의 설명은 했습니다"라고 밝혔다. 이는 문부성 국어과(당시)에서 '국어의 개선과 국어교육의 진흥책을 철저히 보급하기 위해 편집한'『국어시리즈』의 13번째 책으로서 1963년에 출판된 것으로, 여기에 하야시씨는 상기의 각 방침에 대해 자세한 설명을 덧붙였다. 그 중 (4)와 관련하여 하야시씨는 다음과 같이 말했다.[47]

---

47 『覆刻文化庁国語シリーズ Ⅵ 漢字』教育出版 1974, 291쪽 참조.

> 者, 黄, 郎의 세 가지 예는 1점을 줄인 것, 歩는 1점을 더한 것, 成, 黒은 본래의 2획을 1획으로 병합한 것, 免은 본래의 1획을 2획으로 분리한 것이다. 者는 당연하게도 煮, 都, 諸, 緒, 暑, 署에 영향을 미친다. 黄은 마찬가지로 横에, 또한 勤, 謹, 難, 漢, 嘆도 해당한다. 郎은 廊, 朗에, 또한 《食》변인 경우에 영향을 미친다.

이처럼 예시 문자를 적고, 이어서 '1획을 줄인 것은, 그 밖에도 突, 臭, 戻, 類 등 글자의 하부에 위치하여 그다지 식별에 영향을 미치지 않는 犬의 점을 생략한 예(후략)'라고 적고 있다.

앞서 언급한 대로, 하야시씨는 자체표 작성의 중추적인 역할을 한 연구자이기 때문에, 위의 기술이 臭에서 臭로, 《犬》에서 《大》로의 변화를 설명한 믿을 만한 기술이라고 볼 수 있다. 그 변경 이유에 대해서는 '그다지 식별에 영향을 미치지 않기 때문'이라고 했다.

분명 水, 氷, 永의 경우, 점의 유무나 위치가 문자식별에 직결되지만, 臭와 臭, 器와 器 등은 점이 있든 없든 다른 한자와 혼동될 일은 없다는 것이 하야시씨의 주장이다.

현재 냄새를 의미하는 한자가, 당장 이 臭와 臭 두 종류의 이체자가 있고 모두 사회에서 비슷하게 자주 사용된다면, 두 자 중 하나를 선택해야 할 필요성은 어느 정도 이해할 수 있다. 그러나 臭라는 자체는 당시 사람들에게 익숙하지도 않았고 만약 전전 학교 받아쓰기 시험에서 臭라고 썼다면 필시 오자라고 간주되어 으로 평가되었을 것이다. 그럼에도 불구하고 '식별에 영향을 미치지 않는다'는 이유로 점을 제거하는 것은 사람들이 오자로 여겨왔던 자체의 사용을 강제하는 것과 같다. 이처럼 臭, 類, 器 등 과거에는 오자로 여겨졌던 자체가 정식 자체로 국가 규격에 당당히 등장했다. 그리고 '머리말'에서 언급한 것처럼 그동안 초등학생도 이해할 수 있었던 臭, 戻, 突의 자원을 전혀 알 수 없게 되었다. 그러나 然, 献, 状 등에 있는《犬》은 '식별에 영향을 미치지 않음'에도 불구하고《大》로 변경되지 않았다. 어째서일까.

자원주의의 배척

이처럼 자체표에 표시된 자체 중에는 대체로 한자의 역사를 고려하지 않은 글자가 많다. 자체를 결정할 때에는 자원에 근거해야 한다는 의견은 당시 명확하게 배제되었다. 「당용한자 자체표」를 심의한 제14회 국어심의회 총회(1948년 6월 1일)에서 안도 마사쓰구가 작성한 「자체 정리에 관련 주사위원회의 심의 경과보고 및 원안 설명」이라는 긴 보고서에 다음과 같은 구절이 있다.

> (전략)
>
> 마찬가지로 자체를 정리하는 데에도 정리의 기조가 다르면 수단과 결과도 달라집니다. 복고를 목표로 자체를 선정한다면, 오로지 자원주의만을 따르게 될 테고, 단순히 통일

만을 추구한다면 두말할 필요 없이 『강희자전』 같은 어떤 준거를 따르는 것도 좋은 안이 될 것입니다. 그러나 본 주사위원회에서는, 일본 국자로서의 한자 사용의 역사와 현황을 참고하여 자체 선정의 기준을 이 점에 둔 것입니다. 한자 본국의 학자들의 자체 의견도 고려되어야 합니다. 양국의 문자 생활과 연관된 이체자의 발생, 양 국민의 문자 관념의 차이, 그 밖의 여러 가지 측면에 유의해야 할 것이 많지만, 우리는 일본 사정에 입각하여 자체 정리를 추진함에 있어서도 국자로서의 입장에 중점을 두고 우리 국민의 읽고 쓰기를 편하고 정확하게 하는 것을 목표로 했습니다. 한자를 국자로서, 그 당용 범위 내의 한자조차 제대로 쓸 수 없다면 정말로 안타까운 일입니다. 어느 정도 교육을 받은 사람 중에도 오자를 쓰고도 아무렇지 않은 사람이 많습니다. 이들은 이미 한자를 제대로 쓰려는 의욕을 잃어버렸겠지만, 아직 그런 상황에 빠지지 않은 사람들은 어떻게 하면 제대로 쓸 수 있는지에 대해 고민합니다. 문자 지옥에서 발버둥 치고 있다고 할 수 있습니다. 이들을 구하기 위해서라도 자체 정리는 필요한데, 여기에는 우선 자체를 하나로 하는 것, 즉 이체를 통일하는 것이 중요합니다. 즉, 이체를 단일로 만드는 것이 첫번째인데, 두 개 이상의 자체가 병행되는 경우 점획의 조합이 복잡하므로 생략할 수 있는 것은 간략화한다, 점획 조합의 미묘한 차이는 가능한 문제 삼지 않는다, 간략 자체의 역사적 연관이 적은 것일지라도 사회적 관용이 상당히 유력한 경우에는 가능한 이를 채용하는 등의 방법을 통해 자체를 결정했습니다. 이 방침에 따른 자체 선정은, 우리가

> 한자를 정확히 쓰도록 만드는 결과를 수반할 것입니다. 어려워 잘 쓰지 못하고, 잘 쓰지 못해 오자를 쓰고 글자를 혼동하는 것입니다.

중요한 부분이어서 길게 인용했다. 여기에서 안도는 자체 결정에 있어 자원주의를 취하거나 『강희자전』을 따르는 것을 부정하고, '점획의 조합이 어려운 것, 복잡하거나 난해한 것, 쓰기 어려운 것은 채택하지 않기로 한다'고 설명하며, '점획의 조합이 복잡한 것 중 생략할 수 있는 것은 단순화하고, 점획 조합의 미묘한 차이는 최대한 문제 삼지 않기로 했다. 간이자체의 역사적 기원이 적은 글자도 사회적 관용이 상당히 유력하다고 인정되는 경우에는 가능한 한 그것을 채택하는 등의 방법으로 자체를 결정했다'고 밝혔다. 이러한 선택은 '일본에서의 국자로서의 한자 사용의 역사와 현황을 참고하여, 자체 선정의 기준을 이 점에 두었기 때문'이라고도 설명했다.

분명 갑골문, 금문, 혹은 시황제 시대에 만들어진 소전(小篆) 자형에 근거한 자원주의를 현대 일본어의 사용 한자에 전면적으로 적용하는 것은 현실적이지 않을 수 있다. 그러나 '일본 국자로서의 한자 사용의 역사와 현황'을 고려한다면, 從에서 《从》을 빼거나, 臭, 類, 器에서 《犬》을 《大》로 구성 요소를 바꾼 것 역시, 당시 일본어에서의 실제 사용례가 거의 없었기 때문에 부정되었어야 하지 않았을까.

안도는 또한 '간이자체의 역사적 기원이 짧더라도, 사회적 관용이 상당히 유력한 경우 가능한 한 채택하는 방법 등을 통해 자체를 결정했습니다. 이 방침에 따른 자체 선정은, 우리가 한자를 정확히 쓰는 결과를 수반하게 됩니다. 어려워서 제대로 쓸 수 없고, 제대로 쓸 수 없기 때문에 오자를 쓰거나 글자를 혼동하게 됩니다'라고 했지만, 從 안에 있는《从》을 이유를 알 수 없는 기호로 바꾸거나《犬》을《大》로 바꾸면 그동안 쓸 수 없었던 한자를 쓸 수 있게 된다는 말인가?《犬》이면 '어려워 제대로 쓸 수 없고, 제대로 쓸 수 없어 오자를 쓰게 되고',《大》로 바꿔 점 하나를 빼기만 하면 국민이 올바른 한자를 쓸 수 있게 된다는 것인가? 일본 국민을 너무 얕본 것이다.

「당용한자 자체표」에 의해 규범화된 자체는, 이처럼 문자학적으로 큰 문제를 다수 포함하고 있다. 그러나 이것이 국어시책으로 실행되고, 실제 학교 교육에 적용되면서 이들 문제점은 논의되지 않은 채, 완전히 사회에 정착했다. 지금에 와서 일부 '문제자'를 들면서, 자체의 변경을 논하는 것은 결코 현실적이지 않다. 이미 너무 늦어버려서, 매우 안타까울 뿐이다.

상용한자표로의 여정

2-1. 인명용한자의 제정

국어심의회와 당용한자

지금까지 '국어심의회'라는 명칭이 여러 번 등장했는데, 그 조직을 간단히 소개하도록 한다. 국어와 관련한 여러 문제를 논의하고 정책을 제안하기 위해 조사를 수행하는 기관으로서, 정부가 처음 설치한 것은 1902년 '국어조사위원회'였고, 이는 1910년에 '임시국어조사회'로 이어졌다. 초대 회장으로 모리 오가이가 임명된 것은 앞서 언급했다(38쪽 참조). '임시국어조사회'는 1934년 12월 21일 칙령에 따라 '국어심의회'로 개편되었다. 문화청 홈페이지에 따르면, 이를 '관제에 따른 국어심의회'라고 불렀는데 전전부터 전후 초기의 국어 정책의 중심으로서 사회생활 중 사용 한자수, 자체 및 맞춤법 등 다양한 제언을 했다.

한자의 자체에 대해서는, 1938년 「한자자체 정리안」을 제정하고, 법령 및 공문서 등에서 사용하는 한자를 선정한 안으로서 1942년 「표준한자표」를 의결했다. 이는 전쟁이 한창이었던 시대적 배경 때문에 사실상 효력은 없었지만 전후 계승되어 「당용한자표」의 기초가 되었다. 또한 표기법 역시 1942년 「신자음가나표기법표[新字音仮

名遣表]」를 의결했지만, 이 역시 실시되지 않았다.

이 관제 국어심의회는 전후 초기에 놀라운 속도로 개최되었고, 1946년 「당용한자표」와 관련된 음훈 및 자체 표를 제정했다. 그리고 심의회는 1949년 5월 「문부성 설치법」에 따라 조직 개편하여, 1950년 4월의 「국어심의회령」에 따라 새로운 국어심의회로 재출발하게 되었다. 문화청 홈페이지에 따르면 이를 '법률·정령에 따른 국어심의회'라고 불렀다.

새로운 국어심의회는 문부대신이 임명한 위원 70명 이내의 조직으로(특별 사항을 조사 심의하기 위하여 필요시 임시위원을 둘 수 있음), 당초 '국어 개선에 관한 사항', '국어교육의 진흥에 관한 사항', 그 밖에 '로마자에 관한 사항'을 조사 심의하고 건의할 수 있도록 규정되었다. 그리고 실제 시행된 「당용한자표」 시책과 관련된 여러 문제를 다뤘던 조직이 이 '법률·정령에 따른 국어심의회'이다.

아이 이름에 사용하는 한자

국민의 생활과 한자와 관련하여, 전후 최초로 발생한 큰 문제는 아이 이름에 사용할 수 있는 한자에 관한 것이다. 현행 제도상 일본 국적의 아이는 출생 후 14일 이내 출생지 또는 본적지(또는 신고인 소재지)의 시·구·정촌 관공서에 출생신고서를 제출해야 하며 여기에 기재하는 아이 이름의 사용 한자를 법률로 규정하여 제한한다.

해당 법률은 1947년 12월에 제정된 「호적법」이며, 제50조에 따르면 '자녀 이름에는 상용 평이한 문자를 사용해야 한다', 제50조-2에는 '상용 평이한 문자 범위는 법무부령으로 정한다'고 적고 있다.

이름에 관한 법률은 이것이 유일하며, 싱거울 정도로 간단한 규정이지만 이 「호적법」이 제정되기 전까지 일본에는 이름에 관한 규정이 없었다. 극단적으로 말하자면, 총 48획이나 되는 龘, 䨻, 또한 64획이나 되는 𪚥 등을 사용하더라도 사회생활하기 어렵고 자녀로부터 심한 원망을 받을지언정 그 누구도 비난할 근거가 없었다. 그러나 이름은 개인에게는 '간판'이며 평생 따라다니므로, 사회적으로 통용되고 이해하기 쉽고 친근한 것이 가장 중요하다. 그래서 이 법률에 따라 아이의 이름은 상용 평이한 문자를 사용해야 한다고 규정했다. '상용 평이'란 간단히 말하자면, '자주 사용되고 이해하기 쉬운' 것인데 어떤 글자가 자주 사용되고 이해하기 쉬운지의 판단은 사람마다 제각각이다.

이 법이 발효될 때 법무성의 성령(각 부처의 장이 발하는 명령)에 의해, 히라가나와 가타카나, 그리고 「당용한자표」에 포함된 한자만을 상용 평이한 문자로 삼았다(그 밖에 장음 기호 'ー'나 반복 기호 '々' 등을 사용할 수 있지만, 소바집의 현수막이나 하나후다[花札: 화투]의 패에 쓰인 '헨타이가나[変体仮名]'[1]는 사용할 수 없다).

참고로 아이 이름에는 ABC 등의 로마자를 사용할 수 없다. 국제결혼의 증가로 로마자 이름을 사용하고 싶다는 요청이 당국에 많이

1 보통의 히라가나와 다른 초서체의 가나 -옮긴이

제기되고 있는 듯 하나, 만약 로마자를 인정하면 마찬가지로 훈민정음, 키릴문자, 아랍문자, 그리스문자, 또는 한자 중 중국의 간체자 등을 인정하지 않으면 불공평해진다. 만약 이들을 인정하면, 가족관계등록부는 물론 학교나 회사 명부를 작성할 때 곤란해질 것이다. 그래서 로마자 등 외국 문자는 일절 사용할 수 없고, 히라가나, 가타카나와 일부 한자만 사용할 수 있도록 했다. 그러나 「당용한자표」 수록 한자는 본래 '법령·공문서·신문·잡지' 등에서 글을 쓸 때 사용할 수 있는 한자로 선택된 것이었다. 그것이 그대로 인명에 사용되는 상용 평이한 한자로 지정된 것인데 이는 잘 생각해 보면 이상한 이야기다. 일반 사회생활에서 사용하는 한자와 인명에 사용되는 한자는 본래 성격이 다른 것이어야 한다. 가령 死, 病, 尿, 苦, 貧 등은 일반 글을 쓸 때는 없어서는 안 되지만, 인명에 사용하기에는 부적절하다.

무엇보다 「당용한자표」는 고유명사를 대상으로 하지 않았다. 만약 어떤 사람의 성에 사용되는 한자가 「당용한자표」에 없다는 이유로 강제로 성을 바꿔야 한다면 바로 인권 문제가 될 것이다. 시정촌의 명칭 등 지명에 사용되는 한자가 같은 이유로 바뀐다면, 사회는 혼란스러워질 것이며, 해당 지역의 역사적 기록이나 문화유산 등과도 큰 단절이 발생할 것이다. 따라서 「당용한자표」는 고유명사를 대상으로 하지 않으며 이는 해당 표의 '머리말'에 '고유명사에 대해서는, 볍규상 그 밖에 관련된 부분이 크기 때문에 별도 판단하도록 한다'고 명확히 적혀 있다.

「당용한자표」는 이처럼 인명을 비롯한 고유명사를 대상으로 한 것이 아님에도 가족관계등록부를 관할하는 법무성은 「당용한자표」를 그대로 따라 인명에 사용할 수 있는 상용 평이한 한자의 범위로 삼았다. 당시에는 「당용한자표」 이외에 한자의 집합을 규정한 것이 없었기 때문일 수도 있고, 아니면 어쩔 수 없는 조치였을지도 모른다. 법무성으로서는, 이 표가 고유명사를 대상으로 하지 않는다는 것을 알면서도('머리말'에서 확인할 수 있으므로) 이후에 만들어질 지명이나 인명에 대해 「당용한자표」 범위 내에서 한자를 사용해 간다면, 결국 고유명사도 모두 「당용한자표」 범위 내에 들어갈 것으로 생각했을 것이다. 어쨌든 그 결과, 앞으로의 인명(성은 제외)은 「당용한자표」 수록 범위 내의 한자를 사용하도록, 처음에는 규정되었다. 그러나 정부 기관의 이러한 의도가 일반 국민에게 쉽게 받아들여지고 사람들이 여기에 만족할 리가 없었다. 자식의 이름은 부모나 조부모가 아이 미래의 행복을 바라며, 여러 책을 조사하거나 지인들과 상의하면서 진지하게 한자를 마주하면서 결정한다. 법령이나 공문서처럼, 어떤 한자를 사용할 수 없다고 해서 그 부분을 히라가나로 '섞어 쓰기' 해도 되는 것이 절대 아니다. 자녀 이름을 짓는 것은 어떤 의미에서는 일본인이 가장 진지하게 한자의 의미나 소리를 고려하는 일이기도 하다. 이처럼 소중한 일인데, 관청의 편의상 사용 가능한 문자의 범위를 정해서는 안된다는 것이 진정한 국민 감정이었다. 번민하고 고민한 이름이 표외문자라는 이유로 관청의 인정을 받지 못한다면, 신청자는 쉽사리 납득할 수 없고 때로는 소송으로까지 이어질 수도 있다. 원래 「당용한자표」는 종전 직후 점령군이 주도한 정책인 한자 제한을 위한 규정이기 때문에, 수록된 한자의 종류가 너무 적다는 비판이 처음부터 있었다. 또한, 弘, 宏, 昌, 彦과 같이, 이전까지 일본인의 이름으로는 매우 일반적이고, 빈번하게 사용되던 한자가 포함되어 있지 않았다는 것이 큰 문제였다. 이들 한자는 일반 어휘를 만드는 조어력이 낮고, 대부분 고유명사 전용의 한자라는 점에서 「당용한자표」에 포함되지 않았다. 결국 국민의 각계각층에서 더 다양한 한자를 이름에 사용할 수 있어야 한다는 요구가 나왔다. 이 문제가 1951년 국회 법무위원회 실무회의에서 논의되었을 때, 인명에 사용 가능한 한자를 제한하는 것은 지나치다는 의견이 다수였다.

이러한 분위기 속에서 국어심의회에도 고유명사를 전문으로 검토하는 부회가 마련되었다. 여기서 인명에 사용 가능한 한자의 문제를 논의했고, '자녀 이름의 경우 사회적 관습이나 특수한 사정도 있으므로 현재로서는 당용한자표 이외의 일부 한자를 사용하는 것은 어쩔 수 없다'고 언급하면서 「당용한자표」 수록 한자 외의 한자를 인명에 사용해도 큰 문제가 없다고 인정되는 한자를 다음과 같이 문부대신에게 건의했다.

丑	丞	乃	之	也	亙	亥	亦	亨	亮	仙
伊	匡	卯	只	吾	呂	哉	嘉	圭	奈	宏
寅	尚	巌	巳	庄	弘	弥	彦	悌	敦	昌
晃	晋	智	暢	朋	杉	桂	桐	楠	橘	欣
欽	毅	浩	淳	熊	爾	猪	玲	琢	瑞	甚
睦	磨	磯	祐	禄	禎	稔	穣	綾	惣	聡
肇	胤	艶	蔦	藤	蘭	虎	蝶	輔	辰	郁
酉	錦	鎌	靖	須	馨	駒	鯉	鮎	鶴	鹿
麿	斉	龍	亀							

이 92자가 1951년 5월 「인명용한자 별표」로 공표되어 이름에 사용할 수 있게 되었다. 현재 인명에 빈번하게 볼 수 있는, 亮, 哉, 圭, 奈, 宏, 彦, 昌, 晃, 晋, 智, 朋, 浩, 玲, 祐, 稔, 綾, 聡 등은 1948년 이후 얼마 동안은 이름에 사용할 수 없었는데, 이 표의 제정으로 사용할 수 있게 되었다. 이들 한자가 이름에 사용된 연배 있는 사람이라면 이름에 사용 가능한 한자가 무제한이었던 호적법제정 전에 태어났거나 혹은 1951년 5월 인명용한자의 제정 이후에 태어난 사람 중 하나다. 인명용한자는 이처럼, 경우에 따라서는 특정 세대의 연령을 추정할 수 있는 수단이기도 하다. 어쨌든 지금 입장에서 보면 浩나 彦 등을 이름에 사용할 수 없었던 시기가 있었다는 것 자체가 매우 이상하다. 이때 제정된 「인명용한자」는 이후에도 시대의 사조를 반

영하여 종종 추가되었다. 또한 「상용한자표」가 제정된 1981년에는 인명용한자의 소관이 법무성으로 이관되어, 명칭도 「호적법시행규칙」의 「별표」가 되었다.

1976년 7월 28자를 추가, 120자가 된다.
1981년 10월 상용한자표에 포함된 8자를 삭제
54자를 추가, 총 166자가 된다.
1990년 4월 118자를 추가, 284자가 된다.
1997년 12월 1자(琉)를 추가, 285자가 된다.
2004년 2월 1자(曽)를 추가
동 6월 1자(獅)를 추가
동 7월 3자(毘, 瀧, 駕)를 추가, 290자가 된다.
동 9월 허용자체 중 205자와 새롭게 488자를 추가,
전부 983자가 된다.
2009년 4월 祷, 穹 2자를 추가, 985자가 된다.

자녀 이름에 사용하고 싶은 한자는 각 시대의 사상, 감성, 혹은 유행에 따른 수요가 있고 법무성은 이에 대응하여 필요한 시기에 인명용한자를 추가해 왔다. 이는 비교적 신속한 대응이었으나, 그럼에도 세간에는 허용되지 않는 한자를 사용한 이름을 신청하는 사람이 많아 뉴스화되거나 재판으로 가는 일도 드물지 않았다.

특히 저출산 시대에, 아이의 이름을 정하는 데에 부모나 관련인이 큰 노력을 쏟기 때문에 최근에는 매우 독특한 이름이 많은 듯하

다. 유치원 교사인 30대 지인이 최근 원아 이름 중에서 창의적인 아이디어에 감탄하거나 놀라는 경우가 정말 많다고 했다. 그러나 나랑 비슷한 세대의 사람에게는, 지나치게 모던(오히려 '참신'라고 해야 할까) 하고 멋 부린(오히려 '기발'하다고 해야 할지) 이름이 많은 듯하다. 그런 이름은 열거하기도 어렵다.

최근의 다양한 이름들

신문기사(『아사히신문[朝日新聞]』 2007년 10월 11일자 석간「(귀로 들리는) 음감 우선, 요즘 작명[響き優先 今時の命名]」)에서 읽은 것인데, '一二三'이라고 쓰고 '와루쓰[ワルツ]'라고 읽는 이름의 아이가 있었다.[2] 필시 음악 애호가 집안의 아이였을 것이다. 듣기 좋은 예쁜 이름이어서 어린 시절에는 귀엽게 생각하겠지만, 70세, 80세가 되서도 '와루쓰'라고 불린다면 왠지 이상할 것 같다. 와루쓰씨가 '나이토[騎士]'라는 이름의 남성과 결혼할 수도 있고 그녀의 친구가 '루주[留樹]'거나 '루나[月奈]', '네오[新星]'일 수 있기 때문에 그다지 위화감이 없을 수도 있다. 어쨌든 와루쓰씨가 고령이 될 때까지 내가 살아있을 리도 없기에 크게 신경 쓸 필요는 없을 테지만 말이다.

2004년 법무성에 새로운 인명한자의 추가 후보를 심의하는 위원회를 설치하여 인명용한자를 대량으로 추가하게 되었다. 이 회의에

---

2 왈츠가 3박자 춤곡인 이유로 붙인 이름 -옮긴이

나 역시 위원으로 참여했는데, 이때 苺(딸기 매)라는 한자가 추가 후보로 나와 화제가 되었다. 딸이나 손자 이름에 꼭 이 한자를 사용하고 싶다는 요청이 전국 각지의 법무국에 많았다고 하는데, 특히 도치기[栃木], 후쿠오카[福岡], 시즈오카[静岡] 등 딸기 생산 농가가 많은 지역의 법무국에서 꼭 이 한자를 사용하고 싶다는 요청이 많았다고 한다.

苺는 「당용한자표」 미수록 한자인데, 사회적으로는 '상용'하기도 '평이'하기도 한 한자이므로 인명에 사용하는 데는 아무런 문제가 없다. 오히려 사용할 수 없었던 것이 더 이상했다. 딸기[イチゴ, 이치고]는 상품으로는 가타카나로 적는 경우가 많은데, 이름에 사용할 경우 당연히 한자로 적는다. 이 때 「인명용한자 별표」에 추가되면서 지금은 많은 '이치고짱[苺ちゃん][3]'이 호적에 등록되었다. 딸기를 뜻하는 한자로는 苺와 莓 두 자가 있고, 현재 중국에서는 莓를, 일본에서는 苺를 사용한다. 과거의 전통적인 한자 표준을 보여주는 『강희자전』에 따르면, 苺는 딸기[イチゴ]를, 莓는 나무딸기[キイチゴ, 기이치고]를 뜻했다고 한다. 그러나 품종별로 한자를 달리 쓰는 것은 생산자와 소비자에게 매우 불편한 일이므로, 결과적으로 일본과 중국 모두 각각 하나의 한자만 사용하게 되었다.

苺는 식물을 나타내는 《艸》와 《母》로 구성되는데, 《母》는 문자 전체의 발음을 나타내는 역할과 딸기의 형태가 어머니의 유방과 닮아

3 짱[ちゃん]은 친근감을 주는 인명 호칭 -옮긴이

있다는 것을 나타낸다는 해석도 있다. 2004년 인명용한자로 채택된 苺를 사용한 ‘이치고짱[苺ちゃん]’들은 아직 어릴 테지만 머지않아 엄마가 되었을 때 자기 이름과 연관된 모성 기관으로 아이를 잘 양육해 나갈 것이다. 그러나 무뚝뚝한 중년부터 노년의 남성들이 압도적으로 많았던 인명용한자 검토위원회에서는 苺에 대한 이런 멋진 토론 없이, 바로 ‘합격’이 결정되었다.

苺라는 한자가 상징하는 것처럼 과일이나 식물과 관련된 한자를 자녀의 이름에 사용하고 싶다는 바람이 많다고 한다. 撫(어루만질 무)를 자녀의 이름으로 사용하고 싶다는 요청도 꽤 많다고 한다. 撫는 ‘애무(愛撫)’라는 단어에도 사용되지만, 이름으로 사용하는 경우 대부분 ‘撫子[나데시코: 패랭이꽃]’라는 꽃 이름이 연상된다.

전차 안 사람들 앞에서 큰 거울을 꺼내 주변의 시선은 신경 쓰지 않고 당당하게 공들여 화장하는 젊은 여성이 여기저기 늘고 있는 지금의 일본에서는 이미 사어(死語)가 된 듯 하지만, 일본 축구 협회의 여자 축구 국가대표팀이 ‘나데시코 재팬[なでしこジャパン]’이라 불린다. 현대의 ‘나데시코’들은 경기장을 뛰어다니고 있지만, 과거에는 여성의 미덕으로 간주되는 순수함과 우아함을 갖춘 여성을 ‘야마토 나데시코[やまとなでしこ]’[4]라고 표현했다. 이 단어에 사용된 ‘나데시코’라는 식물은 실제로 여러 종류가 있으며, 어머니 날에 친숙한 카

---

4 일본의 옛 이름인 야마토[大和]와 패랭이꽃을 뜻하는 나데시코[撫子]의 합성어이다. 일본인 여성을 패랭이꽃의 가련하고 청초한 아름다움에 빗댄 단어 -옮긴이

네이션도 관련 종 중에 하나이다. 싸리, 마타리와 함께 '가을의 일곱 풀'[5] 중 하나로 여겨지는 '나데시코'는 정확히는 '술패랭이꽃[カワラナデシコ]'으로 알려져 있다.

'나데시코'에는 도래종과 일본 고유의 재래종이 있다. 헤이안 시대 때 중국에서 도래한 '석죽[セキチク, 한자로는 '石竹'이라고 씀]'을 '가라나데시코[唐撫子]'라고 부른 반면, 일본 고유의 품종을 '야마토 나데시코[大和撫子]'라고 불렀다.

도래종과 재래종의 비교는 『마쿠라노소시[枕草子]』[6](67단)에 '풀꽃은 패랭이꽃, 중국종은 물론 일본종도 사랑스럽다[草の花はなでしこ、唐のはさらなり、大和のもいとめでたし]'라고 적혀 있다. 여성의 미칭으로 '야마토 나데시코'라고 불리게 된 것은 어떤 면에서 이때쯤부터 시작된 것 같지만, 그럼에도 撫가 인명용한자에 포함됨으로써 절명한 '야마토 나데시코'가 부활할지도 모르겠다.

개인적으로는 꼭 그렇게 되었으면 하지만, '이름이 실체를 말하지' 않는 사례가 주변 곳곳에 있어 걱정이다. 참고로 나데시코를 한자로 '撫子'라고 쓰는 이유는, 사랑스러운 꽃 모양이 마치 어린이의 머리를 쓰다듬고[撫(な)でる] 싶을 만큼 귀여운 아이를 연상시켜서이다.

---

5 가을의 일곱 풀은 싸리[ハギ], 억새[ススキ], 칡[クズ], 술패랭이꽃[カワラナデシコ], 마타리[オミナエシ], 등골나물[フジバカマ], 도라지[キキョウ] 등 7가지 -옮긴이

6 『마쿠라노소시』는 일본 수필 문학의 효시로 대표적인 고전 문학 작품이다. 11세기 초 세이쇼나곤[清少納言]이라는 뇨보[女房: 고위 궁녀]가 궁중 생활을 바탕으로 쓴 것 -옮긴이

그러나 현대판 '나데시코[なでしこ]'를 우연히 '쓰담쓰담[なでなで]'한다면, 성희롱으로 고발당할 위험도 있으니 주의가 필요하다.

한 가지 더 여담을 덧붙이자면, 인명용한자의 추가 후보를 검토하는 위원회에 참여하여 凜라는 한자가 여자아이의 이름으로 인기가 있다는 소식을 들었을 때 조금 놀랐다.

凜은 얼음 빙(氷)을 의미하는《冫》(이수변)과 발음을 나타내는《稟》[リン, 린]으로 구성된 형성문자로, 원래 '춥다'는 의미와 여기서 파생된 '소름끼치다'나 '엄하다'는 의미로 사용된다. 어느 쪽이든 남자 이름에 더 어울릴 것 같지만 인기의 원인은 드라마에서 소녀의 이름으로 사용되었기 때문이라고 한다.

凜은 2004년에 추가된 인명용한자지만, 이 한자에는 오른쪽 아래에 있는《禾》를《示》로 쓴 凛이라는 이체자도 있다. 이 역시 이름으로 사용하고 싶다는 요청이 많았다. 2004년 성령 개정으로 凛도 인명용한자에 추가되었다. 즉, 凜와 凛 모두 사용할 수 있게 된 것이다. 예전에는 인명에 사용할 수 있는 한자에 '1 자종 1 자체'의 원칙이 있었지만, 이제는 凜처럼 복수 한자의 복수 자체가 사용될 수 있게 되었다.

凛은 凜의 속자체지만, 현재 일본에서 자체의 정속(正俗)을 따지는 사람은 거의 없다. 凜보다 凛 쪽이 더 멋지다고 생각하는 사람도 그만큼 많다는 것일 것이다. 그러나 린짱[凜ちゃん]과 린짱[凛ちゃん]이 학교에 입학했을 때 학생명부에는 凜와 凛이 구분될 것이다. 선생님들은 분명 힘들 텐데 생각해 보면 미안스러운 일이다.

2-2. 그 이후의 「당용한자표」

당용한자표에 대한 보정과 신문업계

법률·정령에 기반을 둔 새로운 국어심의회에서는 국어백서 작성·한자·고유명사·구어·경어·공문, 법률용어·로마자 교육에 관한 부회가 제1기 때 마련되었으며, '한자부회'에서는 도쿄대학 교수였던 국어학자 도키에다 모토키[時枝誠記, 1900~1967]가 부회장(部会長)에 취임했다. 도키에다는 제1회 부회 때 한자의 취급 방침을 「당용한자표」와 관련지어 다음과 같이 정리했다.

> 한자부회는 먼저 「당용한자표」를 보정할지 여부를 논의한다. 이에 「당용한자표」의 성격을 밝히기 위해, 제정 당시의 훈령, 문부대신 의견, 당국 의견 등을 자료로 삼아 검토하여,
>
> 1) 당용한자표는 법령, 공문서, 신문, 잡지 및 일반 사회에서 사용하는 한자의 범위를 보여주는 것이므로, 한자를 제한하는 표이다.
> 2) 당용한자표는 시대에 따라 바뀔 수 있으나 그 자수를 점차 줄여 교육한자 수준까지 줄이는 것이 바람직하다.
> 3) 당용한자표에 없는 문자는 가나로 표기되어야 한다. 따라서 「당용한자표」와 가나의 결합을 허용한다.

이를 토대로 어떤 식으로든 「당용한자표」의 보정을 고려해야 한

다는 데에 합의했다. 그러나 위원들 사이에 의견이 분분했다. 특히 자수가 1,850자를 초과해도 괜찮은지, 또 숙어의 '한자·가나의 결합'(섞어쓰기)을 허용할지 여부는 쉽사리 의견이 모아지지 않았다고 한다.

이어 제2기 국어심의회에서도 한자, 표기, 표준어, 법률공문, 고유명사, 술어의 6개 부회가 마련되었지만, 한자부회는 도키에다(심의회 위원으로 참여)를 대신하여 도쿄교육대학 강사인 하라 도미오[原富男]가 부회장을 맡았다. 이때 부회는 심의에 앞서, 「당용한자표」 제정 당시의 정신을 지키는 것을 기본입장으로 하는 것을 확인했다. 이를 위해 지금까지의 경험을 바탕으로 약간의 수정을 승인했다. 2기 한자부회 때, 일본신문협회가 「당용한자 보정에 관한 신문사의 의견 집계」라는 자료를 제출했다. 이는 일본신문협회가 전국 16개 신문사의 용어 담당자의 신문용어 간담회를 개최했을 때(1953년 2월) 「당용한자표」 수정을 심의회에 제안하기 위해 정리한 것으로, 의견을 집약한 결과 「당용한자표」에서 삭제해야 할 51자와 추가해야 할 166자를 나열했다. 「당용한자표」에는 1,850자의 한자가 수록되어 있지만, 약 10%에 해당하는 한자를 추가하라는 것이었으므로 이는 실로 대담한 제안이었다. 한자부회는 이 요청을 사회의 현실을 반영하는 객관적 자료로 간주했으며, 또한 '일본국 헌법에 사용되는 한자 중 국민 상용이 아닌 난해한 글자는 제외한다. 이는 헌법을 멸시하는 것이 아니다'는 이해를 토대로 이 제안을 심의했다. 한자부회는 심의 결과를 1954년 3월에 개최된 국어심의회 제20차 총회에서

「당용한자 보정 자료」라는 명칭으로 보고했다. 이 보정 내용은 원표에서 28자를 제외하고 별도로 28자를 추가해야 한다는 것이었다. 삭제해야 할 한자로는,

且	丹	但	劾	又	唐	嚇	堪	奴	寡	悦
朕	濫	煩	爵	璽	箇	罷	脹	虞	謁	迅
逓	遵	錬	附	隷	頒					

이며, 반대로 「당용한자표」(음훈표 및 자체표 포함)에 추가해야 할 한자로는,

亭(テイ)	俸(ホウ)	偵(テイ)	僕(ボク)
厄(ヤク)	堀 (ほり)	壌(ジョウ)	宵(ショウ·よい)
尚(ショウ)	戻(もどす)	披(ヒ)	挑(チョウ)
据(すえる)	朴(ボク)	杉(すぎ)	桟(サン)
殻(カク·から)	汁(ジュウ·しる)	泥(デイ·どろ)	洪(コウ)
涯(ガイ)	渦(カ·うず)	渓(ケイ)	矯(キョウ)
酌(シャク)	釣(つり	斉(セイ)	竜(リュウ)

이 나열되었다. 또한 '음훈을 추가하는 한자, 자체를 바꾸고 음훈을 추가하는 한자'로 個(コ)→個(コ·カ)와 燈(トウ)→灯(トウ·ひ)가 나열되었다. 이러한 '보정'이 필요한 이유에 대해서는,

(1) 삭제 한자의 경우, 일상생활에서 잘 사용되지 않거나 사용되더라도 바꿔 표현하거나 가나로 쓸 수 있는 것은 삭제하기로 했다. 이 중 헌법에 사용되는 한자가 상당 부분 포함되어 있는데 '머리말'에 따르면, '이 표는 법령·공문서·신문·잡지 및 일반 사회에서 사용하는 한자의 범위를 제시한 것이다'에 해당하므로, 이 논리에서 본다면 당용한자의 성격이 바뀌었다고 할 수 있다.

(2) 추가 한자의 경우, 현재 신문 등에서 필요하다고 인정된 글자로서 음훈·자체도 고려한 것이다.

(3) 음훈을 추가한 한자, 자체를 바꾸어 음훈을 추가는 한자의 경우, 個에 カ[가]음을 추가한 것은 箇를 삭제함으로써 箇条[カジョウ, 가조]를 쓸 수 없게 된 것을 個条[カジョウ, 가조]라고 쓰기 위해서이다. 또한 灯이 필요하다는 요구가 거셌기에 약자체인 灯을 채용하고 훈에 ひ[히]를 인정한 것은 일상적으로 사용하기 때문에 어쩔 수 없었다.

라고 했다. 삭제와 추가는 실제로는 주도면밀하게 검토된 결과는 아니었던 듯하다. 그도 그럴 것이 이 보고서 중 「보정 자료」의 성격에 대하여,

이 보정안의 처리에 대해서는, 즉시 건의하여 당용한자표의 고시 개정 등 구체적인 절차를 따르는 것은 영향력이 크며 다양한 어려움이 예상되기에 부회 입장에서는 그러한 처리를 원치 않는다.

> 이 성과의 한 자 한 자에 대해서는 여러 의견이 있을 테지만, 한자의 성질상 각각의 의견에 상당한 근거가 있으므로 여기에서 논의해도 끝나지 않을 것이다. 부회로서는 이를 계속 완수하여 정리를 끝낸 것을 추가하도록 한다.
>
> 이 성과에 대해서, 부회 보고서가 실제로 수용된다면 감사할 일이다. 이 제안을 통해, 예를 들어 신문 등 보급력을 가진 보도 기관이 채택하여 실험적으로 사용해 보면 좋을 것이다. 실시 결과는 후일의 고려 대상으로 삼고자 한다. 성안(成案)을 인쇄하기 전에 부회 외부의 의견을 듣기로 했었지만, 시간 관계로 결국 외부의 의견을 듣지 못했다.

라는, 애매모호한 문장이 기술되었기 때문이다. 「보정안」을 「당용한자표」의 개정이라는 형태로 세상에 공표하는 것은 영향력이 너무 크기 때문에 우선 보도 기관에 시험적으로 사용하게 하여 사회 반응을 보자는 것과, 보고 전에 외부 의견을 듣기엔 시간의 제약 때문에 할 수 없었다는 내용에 불과하다.

그리고 여기에 언급된 대로, 「보정안」은 단순히 국어심의회 제20차 총회에서 '외래어의 표기' 및 '로마자 교육', '로마자 문장의 분리 쓰기' 및 '표준어' 등 다양한 문제와 함께 '보고'된 채로 끝났기 때문에 사회에 대한 구속력이나 강제력이 전혀 없었다. 나아가 국어심의회의 이전 제안이나 건의를 수록한 『국어관계답신·건의집[国語関係答申·建議集]』(文化庁文化部国語課編, 2007)에도 이 보고서는 수록되지 않았다.

그러나 신문업계는 원래 자신들이 제안한 것이 수정 채택되었기 때문에 크게 기뻐했다. 일본신문협회에 가입된 각 신문사 및 통신사는 이 「보정안」이 보고되자마자 회의를 열어 채용을 결정하고, 이를 『신문용어 동의어집[新聞用語言いかえ集]』(日本新聞協会新聞用語懇談会編)으로 정리하여, 1954년 4월 1일부터 신문 지면에 일제히 시행했다.

참고로 현재 신문에서 '箇条書'가 아니라 '個条書[かじょうがき: 조목별로 씀]'로, '膨脹'이 아니라 '膨張[ぼうちょう: 팽창]'으로 표기하는 것은 이때부터 유래한 것이다. 또한 '遵守'나 '遵法' 등이 각각 '順守[じゅんしゅ: 준수]', '順法[じゅんぽう: 준법]'으로 표기되거나, '附属'을 '付属[ふぞく: 부속]'으로, '濫用'을 '乱用[らんよう: 남용]'으로 쓰게 된 것도, 이 보정자료를 신문업계에서 채용했기 때문이다.

그러나 문부성은 이 「당용한자 보정안」을 어디까지나 시안으로밖에 여기지 않았기 때문에, 이후의 신문에는 정부의 한자 시책에 따라 결정된 표준과 다른 한자나 어휘 사용을 볼 수 있다. 이는 훗날 「상용한자표」 제정 이후에도 기본적으로 같으며, 신문 기사와 공문 또는 교과서 간 다른 표기가 지속되었다. 참고로 현재의 신문이나 TV 방송의 용자용어(用字用語)는 일본신문협회의 신문용어간담회에서 신문, 통신, 방송 각 회사의 용어위원이 모여 심의하고 있다. 보도업체는 해당 간담회에서의 심의 결과를 존중하고, 자사용 기자핸드북을 편집하여 이를 기준으로 문자와 용어 사용을 결정하고 있지만, 구체적인 사용은 정부의 규격과 일치하지 않는 것도 있다.

2-3. 표음파와 표의파의 대립

한자 폐지론의 융성

종전 직후 국어심의회에서는 GHQ로부터의 제언이 있었고, 앞으로의 일본어는 로마자로 쓰는 것이 좋다고 생각하는 위원들이나, 혹은 한자를 전면적으로 폐지하고 모두 히라가나 또는 가타카나로 써야 한다는 의견을 가진 위원들의 발언력이 크게 작용했다.

법률, 정령에 따라 신설된 새로운 '국어심의회'에서 제1기부터 제5기까지 회장을 맡은 시인 도키 젠마로는 젊은 시절에 『NAKIWARAI』나 『MUKASIBANASI』와 같은 제목으로 ('로마자 확산회[ローマ字ひろめ会]' 간행) 로마자로 1수 3행 쓰기라는 이색적인 시가집을 출판할 정도의 로마자론자였으며, 위원 중에는 '가나문자회[カナモジカイ]' 이사장이었던 호시노 유키노리[星野行則], 그 후임으로 '가나문자회'를 이끌었던 마쓰사카 다다노리, 그리고 이토추상사[伊藤忠商事] 전 회장이자 당시 국립국어연구소 평의원이기도 한 이토 주베[伊藤忠兵衛] 등 가나문자론자들이 많았다.

또한 1950년에는 전년도에 설치된 '로마자 조사 심의회'를 흡수하는 형태로 국어심의회에 '로마자 조사 분과심의회'가 설치되었고, 그 하위 조직으로 로마자 철자 및 분리 쓰기에 관한 두 개의 부회가 설치되었다. 이들은 훗날 국어심의회의 한 부회인, '로마자 교육부회'로 발전했다.

때마침 바다 건너 중화인민공화국에서는 1950년대 중반부터 대규모 언어와 문자의 개혁이 준비 중이었다. 마오쩌둥[毛沢東]과 중국 공산당이 주도하는 정권과 아직 외교 관계가 없었지만, 중국에서는 한자에 대한 대담한 간소화와 '병음문자(拼音文字)'라는 표음 시스템의 개발이 진행 중이었다. 이러한 소식은 일본에도 전해져왔다. 종전 직후부터 국어심의회 위원을 역임하고 있던 중국어학의 권위자인 구라이시 다케시로[倉石武四郎, 도쿄대학교수]는 1958년 5월에 『한자에서 로마자로 - 중국의 문자 개혁과 일본[漢字からローマ字へ —中国の文字改革と日本]』(弘文堂)이라는 책을 출판했다. 구라이시는 이전에도 『한자의 운명[漢字の運命]』(岩波新書, 1952)과 같은 글을 써서 중국의 문자 개혁 운동에 주목해 왔다. 구라이시는 마오쩌둥이 1950년에 내놓은 '문자는 반드시 개혁되어야 하며, 세계 문자 공통의 음성 문자화로 향해야 한다'는 슬로건을 일본에 전하며 중국에서 한자가 곧 소멸할 것이라는 견해를 밝혔다.

이에 한자 제한을 더욱 강화하고, 사용 가능한 한자를 줄이며, 최종적으로는 한자를 전혀 사용하지 않고 표음문자만을 사용하여 일본어를 써야 한다는 주장이 국어심의회에서 적극적으로 제기되었다. 당시에는 일반 텍스트뿐만 아니라, 지명이나 인명도 가나로 써야 한다는 입장이었다. 1961년 3월에 개최된 제5기 심의회에서 보고된 「지명·인명의 가나 쓰기에 관하여」에는 다음과 같이 언급되어 있다.

오늘날, 세상에는 지명·인명을 가나로 쓰는 움직임이 늘고 있다. 이러한 현상을 고려하여 (중략), 일반적으로 지명·인명은 별다른 문제가 없으면, 가나로 쓰는 것이 허용되어도 좋다는 견해를 분명히 할 필요가 있다. 그러나 가나로 쓸 수 있는 경우를 일일이 나열하는 것은 사실상 불가능하다. 따라서 적용 범위나 상황은 결국 관련 당사자의 판단에 맡겨야 할 것이다.

또 가나 쓰기를 할 때 표기법은 현대 가나 표기법에 따르는 것이 바람직하다. 또한, 문장은 보통 히라가나로 쓰여 있으므로, 거기에 지명이나 인명을 가나로 쓸 경우 가타카나로 쓰는 편이 읽기 쉬울 것이다(이때 지명이나 인명이라는 것은 우선은 일본의 지명이나 인명을 일컫는 것으로 한정한다).

심의회에서 이 논의에 찬성한 사람들은 자신의 주소나 이름이 가나로 적혔을 때 전혀 거부감을 느끼지 않았던 것일까. 심의회의 위원이라면 아마 명함을 갖고 있을 것이다. 그 명함의 주소와 이름이 가타카나로 적혀 있어도 그들은 전혀 어색하지 않았을까? 솔직한 대답을 듣고 싶다. 이는 둘째치고, 지금은 과연 그 의견에 찬성하는지 궁금하다. 어쨌든 나는 「지명·인명의 가나 쓰기에 관하여」라는 보고서가 내각에 의해 공식으로 채택되지 않은 사실이 진심으로 기쁘다.

한자 옹호파의 저항

국어심의회 위원 전부가 한자 폐지를 목표로 했다는 것

은 아니다. 소수파이긴 해도 한자 폐지나 한자 제한 그 자체에 반대하는 사람도 있었다. 또 위원은 아니었지만, 보수파 논객이자 셰익스피어의 연극 번역으로도 알려진 후쿠다 쓰네아리[福田恆存, 1912~1994]와 같은 인물도 '국어문제협의회'를 무대로 국어심의회 논의을 종종 예리하게 비판했다. 후쿠다가 소속된 '국어문제협의회'는 1959년 7월에 발표된 「오쿠리가나[送りがな][7] 다는 법의 실시에 관하여」를 비판한 데 이어, 닛케이신문[日経新聞] 기자 출신으로 회장직까지 오른 언론인 오바마 도시에[小汀利得, 1889~1972]와 후쿠다 등 국어문제에 관심을 가진 사람들과 만든 조직이며, 이 단체는 지금도 '정자 정가나[正字正かな]'(구자체와 역사적 가나표기법[歷史的仮名遣い][8])에 의한 표기를 주장하며 활동하고 있다.

여기서 새삼 거론하는 것도 그렇지만, 「당용한자표」가 제정된 후 그 운용상의 문제를 고려하고 있던 시기에도 한자는 다음과 같은 이점이 있다는 주장이 있었다.

① 한자는 매우 이른 시대, 현재로부터 1000년 이상 전의 시대부터 일본문화와 함께하며 많은 중요한 기록과 예술 작품 등을 남겨왔다. 이러한 수백 년에 걸친 전통을 끊는 것은, 일본의 문화적 독자성

---

7 한자가나 혼용문에서 한자로 표기된 일본어를 쉽게 읽도록 한자 뒤에 부기한 가나를 말한다. 예를 들어, '明るい[あかるい: 밝다]'에서 'るい' -옮긴이

8 구 가나 표기법, 정 가나 표기법 모두 같은 말이다. 헤이안 시대 전기의 가나 표기법에 기반한 것으로 메이지 시대 이후 전후 국어개혁 이전까지 일본어의 공식 표기법 -옮긴이

을 완전히 부정하는 것이라 할 수밖에 없다.

② 현대 일본어에도 사용되는 어휘의 절반 이상이 한어이거나 한어에서 파생된 것이다. 만약 이를 한자어에 의존하지 않고 '일본 고유어[やまとことば]'를 가나로 쓴다면 의미를 이해하는 것이 꽤 까다로워지고 복잡해진다.

喫煙所 → 담배를 피우는 곳(たばこを すえる ところ)
百科事典 → 다양한 것을 풀어내는 글(さまざまな ことを ときあかす ふみ)
哲学者 → 사물의 개념을 생각하는 사람(ものごとの ことわりを かんがえる ひと)

③ 한자는 시각적으로 매우 명확한 문자로, 한눈에 의미를 알아볼 수 있다. 가령 다음의 조합에서 어떤 것이 가장 이해하기 쉬운지를 생각한다면 답은 명백하다.

じてんしゃおきば	jitensha-okiba	自転車置場
おおがたこうりてんぽ	ôgata kouri tempo	大型小売店舗
しんさくひんはっぴょうかい	shinsakuhin happyôkai	新作品発表会
こうしゅうえいせい	kôshû eisei	公衆衛生

④ 한자는 표의문자이기 때문에 각 문자의 의미를 조합하여 새로운 어휘를 만들 수 있으며, 또한 그 의미를 쉽게 이해할 수 있다.

配給物品統制管理所所有資材運搬担当責任者控室

高等学校野球全国大会報道準備委員会開催通知発送時期再検討

限定生産純米吟醸酒特別販売価格改定反対消費者連合結成大会

⑤「당용한자표」는 사용 가능한 한자를 제한하는 동시에 개별 문자의 형태를 단순화하려는 의도를 가지고 있었다. 당용한자에 포함된 여러 한자 중에는 예를 들어 國을 国으로, 數를 数로, 學을 学으로, 樂을 楽으로 바꾸는 등 몇몇 한자에 대해 기존에는 속자체로 인정되던 자체를 규범 자체로 인정했고 학교 교육을 통해 사회에 정착되었다. 그러나 구자체가 사용된 전전의 서적을, 시간이 흐르면서 많은 대학생이 읽을 수 없게 되는 현실에 대하여 사회는 더욱 심각하게 받아들여야 한다. 수백 년 전의 도서가 아닌 겨우 수십 년 전의 소세키[漱石][9], 오가이[鷗外], 아쿠타가와[芥川][10] 등의 작품이 대학생들에게 고전(古典)이 되어가는 것은 문화국가로서 간과할 수 없는 사안이다.

심의회는 이러한 견해를 가진 위원도 참여했다. 그들은 당시 회장인 도키씨 등 '표음파'가 다수를 차지하며 그들이 생각하는 방향으로 토의가 집중되는 상황에 불쾌했다. 한편, 한자를 옹호하는 입장의 위원들은 당시 '표의파'로 불렸다.

그리고 '표음파'와 '표의파'의 대립이 극에 달했던 때가 있었다.

---

9 나쓰메 소세키[夏目漱, 1878~1916] -옮긴이

10 아쿠타가와 류노스케[芥川龍之介, 1892~1927] -옮긴이

이는 제5기 마지막 총회에서, 차기 위원을 결정하는 절차에 관한 것이었다(1961년 3월).

1950년 4월에 시행된 「국어심의회령」 제3조에 따르면 '위원 및 임시 위원은 정치, 교육, 학술, 문화, 보도, 경제 등 각계에서 학식 경험이 있는 자 및 관련 부처의 직원에 대해서는, 문부대신이 정하는 방법으로 추천된 자 중에서 문부대신이 임명한다'고 규정한다. 이 규정을 토대로, 그동안은 현 위원들 간 상호 추천하는 7명 이상 15명 이내로 구성된 '국어심의회 위원추천협의회'가 만들어졌고 이 조직에서 다음 기수의 위원을 추천하는 방식이었다. 그러나 '표음파'가 다수인 상황에서 이러한 추천 방식을 실시하면 매번 동일한 위원이 선출되어 '표음파' 우위가 영원히 변하지 않을 것이라는 우려가 제기되었고, 당시 위원이자 작가인 후나하시 세이이치[舟橋聖一, 1904~1976]가 강력하게 반대했다. 후나하시의 발언이 당시 회의록에 생생히 남아있다.

> **후나하시 위원** 이전 추천협의회에는, 표의주의자는 저 혼자였다. (중략) 추천협의회를 만들면, 공정한 인선이 가능할 것이라는 것은 속론이다. 이대로 추천협의회를 만들면, 이전과 똑같을 것이 분명하다. 지금까지와는 다른 방법으로 추천협의회를 만들어 달라는 주장을 반복해 왔다. 그런데 계속 요청해도 받아들여지지 않았다. (중략) 지금까지처럼, 항상 같은 형태의 호선(互選)이라면 그 목적을 이룰 수 없다. 이 점을 충분히 고려한 후에 선출 방법을 토의해 주면 좋겠다.

이 발언 후 회장 등이 반론적인 설명을 한 것에 대하여 후나하시는 추가로 발언했다.

> **후나하시 위원** 나는, 이전 총회 때에도 말했지만 추천협의회 멤버를 선출하는 데, 오늘 현재의 국어심의회 멤버 중에서 호선이라는 방식으로 뽑아서는 공정할 수 없다고 생각하므로 지금까지와는 다른 방법으로 추천협의회를 만들어 달라는 주장을 반복해 왔다. 그런데 거듭 말씀드려도 불가능하다고 받아들여지지 않는다. (중략) 지금까지처럼 같은 방법으로 호선을 한다면 죄송하지만, 퇴장하겠다. 인원수 등을 결정하기 전에 어떻게 할 것인지를 분명히 듣고 싶다. 이를 듣고 진퇴를 결정하고 싶다.

후나하시 이외에도 시오타 료헤이[塩田良平, 다이쇼대학 교수], 우노 세이이치[宇野精一, 도쿄대학 교수], 야마기시 도쿠헤이[山岸徳平, 짓센여자대학 총장], 나루세 마사카쓰[成瀬正勝, 도쿄대학 교수] 등 '표의파' 위원들이 동조하며 퇴장했고, 다음 날 심의회와의 결별 성명을 발표했다. 이에 대해 아라키 마스오[荒木萬壽夫] 문부대신이 기자 회견을 열어 심의회 위원의 선출 방법과 국어 개혁의 실시 방법을 재검토하겠다고 밝혔다. 일련의 경과와 전개는 신문에도 크게 보도되었으며, NHK 종합TV에서 4월부터 6월까지 세 차례에 걸쳐 특별 프로그램을 방영할 정도로 사회적으로 큰 주목을 받았다. 이런 옥신각신 끝에, 제6기 국어심의회에서는 지금까지 '표음파'로서 심의회의 중심에 있었던 도키 요시마로와 마쓰자카 다다노리의 이름이 사라지고, 아베 신노스케[阿部眞之助, 일본방송협회 회장]가 회장이 되었다. 그 밖에 이부카 마사루[井深大, 소니 사장], 호소카와 다카치카[細川隆元, 평론가], 모리토 다쓰오[森戸辰男, 일본육영회 회장], 다키카와 유키토키[瀧川幸辰, 교토대학 총장] 등이 위원으로 참여했다. 그 면면을 보면, 위원의 임명에 표음파, 표의파 및 중립파가 거의 동수로 고려된 결과다.

요시다 도미조의 제안

기존의 위원회와는 사뭇 분위기가 바뀐 제6기 국어심의회에는 요시다 도미조[吉田富三, 1903~1973]라는 위원이 있었다. 요시다는 일본어나 한자 연구와는 거의 무관한 병리학자로, 특히 암 관련 연구에 큰 업적을 올린 의학자였다. 1959년에는 문화훈장을, 1963년에는 로베르트 코흐상 골드메달(독일에서 가장 명예로운 상으로, 주로 미생물학 및 면역학 분야의 업적을 대상으로 한다. 골드메달은 의학 연구에서 우수한 성과를 축적한 사람에게 수여된다)을 받았다. 국어심의회 위원이었을 당시에는, 도쿄대학 의과대학장을 맡고 있었다.

요시다는 제7기에도 위원으로 참여했으며, 1964년 3월 총회에서 '국어는 한자가나 혼용문을 표기의 규범으로 삼아야 한다'는 것을 국어심의회의 기본 방침으로 선언해야 한다고 제안했다. 일본어를 쓸 때 한자와 가나 혼용문이 우리에게는 당연한 것이지만, 그러한 주장을 국어심의회에서 정면으로 제기한 것은 사실 이 때가 처음이었다. 제안은 다음과 같았다(의사록의 기록을 그대로 인용함).

국어심의회가 심의하는 '국어'를 규정하고, 이를 공표함에 있어

제안자 : 요시다 도미조 1964년 3월 13일

의안

국어심의회가 '국어'에 대해 심의하는 입장을 다음과 같이 규정하고 이를 공표한다.

'국어는 한자가나 혼용을 그 표기의 규범으로 삼는다. 국어심의회는 이 전제를 기반으로 국어의 개선을 심의한다.'

제안 이유

제안하는 문제의 주체는 입말에 있는 것이 아니라, 국어의 표기에 있습니다. 바꿔 말하면, 어떤 문자를 국어 표기의 규범으로 삼을 것인지를 명시하는 것입니다.

너무 자명한 것을 굳이 문제시하는 것처럼 보일 수 있겠지만 메이지 시대 이후 지금까지 이어져 온 국어 문제의 혼란은 그 근저에 위의 한 가지 문제를 애매하게 남겨둔 채, 때로는 의도적으로 무시한 채 논의를 쌓아온 것에 그 원인이 있다고 생각합니다.

국어 문제와 국어국자 문제가 종종 함께 논의되는 것은 국어 문제의 본질이 문자 그 자체임을 말해줍니다. 그중에서도 한자가 특히 문제라는 것은 이미 명백합니다.

메이지 초기에 서양 문명과 처음으로 접촉하면서 발생한 국어 문제는 먼저 한자 폐지론에서 시작되었습니다. 국어의 표기를 가나 문자, 로마자 등의 표음문자 표기로 바꾸려는 논의나 운동은 필연적으로 이와 동반되었습니다. 이 '한자 폐지'를 궁극적인 목표로 삼아 그 중간 수단으로 한자의 제한, 가나 쓰기의 표음화 등의 운동이 일어났습니다.

정부의 국어 정책은 시세, 국운, 사상의 동향 등에 따라 변동과 부침이 있었고 국어 문제의 심의에도 우여곡절이 있었습니다. 결국 국어 문제와 국어 정책을 둘러싼 혼란의 원인이 표면화되든 아니든, 명확하게 의식되든 아니든 간에, 한자 폐지론에 기반을 둔 국어개혁 사상이었습니다. 이는 국어 문제의 역사를 되돌아봤을 때 부정할 수 없는 부분이며, 오늘까지도 동일한 선상에 있습니다.

그러나 제안자 개인적으로는 한자와 가나 혼용을 표기하는 것 이외의 것을 '일본어'로 상상할 수 없습니다. '일본어'에서 한자와 가나를 제거하고 '소리'만 남기고 이를 어느 표음문자나 기호로 표기한들 그것을 '국어'라고 생각할 수는 없습니다.

물론, 이는 개인적인 견해일 뿐입니다. 국어학, 언어학을 전공하지 않은 한 사람의 일본인의 감각에 불과하기에 논의가 필요할 것입니다. 따라서 제안자의 바람은 의안한 바와 같이 '국어' 혹은 '국어 문제'를 규정하고, 이를 국어심의회의 이름으로 널리 공표할 수 있을지 하는, 심의입니다.

심의 결과, 이 대전제가 명시된다면 한자와 가나는 국어 표기의 요소, 즉 '국자'임이 확인된 것을 의미하므로, 한자 사용에 대해 일정 범위의 제한을 두는 정책이라도 그 한계는 현실적이고 그 자체가 여유로워야 할 것입니다. 가나 표기의 문제도 그 목적이 단순히 발음과 가깝게 만드는 것이라면, 굳이 무리하지 않아도 될 것입니다. 한자와 가나를 일본어의 문자, 즉 국자로서 최대한 존중하고 국어 표기를 정확하게, 명확하게, 아름답게 하기 위한 심의는 많은 일본 국민의 양식에 호소하여 즐겁고 점진적인 방법으로 진행될 것입니다. 국어 교육에서도 먼저 어린이들에게 무엇을 가르쳐야 할지, 어떤 기준에 따라야 할지 교육의 기본이 확립될 것입니다.

세상에는 국어를 사랑하고 정부의 국어 정책에 큰 관심을 가지고 주시하는 사람들이 많습니다. 또한 이들 중에는 국어 문제의 지난 경과를 고려하여 정부의 기본적인 태도에 의심하는 사람도 적지 않습니다.

현재 국어 문제는 어떤 근본 이념에 따라, 어떤 목표를 향해 심의되고 있는 것일까. 간단히 말하면, 정부는 우리의 국어를 어디로 이끌고자 하는 것인가. 거기에 의심을 품고 있는 사람은 결코 적지 않습니다. 지금 만약 국어 표기와 국자에 관한 기본적인 입장이 위에서 설명한 대로 명시된다면, 이들 몇 년간의 의혹은 제거될 것이며 국어는 전 국민과 함께 그 본래의 밝은 여정을 걸어가며, 전 국민의 손으로 옳고 아름다운 것으로 성장해 나갈 것입니다.

그러나 이 제안은 국어를 필요에 따라 로마자, 가나 등으로 표기하고, 전달·통신의 편리성과 효율성 향상을 위한 방법의 활용 및 연구를 배제하는 의도는 전혀 없습니다. 오히려 이러한 부수적인 국어 표기의 연구와 더 효과적인 방법의 개발은 더욱 장려되고 촉진되어야 할 것입니다. 그러나 명심할 점은 이들은 어디까지나 부수적이고 편의적인 표기법이며 국어의 규정된 표기와는 별개라는 것입니다. 국어는, 국가 문화의 근간이며 각 개인의 사상 그 자체입니다. '국어'에 의해 창조되고, '국자'로 표기된 사상을 단순히 전달 및 통신의 편의를 위해 어떤 음성 기호에 가탁(假託)하는 기계적 절차의 문제와, 사상이 근거로 삼는 국어의 문제는 별개입니다. 이 둘은 엄격히 구별되어야 하며 혼동해서는 안 되는 것입니다. 특히 후자의 입장에서만 전자를 논하는 것은 굉장히 경계해야 할 것입니다.

마지막으로 간단히 덧붙이자면, 제안자는 현재 본인이 '국어'로 인식할 수 있는 언어를 문제 삼고 있으며, 매우 먼 미래에는 일본어가 어떤 변화를 보일지, 그것이 어떤 것이어야 하는지를 문제시하는 것이 아닙니다. 이는 매우 거대한 민속 문화사의 문제이며, 전문적인 학문의 연구 과제로서도 방대한 범위와 시간이 필요한 문제라고 생각합니다. 혹은 이러한 문제는 상상을 초월하는 것이라고 말할 수 있습니다.

이는 예를 들어, 먼 미래에 일본 민족이 이 네 개의 섬에서 흩어져서 지구상 어디로 어떻게 확산될 지, 그때의 일본인이 '어떻게 존재하면 좋을지'하는 문제와 같습니다. 따라서 현재의 국어심의가 이러한 먼 미래를 염두에 두고 심의를 진행한다면, 우리 같은 사람들이 의견을 낼 여지는 전혀 없음을 스스로 자각하고 있습니다.

제안자는 이 제안 이유를 고려할 때, 한자와 가나로 사물을 생각합니다. 그것 말고는 불가능합니다. 이는 엄연한 사실입니다. 지금 초등학교에 다니고 있는 무수히 많은 일본인 아이들에게도, 나와 같은 길 외의 것은 없을 것입니다. 현실적으로 고려하는 한, 국어는 일본인의 사상 그 자체이며, 실제로 일본인이 소유하는 문화의 근원이라고 믿습니다. 국가가 국어를 무엇이라 생각하고, 그것을 어떻게 존중하고 어떻게 사랑하는가. 그것을 명확하게 표현하고, 아이들에게 국어 학습의 기반을 제공하여 학습의 중요성을 알려주는 것은 국민의 사상 형성에, 혹은 일본인의 인간 형성에 무엇보다도 우선하는 중요한 요건이라고 믿습니다. 불민(不敏)함을 되돌아보지 말고, 감히 이 제안을 시도하는 것은 이 때문입니다.

(부기) 제안자는 본 채안(採案)과 동일한 제안을 제6기 국어심의회 위원회에서 했지만, 제6기에서는 심의에 이르지 못했기 때문에 재차 제안하는 바입니다.

그다지 알려지지는 않았지만, 전후한자사에 있어 매우 중요한 발언이기에 길게 인용했으며 이야말로 전혀 나무랄 데 없는 의견이라고 생각한다. 앞서 언급했듯이 요시다는 암 연구에 뛰어난 업적을 올린 의학자였으며, 추측하건데 필시 영어, 독일어가 매우 뛰어났을 것이다. 그런 요시다가 국어의 방향성에 대하여 역사적 가나표기를 들어 당당하게 변론을 전개했다. 이에 당시 지식인들의 국어에 대한 견식의 일단을 엿볼 수 있다. 당시 지식인 모두가 로마자론자나 한자제한론자는 아니었다.

그러나 요시다의 제안에 대하여, 위원들의 견해는 나뉘었다. 찬동하는 자도 있었지만 이는 소수였고, 대다수의 위원은 심의회가 성명을 내는 것에 부정적이었다. 당시 심의 과정 중의 반대론은 다음과 같은 식이었다.

- 심의회는 지금까지도 한자가나 혼용문을 심의 대상으로 해 왔으므로 새삼스레 이 설명을 밝힌다면 기존에는 입장과 원칙을 무시해 온 듯한 느낌을 줄 수 있어 찬성할 수 없다.
- 미래의 국어는 한자가나 혼용문이 좋을지, 아니면 표음의 것이 좋을지는 국어심의회보다 높은 차원에서 심의할 사안이다.
- 제안자나 성명 찬성자가 말하는 한자가나 혼용문과 여타 위원이 말하는 그것과는 이해의 차이가 있다. 이대로 만일, 한자가나 혼용문을 규범으로 한다는 성명을 하더라도 앞으로의 심의에 도움이 된다고 생각하지 않는다.

이에 대해 성명 찬성의 의견도 소수 있었다. 이는 '자명한 것이기에 성명은 필요 없다는 이유는 문제 되지 않는다', '지금까지 여러 이유로, 세간에 불안 의혹이 있으므로 아무래도 성명이 필요하다' 등이었는데, 최종적으로는 심의 과정을 총회에 보고하고 심의에 올려졌다.

방침의 대전환

일본어 표기는 한자가나 혼용문을 기본으로 한다. 지금이야 그 누구도 의심하지 않는 가장 기본인 것을 당시 논의에 속 끓이던 전문가가 구태여 국어심의회에서 제안할 수 밖에 없었고, 즉시 승인되지 않고 여러 우여곡절을 거쳐야만 했던 그런 시대였다.

그러나 요시다의 제안은 제8기 국어심의회 총회(1966년)에서 나카무라 우메키치[中村梅吉, 1901~1984] 문부대신의 인사말 중에, 아주 당연한 듯 언급되었다(이때 요시다는 위원이 아니었다).

제8기 심의회에게 문부대신은 '국어시책의 구체적인 개선책에 대하여' 자문(諮問)을 구했는데, 첫 총회 인사말에서 나카무라 대신은 다음과 같이 발언했다.

[문부대신 인사말]

오늘 국어심의회 총회를 개최함에 있어 인사 말씀드립니다. (중략)

국어 문제는 국민의 일상생활과 사상은 물론, 교육, 학술, 문화 등 깊게 연관되는 일본문화의 기본 문제로 매우 중요합니다. 그만큼 예전부터 많은 선인이 연구와 노력을 쏟아왔습니다.

특히 전후, 새 시대에 부응하여 '현대 가나표기법', '당용한자표', '오쿠리가나 다는 법' 등에 대해서 국어심의회에서 심의를 진행해 왔고 수많은 답신과 건의를 토대로 정부는

> 소요 조치를 강구해 왔습니다. 그러나 이들 일련의 시책에 대해서는 그동안 실시 과정에서 논의와 비판도 수반되었습니다. (중략)
>
> 향후 심의에 있어서는, 당연히 국어의 표기는 한자가나 혼용문을 전제로 하며 또 현대국어 표기를 평이하게 한다는 취지하에 기존의 시책과의 연관을 고려하여 여러 입장에서 국어시책의 개선 방법을 충분히 검토해 주시길 바랍니다. (후략)

문부대신은 여기서 '당연히 국어 표기는 한자가나 혼용문'이 전제라고 깔끔하게 밝히고 있다. 그러나 대신의 무심코 뱉은 듯한 이 한마디가 실제 국어심의회 방침을 크게 전환시켰다. 일본어를 로마자, 히라가나, 가타카나만으로 표기하는 방식은 이때 처음으로 비주류 입장이 되었다. 대신의 발언을 둘러싸고 의견이 오고 간 것은 당연이다. 질의응답 중에 다음과 같은 내용이 기록되었다.

> **호소카와 다카치카[細川隆元] 위원** 국어 문제는, 문부대신의 인사말에도 있듯이, 매우 오랫동안 혼란을 계속해 왔다. 이는 위원에게도 책임이 있겠지만 문부성 당국에도 책임이 있다. 지금까지의 자문을 보더라도, 일종의 무책임적인 자문이었다. 이제 문부대신의 영단에 따라 한자가나 혼용문이라는 기본 입장이 확실히 밝혀졌고, 구체적인 자문이 이루어졌다는 것은 매우 진보적이며 새삼 경의를 표하고 싶다. 국어는 국민 전체의 것이며 일부 사람의 취미, 도락으로 무책임하

게 주물러져서는 안 된다. 우리의 기본 태도도, 첫째, 국어가 국민의 편의를 위하도록, 즉 법률, 정치, 경제, 예술 등 각 분야에 종사하는 사람들에게 불편함을 주지 않는 데에 초점을 맞추고 대범하게 심의해 가는 것이 중요할 것이다. 오늘은 매우 기분 좋을 따름이다.

시바타 다케시[柴田武] 위원 대신의 인사말 중에 '국어 표기는 한자가나 혼용문을 전제로 하고'에서 '국어 표기'라는 것은 국어의 모든 표기라는 것인지, 일반 표기를 말하는 것인지, 아니면 일시적 표기를 말하는 것인지.

문부대신 여기서 말한 '국어 표기'는 '일상'의 것이랄까, 일반적인 의미로 받아들이면 된다. (중략)

오노 스스무[大野晋] 위원 대신에게 질문 드린다. 정식 일본어의 정식 표기는 한자가나 혼용문이라고 이해해도 될지. 정식이라는 것은, 가령 정부 발표문 같은 경우이다.

문부대신 특별한 것은 별개로, 통상적 국어 표기는 한자가나 혼용문이라는 것이다.

오노 스스무 위원 통상이라는 경우는 개인이 마음대로 메모를 하는 것까지 포함하는데, 그것이 아니라 정식으로 문장을 적을 때 한자가나 혼용문이라는 것, 즉 지금까지 한자 전용으로 적기도 했고, 로마자가 섞이기도 했는데 정식으로는 한자가나 혼용문으로 적어야 한다는 것인가.

아다치 겐지[安達健二] 심의관 보충하자면, 여기서 '국어 표기'란 정식, 공식, 비공식을 말하는 것이 아니라, 가나 타자기에 의한 표기 같은 특수 사례를 제외한 통상 일반을 의미한다고 받아들이면 된다.

당시 '국어시책의 구체적 개선책에 대하여'라는 자문은 구체적으로 '당용한자표에 대해', '오쿠리가나의 다는 법', '현대 가나표기법에 대하여' 등 세 가지에 대한 제언을 구하는 것이었는데 그 중 「당용한자표」에 관하여 문부사무차관은 다음과 같이 보충 설명했다.

후쿠다 시게루[福田繁] 사무차관 자문 사항에 대하여 구체적으로 검토해주길 바라는 첫 문제는, 당용한자에 대한 것입니다. 당용한자표는 현대국어를 쓰기 위해 일상사용 한자의 범위를 정한 것인데, 실시된 이래 벌써 20년 가까운 시간이 흘렀습니다. 따라서 지금까지 경험 등에 비추어, 취급법과 내용도 검토할 시점이라고 판단됩니다. 취급법에 관해서는, 당용한자를 '한자의 범위'를 정한 것으로 볼지, '일단 결정된 기준'으로 볼지 하는 것이 그간 문제시되었습니다. 또한 그 적용범위, 고유명사, 전문용어 등 모든 표외한자의 취급, 혹은 학교교육과의 관련 등 문제가 존재합니다. 내용과 관련해서는, 이전부터 한자 선정 문제가 있습니다. 이번 기회에 지금까지의 심의를 이어 받아, 당용한자표의 구체적인 개선

> 책을 검토해주시기 바랍니다. 또한 당용한자표와 연관된 당용한자 별표, 음훈표, 자체표 등에 대해서도 심의해주시길 바랍니다.

이렇게 심의회는 「당용한자표」에 대해 본격적으로 재검토하게 되었다.

2-4. 상용한자표의 제정

새로운 한자표를 향한 움직임

문부대신이 자문을 구한 '국어시책의 구체적 개선책에 대하여'라는 과제에 대해 국어심의회는 총 3기의 심의를 거쳐, 제10기 마지막 총회(1972년 6월 28일) 때 「당용한자 개정 음훈표」를 답신했다. 이 「당용한자 개정 음훈표」의 '전문' 첫머리에는 매우 주목할 만한 내용이 기술되어 있다. 그것은 '한자가나 혼용문과 전후의 국어 정책'이라는 부분인데 그 내용은 다음과 같다.

> 일본에는 한자와 가나를 섞어 쓰는 글이 메이지 시대 이후 일반적이다. 한자가나 혼용문은 원칙적으로 한자는 실질적 의미를 나타내는 부분에, 가나는 어형 변화를 나타내거

> 나 조사, 보조 동사류를 적는 데 사용해 왔다. 이 표기법은 단어를 하나씩 나누어 쓰지 않아도 문장에서 단어의 경계가 잘 보이도록 하는 특징이 있다. 이는 표의문자인 한자와 표음문자인 가나의 특색을 잘 활용한 표기법이기 때문이다. 그러나 한자로 많은 어휘를 만들어 내고, 한자의 자종을 광범위하게 사용한 결과, 귀로 들어서는 이해하기 어려워 국민의 언어생활 향상에 방해되는 측면이 있었다.
>
> 국민의 읽고 쓰는 부담을 줄이고, 인쇄 편의성을 높이고자 한자의 자종과 그 음훈을 제한하고 가나 표기를 개정하는 등 국어시책이 전후 시행되었다. 이는 20여년 시행되면서 상당한 효과를 가져왔다고 할 수 있다. 한편, 자종, 음훈의 제한이 문장 쓰기를 어렵게 하고, 가나의 증가가 문장 읽기를 어렵기 하는 측면도 없지는 않다. 한자가나 혼용문은 일정 부분 이상의 한자사용을 제한하면 그 이점을 잃게 된다.

이 문장의 근저에는 '한자가나 혼용문이 일본어의 기본 표기 형태'라는 것이며, '전후 한자제한은 약간 과한 측면이 있었다'는 인식이다. 그리고 이 '전문'은 '당용한자 음훈표의 개정' 항목에서 다음과 같이 적고 있다.

> 본 심의회는 당용한자에 대하여 자종, 자체, 음훈 측면에서 검토를 거듭하였고, 우선 당용한자 음훈표 개정에 착수하기로 했다. 개정은, 1948년 내각 고시된 당용한자 음훈표의 제한적 색채를 수정하여, 당용한자 개정 음훈표로서 한

> 자의 음훈을 사용하는 기준으로 삼음을 기본방침으로 했다. 즉 이전의 음훈표는 표시된 음훈 이외에는 사용하지 않는다는 제한적 사고로 정해진 것인 반면, 이번 개정 음훈표는 일반 사회생활에서 좋은 문장표현을 위한 기준으로 설정했다.

기존의 「당용한자표」는 한자를 표내 음훈에만 한정하여 사용하는 제한 규범이었는데, 이는 여태껏 여러 무리(無理)를 초래했기 때문에 「개정 음훈표」는 '일반 사회생활에 있어 좋은 문장표현을 위한 기준으로 설정했다'는 것이다.

'전문'에 '자종, 음훈의 제한이 문장 쓰기를 어렵게 하고, 가나의 증가가 문장 읽기를 어렵게 하는 경향도 없지는 않다. 한자가나 혼용문은 일정 이상의 한자사용을 제한하면 그 이점을 잃게 된다'고 언급한 것은, 그 이전까지의 한자 시책에 물음표를 던졌다는 점에서 획기적인 지적이며 국어심의회는 전후 일관된 한자제한에 대하여 처음으로 부정적인 발언을 했다. 또한 이 단계에서는, 음훈뿐만 아니라 명확히 '제한'을 위한 규범에서 '기준'으로서의 규범으로 이행한다고 적고 있으며 '제한에서 기준으로의 이행'이 이후 한자표 전체에 적용될 개념이 되었다.

제10기 국어심의회는 드디어 한자표 본체의 수정에 돌입했다. 그러나 이는 상당한 시간이 소요되는 작업이었으며 제11기에는 신한자표의 기본 방침이나 한자선정 방침 등을 논의했지만 구체안 정리까지는 이르지 못하고 답신을 정리하는 작업은 제12기 이후로 넘어

갔다.

제12기 마지막 총회(1977년 1월) 때 「신한자표(안)」이 답신되었다. 이때 시안은 기존 「당용한자표」에 83자를 추가, 33자를 삭제하여 총 1,900자로 구성되었다. 시안의 전문에 따르면 신한자표의 성격을 항목별로 쓰면 다음과 같다.

- 법령, 공문서, 신문, 잡지, 방송 등 일반 사회생활에서 사용하는 경우, 효율적이고 공통성이 높은 한자를 수록했다.
- 현대 일반사회생활에서 사용하는 것이며, 과학, 기술, 예술 등 각종 전문분야나 개인의 한자 사용까지 관여할 문제는 아니며 과거 문헌에 사용된 한자를 부정하는 것이 아니다.
- 신한자표는 기준을 제시한 것이므로 여기서 나열한 자종, 음훈만을 사용해 문장을 써야 한다는 제한이 아니다. 표외 자종이나 음훈의 사용을 부정하지 않고, 표에 있다고 해서 언제 어떤 경우에도 사용해야만 하는 것은 아니다.
- 읽기 어렵다면 후리가나를 다는 것도 한 방법이다.
- 지명, 인명 등 고유명사에 사용되는 한자는 다루지 않았다.
- 이번 표는 학교교육용으로 작성한 것은 아니지만, 학교의 한자 지도 시에도 고려되어야 한다고 본다.

여기에는 분명, 훗날 「상용한자표」로 계승되는 인식이 나타난 것이며, 과거 야마모토 유조가 주도한 루비 폐지 방침(77쪽 참조)이 새삼 수정된 것이기도 했다.

「상용한자표(안)」

「신한자표 시안」은 먼저 출판, 보도, 학교교육 등 관련업계에 제시되었고, 널리 의견을 수렴했다. 찬반양론의 의견이 빗발쳤던 것은 물론이거니와, 수렴된 의견이 제13기 국어심의회에서 검토되었다. 또한 한자표의 명칭을 어떻게 할지도 전기 심의회에서는 보류되었는데, 이 기수에 심의했고 마지막 총회(1979년 3월)에서 자종, 자체, 음훈, 어례(語例) 등 종합적으로 제시된 「상용한자표(안)」으로 문부대신에게 보고되었다. 이는 전후 6년간에 걸친 심의의 성과이지만 아직은 '중간 답신'이었다. 한자 문제는 국어시책 중에서도 가장 핵심에 위치한 중요한 것이므로 최종 결정까지 약간의 기간을 두자는 심의회의 의견이었다.

이때 중간 답신으로 제출된 「상용한자표(안)」은 이전 「신한자표 시안」에 12자를 추가했고, 삭제하기로 한 33자 중 14자를 부활시켜서 전체 1,926자가 되었다. 또한 「상용한자표(안)」은 「당용한자표」에서 19자를 삭제하려고 했다. 그러나 「당용한자표」에서 한자를 삭제하는 것에 대해서 세간의 반대의견이 상당했다고 한다.

제14기 「한자표위원회」(주사(主査) 미네야 도오루[三根谷徹, 1920~2000])의 개황(제4회~6회)에는 다음과 같이 적혀 있다.

한자표의 자종, 자수 문제를 중심으로 협의했다. 당용한자표의 중간답신(상용한자표(안))에 포함되지 않는 19자의 처리에 논의가 집중되었고, 결국 19자를 한자표에 넣기로 한 것, 즉 당용한자표의 한자는 삭제 없이 모두 상용한자표에 넣는다는 결론이었다. 또한 19자 이외의 자종은 중간답신 그대로 넣고 빼는 것 없이 1,945자를 새로운 한자표의 자종, 자수로 정하기로 했다.

19자 모두 한자표에 넣기로 한 결론은 19자의 부활에 대한 요청이 빗발쳤기 때문이었다. 과거 30여년에 걸쳐 상응의 역할을 해 왔던 당용한자표의 한자를 삭제함으로써 발생할 수 있는 제방면의 변화, 혼란을 주지 않는 것이 적절하다고 판단되었기 때문이다. (후략)

상용한자표의 기본적 성격

이러한 과정을 거쳐 1981년 3월 23일에 국어심의회 회장 후쿠시마 신타로[福島慎太郎, 교도통신사 대표이사]가 문부대신 다나카 다쓰오[田中龍夫]에게 「상용한자표」를 답신했다. 「상용한자표」의 머리말에는 다음과 같이 적혀있다.

1. 이 표는 법령, 공문서, 신문, 잡지, 방송 등 일반 사회생활에서 현대 국어를 표기할 때의 한자사용 기준을 제시한 것이다.
2. 이 표는 과학, 기술, 예술 등 각종 전문분야 및 개인의 표

기까지 적용하는 것은 아니다.

3. 이 표는 고유명사를 대상으로 한 것은 아니다.
4. 이 표는 과거의 저작, 문서의 한자 사용을 부정하는 것은 아니다.
5. 이 표를 운용함에 있어서는, 각각의 사정에 따라 적절히 고려할 여지가 있다.

「상용한자표」는 본표(本表)와 부표(付表)로 구성되며, 본표에는 1,945종의 한자에 대하여, 음훈과 자체, 그리고 그 한자를 사용한 예시 등이 나와 있다. 각 한자는 「당용한자표」의 부수순 배열을 새로이 '대표음훈', 즉 가장 잘 사용된다고 추정되는 음독과 훈독에 따라 오십음순 배열을 따랐다. 부수 색인의 경우 한화자전을 사용하지 않는 사람이 점차 늘어나고 오십음순 배열이 일반인들에게 친숙하다는 인식 하에 그렇게 된 것이지만 이 방법에는 몇 가지 문제점이 있음은 이미 밝힌 바 있다(65쪽 참조).

어쨌든 「상용한자표」는 「당용한자표」에서 1자도 삭제하지 않았고 다음의 95자가 추가되었다. 이 한자들은 당시까지 '표외한자'였기 때문에 규범 자체가 정해지지 않았는데, 본표에 포함됨으로써 표상의 자체가 규범이 되었다.

그런데 이 95자 중에는, 표외한자였을 때에는 과거 전통자체로 인쇄되었다가 상용한자로 '출세'한 것을 계기로 다른 표내자에 맞춰서 적당히 간략화한 자체가 규범이 된 것이 있다. 예를 들어, 溪는

猿凹渦靴稼拐涯垣殻潟喝褐缶頑狭矯襟隅渓
蛍嫌洪溝昆崎皿桟傘肢遮蛇酌汁塾尚宵縄壌
唇甚据杉斉逝仙栓挿曹槽藻駄濯棚挑眺釣塚
漬亭偵泥搭棟洞凸屯把覇漠肌鉢披扉猫頻瓶
雰塀泡俸褒朴僕堀磨抹岬妄厄癒悠羅竜戻枠

渓로, 螢은 蛍으로, 棧은 桟으로 간략화되었다. 또한 본래 개가 문 아래로 기어 통과하는 것에서 '비틀어지다·어그러지다'의 의미를 가졌던 戾는 표내자가 되면서 臭나 器 등과 마찬가지로, 《犬》이 《大》로 바뀌었다.

또 다른 예로, 책받침 부수의 遮와 逝는 '표외한자'였던 시대에는 두 점의 《辶》(두 점 책받침 부수)로 인쇄되는 것이 일반적이었다. 그러나 이것이 상용한자표에 포함되면서 다른 표내자와의 통일을 위해 책받침 부수가 점 하나인 《⻍》(한 점 책밤침 부수)의 자체가 되었다.

이처럼 자체가 다양하게 변한 것을 고려해서인지, 「당용한자 자체표」이후의 간이자체에 대해서 「상용한자표」에는 한자 뒤 괄호 안에 전통자체(소위 강희자전체)를 추가했다. 이 표의 '표 보는 법과 사용법'에는 이를 '메이지 시대 이래 사용해 온 활자 자체와의 관계를 나타내기 위해 추가한 것'이라고 설명했다.

또한 「상용한자표」는 각 한자 뒤에 비고란이 있었다. 여기에는 각 음훈 사용에 있어 유의사항이 적혀있을 뿐 아니라, 표제자와 동훈이자가 있는 것은 '↓'와 '↑'의 기호로 나타냈고, '부표'에 있는 말 중에 그 한자를 포함한 경우 주를 달아 표시했다.

이처럼 1,945자를 적은 본표 뒤에 '부표'가 있다. 여기에는 '아테지', '숙자훈' 등 한자 1자의 음훈으로 본표에 적기 어려운 것을 어형을 표시하여, 읽는 법을 히라가나로 적고 오십음순으로 나열했다. 여기의 '숙자훈'은 한 개 한자가 아니라 여러 한자를 나열한 숙어에 훈을 붙인 것으로 明日를 '아스[あす]'로 읽는 식이다. '부표'에는 明日부터 '小豆[あずき, 아즈키]', '海女[あま, 아마]', '硫黄[いおう, 이오]', '意気地[いくじ, 이쿠지]' 등 110어(한자표기는 116종)가 적혀 있다.

인쇄 자형과 손 글씨 자형

본 표의 강희자전체 병기와 숙자훈 등은 「상용한자표」에 추가된 특징이라고 할 수 있다. 그보다 더 큰 특징은 서론에 이어 (부(付))의 형태로 게재된 '자체에 대한 해설'이며, 여기에는 '제1 명조체 활자 디자인에 대하여'와 '제2 명조체 활자와 필사 해서와의 관계에 대하여'라는 두 항목이 있다.

먼저 '명조체 활자 디자인에 대하여'는 당시 인쇄에 가장 많이 사용된 명조체(사진식자(写真植字)[11]를 포함함) 중 동일 자종이면서도 미세

11 활자를 사용하여 조판(組版)하지 않고 사진 식자기로 인화지나 필름에 직접 글자를

한 형태 차이가 있는 것에 대한 해설이다. 예를 들어, '八'이라는 한자는 명조체의 경우, '八'과 '八', '八'(윗부분이 연결된 형태) 등이 있으며, 사람에 따라서는 이를 신경질적으로까지 구별하기도 한다(특히 최근 PC 업계 관계자 중에 많다). 그러나 이는 단순히 활자를 설계했을 때의 디자인 차이에 불과하며, 자종은 모두 숫자 8을 나타내는 한자이다. 「상용한자표」는 이를 자체 차이가 아니라 활자 설계상의 디자인 차이로 보고, 자체는 전혀 문제시할 필요가 없다고 설명한다.

두 번째 '명조체 활자와 필사 해서와의 관계에 대하여'는 한자를 명조체 활자로 인쇄했을 때의 형태와 이를 손 글씨로 쓸 때의 형태 사이에 존재하는, 외견상 미세한 차이를 들어서 이것이 인쇄와 손 글씨의 습관차에 따른 차이이며 자종상 완전히 같은 것임을 구체적인 예시를 통해 해설하고 있다. (178-180쪽 도판 참조)

1. 명조체 활자에 특징적 표현 방식이 있는 것

(1) 겹쳐지는 방식에 관한 예

衣 - 衣　去 - 去　玄 - 玄

(2) 점획 조합 방식에 관한 예

人 - 人　家 - 家　北 - 北

한 자씩 찍는 일 -옮긴이

(3) '붓 누름' 등에 관한 예

芝 — 芝　史 — 史

入 — 入　八 — 八

(4) 곡직에 관한 예

子 — 子　手 — 手　了 — 了

(5) 기타

辶 — 辶　⺮ — ⺮　心 — 心

2. 필사의 해서에 다양한 표기 방식이 있는 것

(1) 장단에 관한 예

雨 — 雨 雨　戸 — 戸 戸 户

無 — 無 無

(2) 방향에 관한 예

風 — 風 風　比 — 比 比

仰 — 仰 仰

糸 — 糸 糸　礻 — 礻 礻　衤 — 衤 衤

主 — 主 主　言 — 言 言 言

年 — 年 年 年

(3) 붙일지 뗄지에 관한 예

又 — 又 又　　文 — 文 文

月 — 月 月

条 — 条 条　　保 — 保 保

(4) 길게 뺄지, 멈출지에 관한 예

奥 — 奥 奥　　公 — 公 公

角 — 角 角　　骨 — 骨 骨

(5) 올릴지, 멈출지에 관한 예

切 — 切 切 切　　改 — 改 改 改

酒 — 酒 酒　　陸 — 陸 陸 陸

穴 — 穴 穴 穴

木 — 木 木　　来 — 来 来

糸 — 糸 糸　　牛 — 牛 牛

環 — 環 環

(6) 기타

令 — 令 令　外 — 外 外 外

女 — 女 女

상용한자표(부) 자체에 대한 해설 제2
명조체 활자와 필사 해서와의 관계에 대하여

이는 현재 학교 교육과도 연관된 매우 중요한 부분이다. 특히 학교 교육 관계자 중에는 교과서나 사전에 인쇄되는 것이 '올바른' 자형이며 시험 답안 등에 그대로 적어야 한다는 인식이 만연해 있다. 학교나 학원 선생님이 그렇게 지도하고 아이들의 질문을 받은 보호자도 그리 여기므로 한자를 교과서나 사전에 인쇄한 대로 올바르게 쓰는 학생이 얼마나 많은가.

그러나 중국이나 일본에서도 한자를 책에 인쇄한 그대로 쓰는 일은, 지금껏 역사 중에 전혀 존재하지 않았다고 해도 과언이 아니다. 애당초 인쇄가 보급된 것은 중국 북송 시대, 지금부터 약 천년 정도 전의 일인데, 초기에는 목판인쇄였기 때문에 판목의 표면에 손 글씨로 쓴 문자 원고를 각수가 조각도로 새겨서 이를 판화 방식으로 인쇄했다. 이른바 베테랑 직공의 솜씨 있는 기술이 문자에 반영되었는데, 이는 명대 즈음부터 서적이 대량 생산되면서 인쇄 공방에서 공정식으로 작업되었다. 판목상 정방형 문자가, 횡획을 얇게 선을 긋고 획 끝에 우로코[ウロコ: 비늘]라고 불리는 작은 삼각형으로 맺는 등 독특한 디자인이 구사되었다. 이는 공정 작업으로 효율적으로 인쇄하기 위한 방식이며 그 자형을 금속활자로 모방한 것이, 현재 일본에서 일반적으로 사용되는 인쇄체인 명조체이다.

그러나 한자는 인쇄가 시작되기 훨씬 전, 지금으로부터 삼천 년도 더 전부터 사용되었고 대부분의 시대에는 손 글씨로 쓰였다. 갑골문, 목간, 죽간, 혹은 비석 등 종이가 아닌 소재에 쓰인 한자는 물론, 종이 시대가 되어서도 표면이 평평한 종이에 붓끝이 부드러운 붓을 휘둘러서 쓸 때의 한자 형태가 판목 위의 조각도로 새겨 인쇄한 것과 같은 자종이더라도 외견상 형태가 다른 것은 당연한 이야기이다.

훗날 금속활자가 보급된 후에도 인쇄물처럼 한자를 쓴다는 것은 거의 불가능했다. 인쇄는 인쇄, 손 글씨는 손 글씨, 한자를 읽고 쓰는 자는 이를 당연히 식별했다.

여자는 뽈내지 않는다!

구체적인 사례를 들어보자. 앞의 도판에 있는 항목 2 '(6) 기타'에는 令, 外, 그리고 女라는 세 개의 한자가 언급되어 있다. 女는 초중학교 국어 수업에 두 번째 획의 《ノ》와 세 번째 획의 가로선이 교차하면 안되고, 세 번째 획은 두 번째 획의 《ノ》의 윗부분과 접하는 형태로 써야 한다고 배웠을 것이다. 전전에 배웠으면 몰라도, 여성의 사회 진출이 두드러진 현대에도 여전히 '여자는 뽈내지 말아야 한다' 식의 구식 비유를 들어 설명하는 교사도 있다고 한다. 내 수강생 중에도 실제 女의 두 번째 획과 세 번째 획을 교차시켜 적어서 시험에서 오답 처리된 씁쓸한 경험을 나누는 학생이 있었다. 필사 채점 때는 종종 논란을 일으키는 이 문제도 「상용한자표」의 모두 부분의 '2 필사의 해서에는 다양한 표기법이 있다'의 (6)을 보면, 어느 쪽이든 상관없다고 설명되어 있다. 또 하나, 令이라는 한자 디자인 차이에 관한 흥미로운 이야기를 친구로 부터 들은 적이 있다. 예전에 내 강의

에 참여한 어떤 여학생이 중학교를 졸업할 때, 선생님이 이렇게 물었다고 한다. 그녀의 이름에는 鈴이라는 한자를 쓰는데 졸업 증명서에 기재할 성과 이름은 호적대로 '올바른 한자'를 써야 하기 때문에 鈴과 鈴 중 어느 것을 졸업 증명서에 쓰면 좋을지 호적을 제대로 조사하여 '정식 한자'를 제출하도록 요청받았다고 한다.

그 학생은 그 자리에서 바로 답변하지 못하고, 부모와 상의했지만 부모도 판단하지 못해 어쩔 수 없이 항상 쓰던 《マ》 형태인 鈴으로 하면 되겠다고 답했다고 합니다. 그런데 鈴이나 令이라는 한자가 성과 이름에 들어가는 사람이 많아서 《令》의 형태로 쓰겠다는 사람도 일부 있다고 한다.

만약 鈴를 '호적대로 쓴다'면, 鈴만 가능하다. 왜냐하면 손 글씨 시대라면 모르겠지만, 현대 호적은 PC로 대부분 처리되므로 컴퓨터로 출력하면 명조체인 鈴이기 때문이다. 그러나 그 학생은 실제로는 노트의 이름란에 손 글씨로 鈴이라고 썼기 때문에 졸업 증명서에서도 《マ》의 형태로 쓰겠다고 했던 것이다. 둘의 차이는 명조체라는 인쇄 글꼴과 해서라는 손 글씨 글꼴 간 모양의 차이일 뿐이며, 어느 쪽이든 '스즈[すず]'로 읽히는 한자임에는 변함이 없다. 따라서 양쪽 다 올바른 한자이며, 사전에 적혀 있지 않다고 해서 鈴을 틀렸다고 여기는 것은 말도 안되는 폭거이다.

이와 유사한 문제가 여럿 더 있는데, 木의 끝단을 구부릴 것인지 말지, 혹은 保의 방 하부가 《ホ》의 형태가 되면 틀렸다는 등, 어느 쪽이든 상관없는 문제로 인해 우는 아이들이 얼마나 많은가. 이러한

문제가 여전한 것은 교육 관계자들이 「상용한자표」의 (부) 부분의 해설을 거의 읽지 않았기 때문일 것이다. 모든 국어 교사는 지금이라도 이 (부)의 내용을 부단히 권권복응(拳拳服膺)해야 할 것이다. 학교 교육과 관련된 한자는 모두 「상용한자표」를 기반으로 하고 있으니, 이는 국어 교사로서의 사명일 것이다.

제한에서 기준으로

「상용한자표」의 고시 후, 이전의 「당용한자표」 및 「당용한자 개정 음훈표」, 「당용한자 자체표」는 폐지되었고 「당용한자 별표」가 「학년별 한자 배당표」에 흡수되었다. 종전 직후, '잠정판'으로서 제정된 한자 규격이 드디어 공식 버전으로 '버전 업'되기까지 30년 이상이나 걸린 이유는, 이때까지도 실제로는 여전히 한자를 제한해야 한다거나, 가능한 한 빨리 한자를 폐지해야 한다는 의견이 사회 일부에 강하게 존재했기 때문이다.

「상용한자표」 시행과 함께 「당용한자표」가 폐지되었다는 점에서, 「상용한자표」는 「당용한자표」의 후속 규격이다. 두 표 모두 법령, 공문서, 신문, 잡지 (및 방송) 등에서 사용하는 한자의 범위를 나타내는 것이며, 두 표의 차이는 자체 변경도 1 글자(燈→灯)뿐이었다. 「상용한자표」 제정 당시에도 여전히 한자 제한론이나 폐지론이 사회 일부에서 거셌다. 그렇기 때문에 지금의 눈으로 「상용한자표」를 살펴보면, 매우 기본적인 한자도 포함되지 않은 것이 많다. 예를 들어 耳鼻咽喉科(이비인후과)의 咽喉(인후)라는 한자는 둘 다 포함되지 않았으며, 현재 일반적으로 사용되는 嵐, 闇, 稽, 蹴, 痩 모두 표외한자여서 당시 '상용'이란 개념이 정확히 어떠했는지 궁금해진다.

그래도 95자가 추가된 것은 사회 대부분에서 환영받았다. 또한 각 한자에 할당된 음훈의 수도 꽤 늘었다. 그러나 자수의 증가라는 표면상의 변화보다도, 한자를 둘러싼 더 큰 변화는 표의 성격이 '제한'에서 '기준'으로 전환된 것이었다. '기준'이라는 말은 「상용한자표」의 머리말에 따르면, '이 표는 법령, 공문서, 신문, 잡지, 방송 등 일반 사회생활에서 현대 일본어를 표기할 때의 한자 사용의 기준을 보여주는 것이다'라고 적고 있는데, 「당용한자표」의 '제한'에서 '기준'으로의 전환을 통하여 사회 내 한자 사용은 상당히 자유로워졌다. 과거의 「당용한자표」가 완전한 한자 제한을 목표로 한 것만은 아니었다. 그도 그럴 것이 '사용상의 주의 사항'의 (8)에 '전문용어에 대해서는, 이 표를 기준으로 삼아 정리하는 것이 바람직하다'고 적고 있기 때문이다. 「당용한자표」에 의한 한자 제한은 실제로는 공문서에서 실시되었을 뿐이지 예술이나 학술용어 등 특정 영역에서는 그다지 큰 제약을 주지 않았다. 그러나 신문이나 잡지 문장은 한자제한의 대상이었기에, 이들 미디어에 기고하는 작가나 평론가 중에는 자신이 적은 원고와 다른 문자표기에 불만을 가진 자도 적지 않았다. 이것이 '기준'이 된다면 이러한 사태를 피할 수 있다.

'제한'에서 '기준'으로의 전환은 매우 중요한 의미를 가진다. 가령 놀이공원의 롤러코스터에 '키 150cm 미만은 탑승할 수 없습니다'라고 되어 있으면 제한이지만, '탑승자의 키는 150cm 이상을 기준으로 합니다'라고 되어 있으면 148cm인 사람도 탑승할 수 있다. 이처럼 상용한자 등장 이후, 경우에 따라서는 표외한자를 사용해도 되며 실제로 현재 신문사는 독자적인 규정을 만들어 표외한자를 사용하고 있다. 최근 얼마 동안 신문이나 TV 자막에 자주 볼 수 있었던 표외한자 중에는 拉致事件(납치사건)의 拉이나 미국 테러 사건에 사용된 炭疽菌(탄저균)의 疽, 행성인지 여부가 논란이 된 冥王星(명왕성)의 冥, 미야자키현 낙농가의 심각한 피해를 끼친 口蹄疫(구제역)의 蹄 등이 있다.

물론 '기준'이라고 해서 아무 한자나 자유롭게 쓸 수 있는 것은 아니다. 국어심의회의 「상용한자표」 답신(1981년 3월 23일)에는 '기준'에 대하여, 특별히 주를 달아 '이 표를 무시해도 될 정도로 한자를 멋대로 사용해도 된다는 것이 아닌, 이 표를 노력 목표로 삼아 존중하길 바란다'고 명기했다. 또한 '이 표를 기반으로 실정에 맞게 독자적인 한자 사용 규칙을 제각기 작성하는 등 분야별로 이 표의 취급 방식에 차이가 발생하더라도 무방하다'라고도 명기했다. 그 경계가 상당히 미묘하지만 기본적으로 「상용한자표」는 일상적으로 사용하는 한자의 완만한 표준으로 봐야할 것이다. 이러한 점은 개정판이 작성된 지금도 기본적으로 바뀌지 않았다.

‘쓰는’ 시대에서 ‘입력하는’ 시대로

3-1. 기계로 쓸수 없는 문자

한자 제한의 또 하나의 논거

'쇼와[昭和]의 흑선[黑船]'이 싣고 온 민주주의와 선진 문명에 휩쓸리는 조류 속에서 어느새 한자는 악인이 되어 있었다. 내가 소학교와 중학교를 다니던 1950년대 초반부터 1960년대까지, '한자는 곧 소멸할 것'이라는 내용의 저명한 학자들의 저서가 여러 권 출판되었고, 국어 선생님조차도 한자는 곧 폐지될 것이라 받아쓰기 시험 같은 것은 곧 사라질 것이라고 공언할 정도였다.

개인적인 이야기지만, 고등학교 재학 때부터 중국 고대의 역사와 문화에 매료되어 대학에서는 중국의 문학이나 언어를 공부하겠다는 꿈을 품었던 나로서는, '한자가 없어지면 아쉽고 일본어를 읽고 쓰기도 어려울 텐데'라는 마음을 떨칠 수가 없었다. 본가가 활자 인쇄 일을 했기 때문에 주변에서 많은 한자를 접할 수 있었던 것도, 한자 폐지론에 거부감이 들었던 원인 중 하나였을 것이다.

신문에 등장하는 전문가, 가령 우메사오 다다오[梅棹忠夫, 1920~2010]의 논설을 읽자면 언젠가는 모두 로마자나 가나로만 일본어를 쓰게 되겠지만 전보(電報)처럼 온통 일본어로만 되어 있는 것은 참을 수 없고,[1] 지금까지의 일본과 중국의 전통문화는 어떻게 후세로 계승될 수 있을까 하는 막연한 불안감까지 들었다.

그런데 「당용한자표」를 제정하고 사회생활의 여러 장면에서 사용하는 한자를 줄이라는 데에는 아이들의 학습 부담의 경감이라는 목적이 있었는데, 그 외에 전전부터 주장되어 온 한자 제한론에는 주요 논거가 또 있었다. 한자를 기계로는 처리할 수 없다는 사실이었다. 이는 특히 다이쇼 시대부터 쇼와 시대까지 비즈니스 업계에서 주창되어 온 것으로, 중국이나 한국에서 제기된 한자 제한론에서는 거의 찾아볼 수 없는 관점이다.

서양의 경우 타자기라고 하는, 과거 일본인은 거의 사용하지 않았던 문구가 있다. 대학, 고등학교 등의 교육·연구기관은 물론, 일반 비즈니스 업계에서도 이 기계가 널리 보급되어, 대량의 업무문서를 신속하고 멋지게 처리할 수 있었다. 일반 일본인의 상상과는 달리, 서양인 누구나 그 기계 사용에 숙련되었던 것은 아니었다. 그러나 타자에 익숙해지면 말하는 것과 같은 속도로 자판을 칠 수 있어, 가령 사장이 말하는 앞에서 비서가 타이핑하고 사장의 발언이 끝나는 순간 발언 내용이 깨끗하게 인쇄되는 퍼포먼스도 가능했다. 이에 반해 일본어를 한자가나 혼용문으로 일본 종이를 두껍게 엮은 '다이후쿠쵸[大福帳]'[2]에 붓과 먹으로 적는 한, 아무리 필사가 빠른 사람일지

1 전보에서 사용 가능한 자종은 오랫동안 가타카나와 일부 기호로 제한적이었다. -옮긴이

2 상인들의 매매 원장(元帳) -옮긴이

라도 속도나 능률 면에서 절대적으로 서양인을 쫓아갈 수 없다.

또한 전후 복구와 빠른 경제성장과 더불어, 일본의 기업과 보도기관이 해외에 지사를 두는 와중에 텔레타이프(텔레프린터라고도 함. 전동식 타자기에 유무선 통신 회로를 연결하여 두 지점의 통신과 인쇄를 가능하게 하는 장치)를 사용한다면 떨어진 장소에서도 전화회선을 통해 연락과 정보 교환이 즉시 가능하다. 그러나 한자, 가나로는 전화회선 통신을 사용할 수 없어 연락 수단은 국제전화나 장거리전화(지금처럼 바로 연결되지 않고, 전화국에 신청하고 회선 순서를 기다리는 예약제였음)를 걸어 상대를 호출하고 음성으로 문장을 읽어 전달할 수 밖에 없었다. 이대로라면 일본의 기업이나 보도기관은 점점 서양과의 격차가 벌어지게 될 것이고, 그 궁극의 원인은 한자를 기계로 쓸 수 없기 때문이다. 이렇게 뒤처진 문자는 지금 즉시 박물관 창고에 처박아 두는 편이 낫다……이는 비즈니스 업계의 상식과 논리였다. 이메일은 물론, 팩스도 없었던 시절의 이야기다.

근대 비즈니스와 보도 세계에서는, 타자기나 텔레타이프 등으로 처리할 수 없는 한자가 불편했을 것이기에 알파벳과 비교하여 한참 뒤처진다는 인식도 일리가 있다.

한자를 사용하는 한, 기계로는 일본어를 쓸 수 없기에 일본어 문자를 모두 로마자로 표기해서 타자기로 쓰려는 사람이 등장한 것도 당연하다. 그러나 로마자만으로 표기한 일본어 문장은 익숙하지 않으면 매우 읽기 어렵다. 그렇다면 가나로 쓰면 된다는 생각에서, 영문 타자기의 키보드에 가타카나(혹은 히라가나)를 배치한 '가나 타자기'라는 기계도 개발되었다. 앞서 언급했듯이, 나 역시 학창 시절에 길거리 문방구점에서 그 기계를 본 적이 있다. 개인이 살 만한 가격대도 출시되긴 했다. 그러나 매우 안타깝게도, 이 기계는 거의 보급되지 않았다. 연배의 사람이라면, 가타카나만으로 쓰인 예전 전보를 기억할 것이다. 가나만 적힌 일본어는 매우 읽기 어렵고, 일반 사람은 그러한 일본어를 읽고 쓰기 싫었을 게 분명하다.

컴퓨터의 등장

한자는 기계로 쓸 수 없다는 것은, 과거에는 분명 사실이었지만 영원한 진리는 아니었다. 1970년대 말 발매된 워드 프로세서, 통칭 '워프로'는 한자 제한을 위한 전제를 근본부터 바꿔 놓았다. 최근 수십 년간 컴퓨터 기술의 진보와 발전 덕분에 최근에는 출근 가방에 쏙 들어가는 소형 PC나 한 손으로 조작하는 소형 휴대폰에서도 1만 자 이상의 한자를 다룰 수 있게 되었다.

희곡가이자 영문학 연구자인 후쿠다 쓰네아리는 한자 논의에도 가장 보수적인 논객으로 잘 알려져 있다. 1980년에 간행한 『나의 국어교실[私の國語教室]』이라는 평론에는 다음과 같이 적혀 있다.

> 속설 (4)에 적힌 타자기 때문이라는 것은 우론(愚論)입니다. 물론 과도적으로는 상용문에 가나나 로마자를 사용해도 좋을 것입니다. 그러나, 로켓이 달에 가는 시대입니다. 군비

확장 경쟁이 다소 시들해지면, 오늘날 한자가나 혼용문으로도 충분히 소화할 수 있는 기계가 발명되지 않을 리 없습니다. 현재, 상용한자수 이상의 한자 2천 자를 다루는 기계가 나왔다고 합니다. 철도 노선에 협궤를 채용하여 실패한 것과 마찬가지로[3] 서둘러 현재의 도구에 맞춰 국어 국자를 개조할 수는 없습니다. 도키에다 박사는 아니지만, '문자를 사용한다는 것은 기계에 제한되어 사용하는 것이 아니라, 만약 기계가 필요하면 그 문자의 실상에 맞춰 새로운 기계를 발명해야 하는 합니다'라고 말하고 싶습니다. 마쓰사카씨(가나문자론자 중 1명, 마쓰사카 다다노리를 지칭함), 정신 차리십시오. 타자기를 위한 문자인지, 문자를 위한 타자기인지 결국 교육을 위한 문자인지, 문자를 위한 교육인지. 한 가지 방법은 소학생을 대상으로 여론조사를 해보는 것입니다.[4]

인용한 부분 첫 부분에 등장한 '속설'이란 후쿠다가 당시까지의 국어개혁론 논점을 정리하여 항목별로 적은 것을 가리키는데 그 중 (4)의 내용은 다음과 같다.

우선 고려해야 할 것은 능률이다. '굉장한 퍼포먼스의' 사

3 초기 철도 건설에 재정이 부족하고 기술적으로 영국인들에게 의존한 연유로 1,067mm 협궤가 채택되었다. 당시에는 시속 200km/h 이상의 고속철은 개념도 없던 상태였으니 마냥 틀렸다고 보긴 어렵지만, 훗날 표준궤나 광궤보다는 운송량이 적고 속도를 낼 수가 없었으며, 장거리를 체계적으로 연결하지 못하였다는 단점 때문에 우책으로 평가되기도 한다. -옮긴이

4 福田恆存『私の國語教室』新潮社 1960, 275쪽.

> 무기기, 즉 타자기, 텔레타이프, 전자계산기, 천공카드[穴あけカード] 등에 의한 사무 자동화 처리에 의지하지 않으면 '국제 경쟁'에서 이길 수 없다. 여기에는 표음문자의 채용이 필요하다.

이 문장이 쓰인 당시에는 한자 기계 처리 등 아직 실체가 없었기 때문에, 후쿠다의 '오늘날 한자가나 혼용문으로도 충분히 소화할 수 있는 기계가 발명되지 않을 것이라고 단정할 수 없다'는 지적은 시대를 예측한 혜안이었다고 할 만하다. 물론 후쿠다가 어떤 형태의 한자 기계 처리를 예견했는지는 모르겠지만, 그 예측은 맞았고 한자의 기계 처리가 달로 로켓이 간 것과 마찬가지로 그리 긴 시간이 걸리지 않아 워프로를 통해 완전히 실현되었음은 부정할 수 없다.

워프로란 문자 입력과 편집 기능을 특화한 PC이다. 일본의 PC는 우선, 방대한 데이터 처리가 필요한 업계에서 먼저 도입했다.

어렸을 때 읽었던 '철완 아톰[鉄腕アトム]' 등의 만화에 종종 컴퓨터가 등장했는데, 전문 프로그래머와 흰 가운을 입은 엔지니어들이 몇 명 등장하여 티끌 하나 없는 클린룸에서 조작하는 모습이 그려져 있었다. 인간에게는 너무 번잡한 계산, 업무처리를 신속히 오류 없이 수행하도록 개발된 컴퓨터(당시 '전자계산기'라고 불림)를 도입한 효과는 놀랄 만한 것이었고, 덕분에 업무처리는 비약적으로 향상되었다.

본래 컴퓨터는 미국에서 발명되었기 때문에 사용 문자는 알파벳과 약간의 표기 기호뿐이었기에 기술자들은 당연히 영어로 이를 조작했다. 그때는 모두가 컴퓨터란 이렇다고 생각했다. 개인이 사용할 수 있는 것이 아니라 전력회사, 가스회사, 혹은 생명보험회사 등 백만 명 이상의 많은 고객을 가지고 대량 데이터를 빈번하고 신속하게 처리해야 하는 회사 수요에 따라 대형 컴퓨터 개발이 적극 추진되었다. 그렇지만 한자를 사용할 수 없기 때문에 이들 회사는 고객 데이터를 가타카나로 처리했다. 나이대가 있는 사람이라면, 집에 배송온 전기, 가스 청구서나 영수증의 수령인명이 가타카나로 적혀있던 것을 기억할 것이다.

그러나 결국 작은 회사까지 업무처리에 컴퓨터를 도입하기 시작하자 엔지니어 이외의 일반인이 직접 기계를 사용하는 사례도 늘어났다. 동시에 컴퓨터의 일본어화로의 시대가 찾아왔다.

이전 업무 방식에 익숙한 사람이라면 전표를 타이핑하거나 고객명단을 표시할 때 한자를 사용하지 않는 것은 매우 불편한 일이었다. 그러한 업무에 컴퓨터를 사용할 때에도 역시나 한자를 사용하고 싶다는 요구가 나온 것은 당연한 귀결이었다.

그러한 요망에 제조사도 진지하게 대응했고, 기술이 개선되어 결국에는 컴퓨터로도 한자를 취급할 수 있게 되어 1970년대 말에는 '일본어 워드프로세서(워프로)'가 발매되었다.

630만 엔짜리 워프로

워프로는 기존의 일본어 기록 환경을 뿌리부터 바꿔 놓

은 혁명적인 기계였다. 일본에서 처음으로 발매된 도시바의 'JW-10'(1978년 9월 발표)은 무게 220kg, 소형 전자피아노 정도 크기에 키보드, 브라운관, 10메가바이트 하드디스크, 8인치 플로피 디스크 드라이브, 프린터로 구성되었다. 지금의 PC를 생각하면 상상도 못 할 크기이며 가격은 630만 엔이었다.

물론 기업용으로 개발된 것으로, 일반인은 쉽게 살 수 없었다. 그러나 컴퓨터의 뛰어난 능력을 구사하여 한자를 사용한 일본어가 간단한 기계 조작으로 쓸 수 있는 데다가 편집, 보존도 가능하고 버튼 하나로 프린트까지 할 수 있는 기계의 등장은 비즈니스 업계에 충격적인 업무 혁명을 가져온 것으로 큰 반향을 불러일으켰다.

도시바에 이어 후지쓰, 히타치, NEC 등 컴퓨터를 취급하는 업체에서 워프로가 연이어 발매되었다. 1980년 전후로 각 제조사가 빠짐없이 독자적인 기능을 내걸고 워프로 신제품을 잇따라 발매했다. 거듭 개인적인 이야기를 하게 되는데, 도시바가 워프로를 발매한다는 신문 기사를 읽고 대단한 것이 등장한다고 놀랐던 기억이 아직도 생생하다. 다만 630만 엔이라는 가격은 일반 사람이 꿈도 못 꿀 가격인데다가 당시 나는 대학원생이었다. 교토에서 학창 시절을 보내는 데 월 10만 엔 정도면 충분했다.

그런 시대에 630만 엔이다. 먼 미래의 언젠가, 이 기계를 내 책상 옆에 설치할 수 있다면 좋겠다고 생각했었는데, 그 꿈이 실현되어 책상 위에 작은 워프로를 둘 수 있었던 것은 불과 5년 후의 일이었다. 일본의 상품경제 역사상, 이처럼 단기간에 급격하게 가격이 하

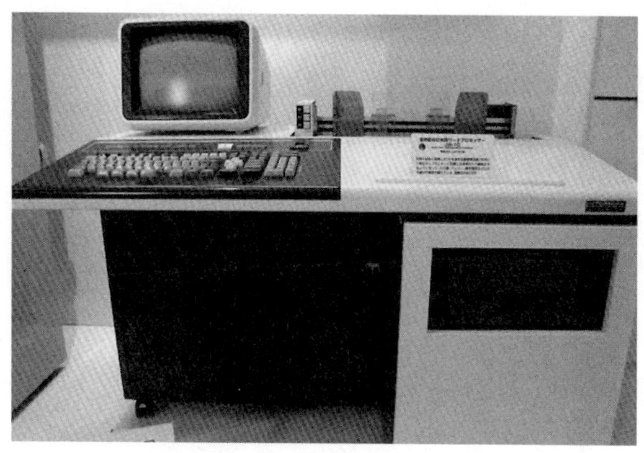

일본 최초의 워프로, JW-10(도시바 과학관)
사진 Dddeco

락한 상품도 흔치 않을 것이다. 게다가 저가에 집중한 나머지 저품질의 워프로가 무분별하게 생산된 것이 아니라 저가이지만 점점 고기능화되었다. 이는 일본의 컴퓨터 기술이 매우 우수하며, 이와 동시에 이 기계가 얼마나 많은 일반 수요가 있었고 환영받았는지 잘 말해주는 것이다.

이처럼 워프로가 저렴하고 급속하게 사회에 보급되면서 한자는 기계로는 쓸 수 없다는 논의는 완전히 논거를 잃게 되었다. 또 한자 폐지론은 말할 것도 없이, 사용 가능한 한자 종류를 제한하려는 논의도 대부분 사라졌다. 워프로가 보급되면서, 한자의 특성이 수정되고 복권을 이루어 결과적으로 '한자 열풍'이 일어났다. 전후 지속적으로 불필요한 것으로 취급받았던 한자가 가장 첨단 공업제품에 의해 재평가된 것은 정말 아이러니한 일이다.

당시까지 한자제한론자 중에는, 워프로에 의해서 당시 한자가 가지는 문제점이 해소되었다고 인식하고 재빠르게 이 기계를 인정하고 적극적으로 지지하는 사람들이 등장했다. 국어개혁을 둘러싼 다양한 논점에 대하여, 후쿠다 쓰네아리와 격렬한 논쟁을 벌인 긴다이치 하루히코[金田一春彦, 1913~2004]는 과거 국어심의회의 중심에 있었던 뛰어난 국어학자이며, 알기 쉽게 풀어쓴 수많은 저술로 널리 세간에 알려진 인물이다. 긴다이치씨 또한 워프로 TV 광고에 등장했듯이, 개인 사용자로는 제1세대라고 할 만한 초창기 워프로를 애용했다. 긴다이치씨는 워프로의 등장과 한자의 제한 문제에 대하여 다음과 같은 글을 남겼다.

> 종적 직후 문부성은 이를 고려하여 한자 제한을 단행했다. 즉 서양에는 타자기 1대만 있으면 손으로 쓰는 것보다 훨씬 빠르고 훨씬 깔끔하게 문자를 쓸 수 있는 반면, 일본어는 한자가나 병용이기 때문에 타자기의 사용이 곤란하며 가타카나만 사용하는 타자기라면 간단하지만 읽기 어려워, 한자가나 혼용문의 경우 능률이 매우 나쁘다. 이대로는 서양의 선진 문화를 따라가기 도저히 불가능하다. 한자수를 조금이라도 줄여야 한다는 생각에, 당용한자 1,850자를 선정하여 관청발 문서는 모두 여기에 충당하고, 일반인도 가능한 이를 따르도록 법령을 발표했다. (중략)
>
> 필자는 당시, 아직 문부성 국어과 촉탁이었는데 두말할 것도 없이 문부성을 지지하고 라디오, 잡지에 한자 제한을

논했었다. 그러나 30여 년 지난 10년 전부터 그 생각을 버렸다. 이는 워프로라는 기계의 발명 때문이다.[5]

또 긴다이치씨는 워프로 사용법에 익숙해지면, '상용한자 수는 3,000 정도까지 늘려도 괜찮다'며, 앞으로 전자 시대에 필요한 한자 수의 구체적인 수치를 들고 있다.[6] 전후 국어학의 지도자적 입장에서, 이 분야에서의 조사와 연구를 리드해 온 긴다이치씨가 워프로의 등장으로 한자제한론을 철회한 것을 비난하려는 것이 아니다. 오히려 과거의 견해에 얽매이지 않고, 현실의 변화를 정확히 분석한 후, 새 시대의 일본어의 방향성을 모색하려는 자세에 진심으로 경의를 표한다. 그리고 긴다이치씨의 발언이 상징하듯이, 최근 한자제한론을 읽거나 들은 기억이 거의 없다.

3-2. 鷗와 鴎 - 표외한자의 자체

워프로의 보급

1983년 즈음, 당시 근무했던 대학에서 소속학과에 특별 예산이 배정되었다. 공동 비품으로 워프로를 사게 되었고 컴퓨터를

5 金田一春彦著『日本語 新版（下）』岩波新書 1988, 12~13쪽.

6 위의 책 14쪽.

잘 아는 사람이 기종을 검토하여 모사의 워프로(대략 250만 엔 정도)를 구입하게 되었다. 이때 100만 엔 이하의 기종도 이미 발매되었는데, 여전히 개인이 쉽사리 살 수 있는 기계는 아니었기 때문에 나 역시 크게 반겼던 일화로 기억한다.

워프로는 곧 납품되었는데, 이를 사용할 기회는 좀처럼 오지 않았다. 이유는, 고가의 기계를 설치 관리하기 위해서는 기존 '인쇄실' 안에 열쇠 달린 작은 방을 만들어야 했고, 이 작은 방을 설치하기 위한 예산이 좀처럼 확보되지 않았기 때문이다.

지금 생각하면 터무니없는 이야기인데, 게다가 작은 방의 열쇠를 행정실에서 관리했기 때문에 워프로를 사용하기 위해서는 흡사 치과 진료 예약을 하듯이, 사전에 신청해야만 했다. 물론 논문이나 서류 집필에 워프로를 사용하고 싶은 마음은 젊은 교원을 중심으로 매우 많아 예약은 주 1회 정도 가능했다. 겨우 자신의 순서가 오더라도 사용 시간은 1시간으로 제한되었다. 이런 상황에서 진지하게 논문 등을 작성할 수 없었다. 그렇지만 나는 워프로 사용이 너무 즐거웠다. 당시 워프로는 마치 '그림의 떡' 같았다. 그랬던 것이 순식간에 저가격화되어, 얼마 지나지 않아 개인도 약간 무리하면 살 수 있는 기계가 되었다. 참고로 나는 대학에서 공동으로 사용하는 워프로가 설치된 2년 후 1985년, 여름 보너스에다 30만 엔 정도 추가하여 개인용 워프로를 구입했다. 지금의 소형 전자레인지 정도 크기였다. 연구실의 책상 위에 개인 전용 워프로가 있어 너무 행복해서 아침부터 밤까지 시간이 나면 만져보고, 용건이 없는데도 친구에게 편지를 쓰거나 하여 귀찮게 했다.

일본에는 '書は人なり[글씨는 그 사람의 됨됨이다]'라는 속담이 있다. 글씨를 잘 쓰는 사람은 인격 또한 훌륭하다는 인식이 널리 퍼져 있다. 회사의 인사과에 제출한 이력서에 쓰인 글씨가 취업의 성공 여부에 영향을 미치기도 하고, 과거에는 러브 레터를 글씨를 잘 쓰는 친구에게 대필해 달라는 사람도 있었다. 이 모든 것은 글씨의 아름다움이 인격과 직결된다고 여겨졌기 때문일 것이다. 확실히 내 주변에 글씨를 잘 쓰는 사람들은 모두 선량한 인물들이다. 그러나 선량함이 반드시 글씨를 잘 쓰인 사람들만 해당되는 것은 아니며, 세상은 넓고 글씨를 잘 쓰는 나쁜 사람도 어딘가에 있을 것이다. 내 친구 중에는 알아보기 힘들 정도로 엉망으로 쓰는 사람이 있지만, 좋은 성격 때문에 모두가 좋아하는 인물이다. '書は人なり'를 뒤집어 보면, 글씨가 서툴면 악인이라는 것이다. 인격의 좋고 나쁨을 문자의 미추와 연동시킨 이 격언은 에도 시대 데라코야[寺子屋][7]에서 아이들이 어른스럽게 글쓰기를 배우도록 한 일종의 협박 문구가 아닐까, 나는 조심스레 의문을 품었다. 농담이라고 해도, 어릴 때부터 악필이었던 나는 사람들 앞에서 글 쓰는 것이 너무 싫었다. 그래서 '일본어 전자 타자기'의 탄생을 신문 기사로 접했을 때 언젠가 사용 가능해지면 서툰 글씨를 사람들 앞에서 드러내는 고통에서 해방될 것이라고 기뻐하며 환호했다. 나에게는 정말로 구세주 같았다. 내가 개

7 에도 시대 읽고 쓰고 셈하는 것을 학습한 서민교육기관 -옮긴이

인용 워프로를 산 1985년쯤부터 워프로는 놀랄 만큼 고기능과 저가격으로 발전해 갔다. TV에서는 각 업체의 워프로 광고가 방영되었고, 앞서 언급한 긴다이치 하루히코씨나 젊고 유망한 광고 작가였던 하야시 마리코[林真理子] 여사 등, 저명한 학자, 작가, 그리고 연예인들이 등장했다.

당시 워프로에 흥미를 가진 사람에게 최대 단점은, 키보드가 제대로 작성될지 하는 불안감이었다. 당시까지 영문 타자기의 키보드를 접한 적이 있는 일본인은 매우 소수였다. 이렇게 말하는 나조차도, 당시까지 타자기를 사용한 적이 없었기에 키보드 성능을 상당히 걱정했다. 그런데 실제 사용해 보니, 부드러운 터치감까지는 아니어도 별 불만 없이 바로 사용할 수 있게 되었다. 다른 사람들도 아마 마찬가지였을 것이다. 지금 비즈니스 업계나 대학에는 그때처럼 키보드에 대한 불안감을 가진 사람은 거의 없을 것이다.

워프로를 사용하는 최대의 장점은 일단 문장을 작성하고 저장한 후에도 자유롭게 수정하고 이를 너무 간단하기 편집할 수 있다는 점이다. 이것이야말로 기존 필기구의 문서작성 대비 결정적인 효율의 차이를 가져왔다. 워프로는 지금 생각하는 바를 어쨌든 그대로 문장으로 쓸 수 있다. 그리고 단락 이동이나 전체 레이아웃 등은 이후 편집 단계에서 가능하고, 이대로 오케이라면 버튼 하나로 간단히 프린트까지 할 수 있다. 작성 문서를 플로피 디스크나 하드디스크 등 기억장치에 저장하고 필요할 때에는 아무때나 불러서 재이용도 할 수 있다. 이는 기존 일본에서 사용해 온 필기구로는 절대로 불가능했던 일이었다.

워프로 보급의 또 다른 요인은, 누구든 즐겁게 사용할 수 있는 기계라는 점일 것이다. 처음 워프로를 구입한 사람은 누구든 얼마 동안은 마치 새로운 장난감을 얻은 아이처럼 자는 시간도 아까워 기계를 다뤘을 것이다.

그전에는 웬만큼 필요하지 않으면 문장을 거의 적지 않았던 사람들이 워프로를 사용해서 갑자기 일기나 편지 등을 쓰게 되었다. 또 워프로 사용을 남에게 자랑하거나, 작성 문장을 보여주고 싶은 마음으로 가득했다. 그러한 의미에서 워프로는 문장을 쓴다는 지적 행위를 많은 일본인에게 개방한, 획기적인 문구라고 할 수 있다.

워프로에 대한 찬반 여론

이처럼 기계는 고성능, 저가격화 덕분에 급격한 기세로 세상에 보급되었다. 그러나 새로운 도구의 등장에 대해, 어느 시대나 비판적인 '저항 세력'이 있었다. 필시 메이지 시대 즈음의 문명개화 때, 필기구가 모필에서 만년필이나 연필로 바뀌었던 시기에도 마찬가지의 논의가 있었을 것이다. 회사에서 서류를 작성하기 위해 사용된 워프로가 결국 가정에 보급되었고, 많은 사람들이 편지를 쓰거나 연하장을 만들게 되자 열심히 공부해서 한자를 외운 세대들은 워프로로 쓴 편지는 정성이 들어가지 않았다, 연하장을 워프로로 쓰는 것은 실례다, 혹은 워프로만 사용하면 결국 한자를 쓸 수 없게 된다는 등의 의견이 신문 투서란에 자주 게재되었다.

그러나 이 역시 최근에는 거의 찾아볼 수 없다. 최근 내가 받은 편지는 'PC 사용이 어려워 손 글씨로 적어 실례합니다'라는 문구로 시작한다. 지금은 '워프로 전용기'의 제조가 중단되고, 완전히 PC로 대체되었는지만 기계로 일본어 문장을 작성하는 행위는 매우 왕성해지고 있다. PC를 자유롭게 조작하는 초등학생도 흔하고, 셔츠 주머니에 들어가는 소형 휴대폰이나 스마트폰 보급으로 수많은 사람들이 단순히 '어떻게 지내? 잘 지내?'라든가, '내일 미팅에 올 수 있어?'라든가 하는 '전자 편지'를 휴대폰을 통해 매우 가벼운 마음으로, 게다가 주문한 라면이 완성되기 전에 탁탁 쓸 수 있게 되었다. 이런 편리한 도구가 유행하지 않을 리 없다.

한자의 다양화와 문체의 변화

그렇다고 해서, 워프로 업체에 장미빛 미래만 있었던 것은 아니다. 특히 종종 지적된 문제 중 하나는, 워프로로 쓴 문장에 불필요하게 많은 한자가 사용되는 현상이다. 키보드로 입력한 가나를 한자로 변환했을 때, 어떤 자를 한자로 할지, 아니면 가나 그대로 둘지는 본래 입력한 사람이 자신의 언어 감각과 문장력에 따라 판단할 일이지만, 이를 구태여 기계에 맡기는 사람이 매우 많아졌다. 그러자 문중의 한자수가 상당히 늘어났다.

과거 손글씨로 문장을 쓰던 시대에는, 가령 '雨がふってきたの

で、あわてて子供たちといっしょに洗濯ものを取りこんだ[비가 와서, 서둘러 아이와 함께 빨래를 걷었다]'라는 문장을 쓰는 사람이 기계의 한자 변환에 의지하게 되자, '雨が降って来たので、慌てて子供達と一緒に洗濯物を取り込んだ'라고 쓰게 되었다.

정보기기를 사용해서 많은 사람이 문장을 적게 되면서, 일본어와 한자를 둘러싼 상황이 확실히 바뀌었다. 그 중 가장 큰 변화가, 한자 다용이라는 현상이었다. 본래 한자에는 획수가 많고 구조가 복잡한 것이 많다. 가령 音楽鑑賞(음악감상), 高邁な認識(고매한 인식) 정도를 쓸 때도 가끔 '깜빡 까먹어서' 쓸 수 없었던 적이 있다. 게다가 矍鑠(확삭), 蹂躙(유린), 穿鑿(천착), 韜晦(도회) 같은 어휘라면, 이들 한자를 손글씨로 적는 것은 우선 불가능하다. 그러나 IT 기기를 사용하면 읽는 법만 안다면 간단히 조작해서 한자를 화면에 표시할 수 있고 그 덕분에 깔끔하게 프린트까지 할 수 있다. 초기 단계에서 워프로를 사용하기 시작한 사람은 기계 조작의 즐거움, 드문 경험 덕분에 보다 많은 한자를 문장 안에 사용했다. 이는 물론 '가나 한자 변환 시스템'을 너무 자주 사용한 결과이며, 키보드로 입력된 가나를, 모조리 한자로 변환해 문장을 표기해서 그런 것이다. 또 워프로 제조사 입장에서도 기계에 내장한 사전에 조금이라도 많은 한자 어휘를 담은 것이 고급 기종이라는 인식이 있어 통상적으로 가나로 써야 하는 것까지 한자로 변환하려는 경향이 있었다. 당시 실제로 'ありがとうございます[감사합니다]'를 '有り難う御座居ます'로 쓴 DM을 받은 경험도 자주 있었다.

그런데 워프로가 회사에서 개인으로까지 보급했을 때, 각 제조사는 격전이라고 할 정도로 연이어 신기종을 발매했다. 신기종은 기존보다 고성능이었다. 유저 중에는 사자마자 그 기종을 깔끔히 포기하고, 다음 기종으로 교체하는 사람도 있었다(나 역시 도대체 몇 대나 교체했던지). 그러나 기계로 취급하는 한자만은 어떤 기종을 사더라도 대부분 비슷했다.

초기 워프로 등 현재까지 대부분의 IT 기기는 상용한자표 3배 이상에 해당하는 6,000자 이상의 한자를 사용할 수 있다. 그리고 워프로는 약간 어려운 한자라도 화면에 표시해 주므로, 사람들은 한자를 외우는 고통, 혹은 잊지 않으려는 노력에서 해방되어 어려운 한자가 많이 섞인 일본어 문장을 너무 쉽게 쓸 수 있게 되었다. 憂鬱(우울)이나 顰蹙(빈축)도, 기계를 사용하면 바로 쓸 수 있지 않은가!

그리고 대다수의 사람들은 자신이 적은 한자가 「상용한자표」 표내한자인지 아닌지조차 전혀 의식하지 않고, 애당초 「상용한자표」의 존재조차 모르는 사람도 세상에는 많다. 이처럼 「상용한자표」 제정 때의 예상을 훨씬 뛰어넘은 표외한자의 사용이 일상화되었다.

「상용한자표」가 제정된 것은 워프로가 사회에 등장하기 시작한 1981년경으로 당시에는 설마 이렇게까지 많은 사람이 기계로 일본어를 적을 것이라고는 그 누구도 생각하지 못했다.

「상용한자표」에서 예상한 한자 사용의 기준이 IT기기로 한자를 사용하는 상황을 전혀 시야에 넣지 못한 시대 배경을 생각한다면 이해가 된다. 즉, 매우 고가의 기계였던 워프로나 컴퓨터에서 사용하는 한자와 일반인이 일상생활에 사용하는 한자의 문제는 맞대어 검토된 적이 거의 없었던 것이다.

JIS 한자코드

컴퓨터 내부에는 로마자, 가나, 여기에 한자 등 다종다양한 문자, 기호를 수치화하여 각 문자나 기호에 코드가 할당되어 있다. 이를 문자 코드라고 부르는데, 즉 각각의 문자에 매겨진 등번호 같은 것이다. 간단히 말하자면 컴퓨터에 '2719'라는 코드를 보내면 山이라는 한자가, '3278'이라는 코드를 보내면 川이 나오는 식이다.

컴퓨터로 한자를 취급하는 규격이 처음 만들어진 것은 1978년의 일이며(아직 「당용한자표」 시대였다), 재단법인 일본규격협회의 일본공업규격(Japanese Industrial Standards, JIS)으로서 '정보교환용 한자부호계(JIS C 6226)'가 작성되었다. 이로써, 한자는 어느 회사가 만든 컴퓨터라도 동일하게 처리할 수 있게 되었는데, 그 중 자주 사용되는 한자를 제1수준문자, 지명이나 인명 등에 가끔 사용하는 문자를 제2수준문자라고 하여, 합계 약 6,000자에 코드가 부여되었다.

이 'JIS C 6226'이 1983년에 대폭 개정되어, 'JIS C 6226-1983'(87년부터는 JIS X 0208:1983)이 되었는데 1983년 개정 때 일부 변경이 추가되었다. 그 중 鯵-鰺, 鴬-鶯, 蛎-蠣처럼 이체자 관계의 22개 그룹에 대해서 제1수준과 제2수준 사이에 예시 자체를 교체해 넣은 것, 또한 제1수준 및 제2수준의 자형을 제2수준의 빈공간으로 이동시

키고 그 빈공간에 새로운 4자를 추가했다. 그 결과 78JIS를 탑재한 기종과 83JIS를 탑재한 기종 간 정보 교환을 할때, 가령 보내는 쪽이 '檜山さん[히야마씨]'이라고 적어 메일을 보내더라도 받는 쪽의 기계에는 '桧山さん'이라고 표시되는 '글자 깨짐[文字化け]' 현상이 발생하게 되어 큰 혼란이 일어났다.

또, 훗날 매우 큰 영향을 미친 변경 사항은, 규격표의 예시 자체 중 鷗, 禱, 瀆 등 본래 정자체를 새롭게 鴎, 祷, 涜처럼 약자체를 채용한 점이다. 83JIS의 경우 이처럼 자형을 크게 변경한 것이 총 29종 있었고, 이에 따라 83JIS를 탑재한 워프로나 PC는 鷗, 禱, 瀆이라는 본래 자형을 표시할 수 없게 되었다. 즉 다수의 한자가, 일반 인쇄물이나 서적류에서 사용되는 자형과 IT기기에서 사용되는 한자 사이에 자체 차이가 발생하게 된 것이다. 이 29자란, 다음과 같다. (괄호 안은 본래 자형)

唖(啞) 焔(焰) 鴎(鷗) 噛(嚙) 侠(俠) 躯(軀) 鹸(鹼)
麹(麴) 屡(屢) 繍(繡) 蒋(蔣) 醤(醬) 蝉(蟬) 掻(搔)
騨(驒) 箪(簞) 掴(摑) 填(塡) 顛(顚) 祷(禱) 涜(瀆)
嚢(囊) 撹(攪) 醗(醱) 頬(頰) 麺(麵) 莱(萊) 蝋(蠟)
攅(攢)

초고가였던 워프로는 대기업의 업무용 문서작성이라는 목적만으로 사용되었기 때문에 자체 변경은 그렇게 심각한 문제는 아니었다. 그러나 보급되면서, 그 기계를 작가, 학교 교사가 작품의 집필이나 교재 작성에 사용하고 대학생 중에도 논문이나 보고서 작성에 워프로나 PC를 사용하는 사람이 늘어났다.

『무희[舞姫]』, 『기러기[雁]』 등으로 유명한 메이지 시대 문호는 국어나 사회 교과서에는 森鷗外[모리 오가이]이고 문고판 표지에도 鷗外이다. 그러나 83JIS를 탑재한 워프로나 PC를 사용한 교재, 시험문제를 만들면 작가명은 森鴎外라고 밖에 쓸 수 없다. '소설의 신'으로 칭송되는 시가 나오야는 「세이베와 표주박[清兵衛と瓢簞]」이라는 단편 소설을 썼는데, 그 줄거리를 적은 부교재를 만들더라도 「清兵衛と瓢箪」으로 밖에 적을 수 없다. 가구점이 세일 전단을 만들려고, 인쇄 가게에 주문하더라도 洋服簞笥[요후쿠단스: 양복장]라고 인쇄되지만 워프로를 사용해 전단지를 만들면 洋服箪笥로 밖에 적을 수 없다. 작가가 소설을 적다가, 경건한 신도가 신념 없는 자로부터 진지한 기도를 방해받는 장면을 쓰려고 해도 '祈禱に対する冒瀆[기도에 대한 모독]'이 아니라, '祈祷に対する冒涜'으로 밖에 쓸 수 없다.

워프로, PC가 실제 사회에서 다양한 장면에서 사용되게 되면서, 이러한 '이상한' 한자 등 보고 싶지도, 절대 사용하고 싶지도 않다는 의견을 가진 사람들이 점차 늘어났다. 특히 이런 상황에 대해 강력히 이의를 제시한 것은 일본문예가협회이다. 이 협회는 1997년경부터 '한자를 가르쳐라!'라는 구호의 캠페인을 전개하고 JIS로는 타이핑할 수 없는 한자가 있고 이른바 '표외한자'는 어느 하나 자체 기준이 제시되어 있지 않은 점, 또한 국제규격 통일에 있어 외국의 유력 대기업 등의 자의적 주장에 의해 자수 제한이나 자체의 개변 등을 어쩔 수 없이 해야 할 리스크도 있다며, 향후 언어정책을 올바르게 추진해야 한다는 내용의 요망서를 국어심의회에 제출했다.

이러한 약자체밖에 쓸 수 없는 JIS 규격으로는 곤란하다고 생각한 사람이 점차 늘어났다. 그렇다면 어째서 이러한 일이 발생한 것일까.

방치된 표외한자

83JIS에서 자형이 크게 달라진 약자체가 채용된 29자는 모두 「당용한자표」나 「상용한자표」에는 포함되지 않은 표외한자이다. 「당용한자표」나 「상용한자표」도 표외한자에 대해서는 전혀 언급하지 않았고, 당연히 이들에 대한 정규 표준자체도 정하지 않았다. 그러나 가령 鷗의 왼쪽 부분의 《區》는 「당용한자 자체표」에 따라 《区》가 규범 자체로 간주되었고, 瀆의 방 부분의 《賣》는 《売》라고 적었다. 이 간략화 방법을 그대로 표외한자에 적용한 자체(이를 '확장 신자체'라고 한다)인 鴎, 涜이라는 자체를 JIS가 예시자로서 채용했다.

물론 문제는 「당용한자표」 이래, 표외한자에 대해서는 어떠한 조치도 강구하지 않았다는 점이다. 국어시책으로서의 「당용한자 자체표」는 어디까지나 당용한자만을 대상으로 한 것이며, 「당용한자표」는 한자의 제한 및 전면 폐지를 목적으로 한 것이기 때문에 애당초 사회에서 표외한자가 사용되는 발상 자체가 없었다. 마찬가지로 「상용한자표」는 그 답신의 전문에 '상용한자표에 포함되지 않는 한자 자체는, 새롭게 표내 한자의 자체에 준하여 정리할지 여부의 문제에 대하여 당장은 특정 방향을 제시하지 않고 각 분야에서 신중한 검토를 하도록 한다'고 명기했다. 당시 국어심의회는 표내자를 결정하는 데 급급하여, 표외자를 처리할 여유가 전혀 없었다. 즉 국어심의회는 상용한자의 표외한자에 대해서는 어떠한 비전 제시 없이, 내일로 미뤄뒀던 것이다.

한편 워프로나 PC에서의 사용 한자를 규정한 JIS 규격은 상용한자의 3배 이상인 약 6,000자를 포함하므로 그 중에는 당연히 표외한자가 존재한다. 오히려 표외한자가 압도적으로 많다는 편이 정확한데, 표외한자의 경우 무엇이 옳다는 규범 자체가 없었다. 이에 JIS는 규격표의 예시자체에 많은 약자체를 채용했다. 그 결과, 매일 워프로와 PC 화면을 바라보는 사람 중에는 전자기기에 표시된 형태가 올바른 자체라는 인식이 점차 확대되었다.

3-3. 표외한자 자체표

표외한자는 '미운 자식'이었다

워프로나 PC 등의 보급으로 인해, 일반인의 문장에 사

용되는 표외한자가 점차 늘어나면서 그동안 표준 자체가 명확하지 않았던 문제가 혼란을 야기하기 시작했다. 구체적으로는 워프로나 PC 화면에 涜, 鴎, 箪 등 '확장 신자체'가 표시되고, 본래의 瀆, 鷗, 簞 등 '올바른 한자'를 타이핑할 수 없는 문제가 발생했다. 당용한자, 상용한자식 간략화를 표외한자에도 적용한 '확장 신자체'는, 라면집 간판에서나 '麺[めん: 면]' 자를 볼 수 있었지 서적이나 잡지 등 인쇄물에서는 거의 볼 수 없었기에 이러한 한자가 화면에 나왔을 때 당황하는 사람이 많았다.

麺, 鴎, 箪의 경우, 그런대로 예상은 되지만 涜은 본래 자형인 瀆과는 큰 차이가 있어 특히 비판이 거셌다. 瀆가 涜이 된 데에는, 續→続, 讀→読이 된 것과 마찬가지지만 쉽게 납득할 수 없었다. 신자체 이후의 세대에게는 애당초 売와 賣가 같은 한자의 신구 자체 관계라는 것을 인식하지 못하는 사람도 많았다. 나 역시, 제일 처음 涜이라는 자체를 화면으로 봤을 때 워프로의 오류라고 생각했다. 참고로 전자기기의 여명기에는 잘못된 한자가 화면에 표시되기도 했다. 내 친구가 사용한 모사의 기기는 'すうこう'를 변환하면 '崇高(숭고)'가 아니라 '재앙, 응보' 의미의 한자를 사용한 '祟高'라고 표시되기도 했다(실화이다).

이처럼 컴퓨터와 한자 문제는 본래 문부성(당시)이나 국어심의회가 아니라, 통상성(당시)과 일본규격협회의 관할이었다. 그런데 한자 등 전후 국어시책은 모두 국어심의회가 처리해 온 경위 때문에, 이 문제도 국어심의회에서 심의하게 되었다.

「당용한자표」가 정해진 이래, 한자는 크게 두 그룹으로 나눠졌다. 하나는 「당용한자표」 등의 규격에 포함된 것, 다른 하나는 규격에 미포함된 것이다. 전자는 국어심의회나 문부성으로부터 나름의 보호를 받고 당장은 그 존재가 허락된 우등생적인 한자이고, 후자는 '어찌되던 상관없다'고 방치되었고 조만간 세상에서 자취를 감출 수 있는 열등생적인 한자였다고 비유할 수 있다. 그러나 5만자나 되는 한자를 담은 대형 한화사전도 있듯이, 수적인 측면에서는 표외한자가 압도적으로 많다. 여기에 한자제한을 목적으로 한 「당용한자표」는 둘째 치고, 「상용한자표」는 개인의 문자사용을 구속하는 것이 아니었기에 세간에는 표외한자를 미운 자식이라고 보는 생각은 전혀 없었던 데다가 이 한자들과 우호적 관계를 유지하는 사람도, 윗선의 의도와는 반대로 실제로는 상당히 많았다.

「당용한자표」나 「상용한자표」의 포함한자는 디자인 차이 등, 표에 인쇄된 것이 규범 자체로 간주되었고, 한자의 음훈이나 어례도 표에 명시되었다. 그러나 표외한자에 대해서는 완벽히 '모르쇠' 입장이었다. 한자의 제한~향후 전면적 폐지를 목적으로 둔 「당용한자표」에서도 표외한자는 결국 도태되어 소멸될 대상이었다. 만일 어떻게든 그 한자를 사용해야만 한다면 그 부분을 가나로 적어 '섞어 쓰기'나 동음 혹은 유의자를 사용하는 '바꿔 쓰기'라는 방법으로 대응하고, 루비를 달아 표외한자를 사용하는 것조차 인정하지 않았다. 「상용한자표」에서도 역시나 표외한자 처리는 냉담했고 머리말 등의 기술 어디에도 표의 본체에는 표외한자에 대한 언급이 일체 없

었다. 국어시책의 표면상 원칙은 마치 표외한자는 존재하지도 않는다는 식이었다. 가스미가세키(霞が関)[8]나 지자체 관청이라면 몰라도, 현실 사회에서 사람들이 당용한자, 상용한자의 범위 내에서만 한자를 사용하는 것은 불가능하다. 실제 신문업계에서도 당용한자의 표외한자를 사용하겠다는 의지를 밝혀 인정된 바 있다(149쪽 참조). 하물며 소설, 수필 등 문예작품의 경우 표내한자만으로 대응할 수 없다. 현실은 시대를 막론하고 표외한자가 대량으로 사용되었다. 따라서 컴퓨터상의 한자 규격을 결정할 때에도 많은 표외한자를 포함할 수 밖에 없었다.

「표외한자 자체표」의 작성

여론에 떠밀리는 형국으로 국어심의회가 표외한자의 자체 문제를 처음 거론한 것은 제20기 국어심의회였다. 회의는 1995년 문부대신에 보고한 「새로운 시대에 부응한 국어시책에 대하여(심의경과보고)」 내용 중에, '1983년 JIS규격 개정 때의 자체 변경에 따라 현재 워프로 등에서 발생한 자체의 혼란, 구체적으로는 鷗가 구현되지 않는 상황을 개선하는 문제를 검토해야 한다'고 밝히며, '현재 사회생활상의 관행에 따라 강희자전체를 원칙으로 삼고, 약자

8 일본 중앙 행정기관이 밀집해 있는 도쿄도[東京都] 지요다구[千代田区] 가스미가세키를 말하며 보통 행정기관, 관청을 지칭하는 말로 쓰인다. -옮긴이

체는 현행의 JIS 규격과 신문 등에서 사용되는 것에 한하여 허용하는 방향도 고려될 수 있다'고 대략적인 방향을 제시했다. 표외한자의 자체를 어떻게 할지는 제21기로 넘겨 심의했으며, 이는 1998년 6월 「표외한자 자체표(시안)」라는 명칭으로 보고되었다. 시안에는 인쇄물에 상용한자와 함께 자주 사용되는 표외한자 978자를 검토 대상으로 삼고, 그중 자체와 자형상 문제가 있다고 판단된 215자를 뽑아 이를 '소위 강희자전체'[9]로 제시했다. 추가로 이 시안에 들어있지 않은 표외한자도 기본적으로 인쇄 문자는 '소위 강희자전체'에 따르는 것을 원칙으로 했다.

표외한자 사용의 실태

그렇다면 시안은 실제 어떻게 데이터를 분석하여, 상용한자와 함께 사용되는 표외한자를 선정했을까. 이하 한자소위원회에서 주사(主査)로 일한 가바시마 다다오[樺島忠夫]가 기록한 내용[10]을 토대로 그 방법을 소개하도록 한다.

시안 작성을 위해 준비된 자료 중, 조사 대상 한자가 가장 많았

9 『강희자전』에 의거한 표준적 자체를 강희자전체라고 한다. 다만, 근대 이후 강희자전체로 불리게 된 글자들 중 일부는 원래 『강희자전』에 포함되지 않았거나 자형이 다른 경우가 있어, 원래의 『강희자전』과는 다른 자체의 일부 글자들을 포함하는 개념으로 '이른바 강희자전체'라고 칭한다. -옮긴이

10 しにか編集室「日本の漢字を考える ―『表外漢字字体表試案』とは何か」『月刊しにか』1999年 6月号, 大修館書店, 1999.

던 『한자 출현 빈도수 조사[漢字出現頻度数調査]』(文化庁文化部国語課編, 1997)의 '철판 인쇄 조사 데이터[凸版印刷調査データ]'에 따르면 총 약 7,100 한자(자체 차이도 포함)를 인쇄 빈도수에 따라 나열한 결과, 1위부터 1,000위까지 한자는 실제 98%가 「상용한자표」의 수록 한자였다. 잘 생각해보면, 이는 당연한 일이다. 「상용한자표」에 포함되었기 때문에 자주 사용되고, 자주 사용되기 때문에 「상용한자표」에 포함된 것이기 때문이다. 참고로 이 자료 중 가장 많이 인쇄된 한자는 大이며, 출현 회수는 24만 6,504회에 달했다. 2위는 年, 그 뒤를 人, 山, 一, 中, 本, 日, 上, 子가 차지했다.

데이터에 따르면, 1,001위부터 1,500위까지는 상용한자가 86%, 1,501위 이후 2,000위까지는 59%였다. 순위가 내려갈수록 상용한자와 함께 표외한자가 많이 나왔지만 1위부터 3,200위까지의 한자 중 상용한자는 1,930자 포함되었다. 상용한자는 전부 1,945자로 구성되므로 15자가 여기에 포함되지 않았다. 자주 문제시되는 朕은 3,597위, 璽는 무려 4,282위였다. 이들 한자의 '상용성'에 대해서는 별도로 검토해야겠지만, 그 대신 비교적 상위에 인명용한자가 자주 등장한다. 인명이 서적에 인쇄되는 경우가 많은 것은 당연하다. 게다가 인명용한자로 인정된 시기가 빠르면 빠를수록 사회적 인지도와 정착률이 높으므로 표외한자일지라도 인쇄물에는 당연히 이들 한자가 자주 사용되었다. 이 표외한자 분석과 정리가 또다시 22기 국어심의회로 넘어가, 2000년 9월 국어심의회에서 한자 문제를 다루는 제2 위원회(주사는 가바시마 다다오)에서 시안인 「표외한자 자체표(안)」가 공표되었다. 이에 대한 찬반 여론 의견이 다수 있었는데, 위원회는 이를 토대로 심의를 거듭했고 최종적으로 2000년 12월 8일 국어심의회 총회에서 「표외한자 자체표」를 문부대신에게 보고했다.

이 답신은 법령, 공문서, 신문, 잡지, 방송 등 일반 사회생활에서 표외한자를 사용하는 경우 '자체 선택의 기준'을 목표로, 상용한자와 함께 사용되는 표외한자 중 대표적인 1,022자를 선정해 각 한자를 인쇄할 때의 표준 자체를 「인쇄 표준 자체」라는 명칭으로 게시했다. 그중 22자는, 사회에서 일정 수준 인지되는 속자체와 약자체를 「간이 관용 자체」로 삼았다. 또한 「표외한자 자체표」는 인쇄 문자를 대상으로 하고, 손 글씨 문자는 대상외로 했다. 참고로 여기서 말하는 인쇄 문자에는 정보기기 화면상 사용되는 문자나 자막에서 사용되는 문자 중 인쇄 문자에 준하여 판단할 수 있는 문자도 포함한다.

3 부수 허용

이상 「표외한자 자체표」의 개요에 대해 살펴봤는데 이와 관련하여 한 가지 추가할 것이 있다. '3 부수 허용'이라는 것이다. 나는 22기 국어심의회 위원이 되었고, 제2 위원회에 소속되어 가바시마 주사 밑에서 「표외한자 자체표」 작성 논의에 참여했기 때문에 잘 알고 있다. 어느 날 소위원회에 신문사 대표로부터 진정이 들어왔다. 진정의 내용은 다음과 같다.

> 이번 자체표에는 책받침, 보일시변, 밥식변을 가진 표외 한자는 소위 강희자전체로 표에 표기되었다. 구체적으로는 책받침은 1점 책받침 부수가 아니라 2점 책받침 부수, 보일시변은 《礻》이 아니라 《示》의 형태, 밥식변은 《飠》가 아니라 《𩙿》의 형태인데, 신문사 중에는 지금까지 여러 경위 때문에 표외한자이지만 《辶》, 《礻》, 《飠》의 형태로 만든 활자를 보유한 곳이 많다. 이처럼 활자를 새롭게 강희자전체로 바꿔 만드는 일은 작업, 비용 측면에서도 큰 일이며, 표외한자지만 《辶》, 《礻》, 《飠》의 활자 등 현재 보유한 자산이 있는 경우 그 사용을 인정해 주길 바란다.

그동안의 한자 시책의 계산서가 돌아온 셈인데 충분히 납득이 가는 부분이다. 소위원회의 논의 결과, 신문업계의 요청을 수용하여 3 부수에 한하여 그 자체를 이미 자산으로 보유한 경우라면 그 사용을 인정했다. 이를 '3 부수 허용'이라고 한다. 이는 답신된 「표외한자 자체표」의 「Ⅱ 자체표 보는 법」의 5에 다음과 같이 적혀 있다.

> 3 부수(책받침/보일시변/밥식변)에 대해서는 인쇄 표준 자체로서 《辶》/《示》/《食》의 자형을 제시했으나 현재 인쇄 문자로 《辶》/《礻》/《飠》의 자형을 활용하고 있는 경우는 이를 인쇄 표준 자체의 자형으로 변경하라는 것은 아니다. 이를 3 부수 허용이라고 부른다.
>
> 비고란의 '3 부수'는 상기 부수 허용에 해당하는 것을 말

> 하는데 謎나 榊 등 3 부수 허용에 준하는 것도, 마찬가지로 '3 부수'로 삼았다. 또한 이 자체표에 제시되어 있지 않은 표외한자도 현재 인쇄 문자로《辶》/《礻》/《飠》의 자형을 사용하는 경우에는 부수 허용을 적용해도 좋다.

여기서 분명히 언급된 것은 '현재 인쇄 문자로서' 활용되고 있는 것에 한정한 것으로, 앞으로 새로운 활자를 주조하거나 폰트를 설계할 때《辶》/《礻》/《飠》의 형태를 허용한다는 의미는 아니다. 그러나 '3 부수 허용'이라는 명칭이 단독적으로 사용된 결과일 지도 모르겠지만, 일부에서는 이 3개 부수는 어느 것을 사용해도 상관없다고 인식하는 듯 하다. 그러나 이는 큰 오해임을 여기서 새삼 지적해 둔다.

「상용한자표」 개정

4-1. 《己》와 《巳》는 동일한가?

IT 기기로의 적용

표외한자에 대해 주욱 냉담한 태도를 취해 왔던 국어심의회가 마침내 「표외한자 자체표」를 작성한 배경은, 사회 곳곳에 보급된 정보기기 화면상의 한자와 일반 인쇄물의 한자의 형태가 동일 자종임에도 불구하고, 부분적으로 다른 문제가 발단이었다. 이로써 1,000자 이상의 표외한자에 대하여, 인쇄 시 규범 자체인 「인쇄 표준 자체」와 「간이 관용 자체」가 정해졌다. 그러나 문부과학성과 문화청 등 정부 부처가 인쇄물 내 표외한자의 표준 자체를 결정한 것만으로는 그 어떤 문제도 해결되지 않았다.

특히 문제는 정보기기에 표시되는 한자이다. 새롭게 결정된 표외한자의 표준 자체가 실제 PC 등에 표시되지 않는다면 학교 교사가 작성하는 일본 문학사 교재는 메이지 시대의 문호를 森鴎外로, 시가 나오야의 명작은 「清兵衛と瓢箪」로 밖에 인쇄할 수 없고, 지리 교과서에 飛驒[히다시]라고 적혀 있는 지명이 시험문제에는 飛騨로 밖에 인쇄되지 않는다.

「표외한자 자체표」에 제시된 자체가 전자기기에 적용되지 않으면 아무 의미가 없었다. 물론 이는 국어심의회에서도 논의된 바 있다. 그 내용이 「표외한자 자체표」의 전문 '4 기타 관련 사항'의 '(2) 정보기기와의 관련' 부분에 적혀 있다.

> 앞으로 정보기기의 추가 보급이 예상되는 가운데 정보기기에 탑재되는 표외한자 자체는 표외한자 자체표의 취지를 활용하는 것이 바람직하다. 이는 국내 문자코드나 국제 문자코드의 문제와 직접적으로 관련되며 향후 문자코드 개정 시, 표외한자 자체표의 취지가 활용되도록 개정할 필요가 있다. 개정은 관련 기관의 충분한 연계와 각 방면에 대한 적절한 배려 하에 검토되어야 할 것이다.

즉 관청의 결정만으로는 아무런 효과도 없으므로 정보기기를 관할하는 부서 및 조직에서도 자체표의 인식과 성과를 충분히 배려하도록 요구한 것이다. 지금까지 국어심의회에서 정한 각종 한자 시책, 특히 「당용한자표」 시대에는 '저명한 위원들이 논의하여 결정한 것이니 잔소리 말고 이대로 해라'라는 유아독존식의 '결정 그대로' 방식이었던 것인 반면, 「표외한자 자체표」는 국어심의회가 타 조직에 적극적인 호소를 했다. 이 제언과 요청에 대하여, 정보기기를 취급하는 조직의 대응은 매우 빨랐다. 2000년 「표외한자 자체표」가 작성되었을 때 JIS 한자 규격에는 아직 많은 확장 신자체가 예시 자체에 포함되었고, 소위 강희자전체를 채용한 「표외한자 자체표」는 몇몇 한자의 경우 무시할 수 없는 큰 자체 차이가 있었다.

'포섭'이라는 방식

과거 JIS 한자 규격은 鴎와 鷗, 掴과 摑 등 외관상 보더라도 분명히 자체 차이가 있는 한자에 대하여, 이를 상호 구별하지 않고 1개의 부호위치에 대응시켰다. 이는 JIS 한자 규격에 '각 구점[区点]의 위치에 포섭된 자체는 상호 구별하지 않는다'고 적힌 그대로인데(JIS X 0208 규격표 「6. 6. 3 한자 자체의 포섭 기준」), 복수 자체를 1개의 부호위치에 대응시키면 화면상으로는 몇 개의 그룹 중 하나밖에 표시되지 않게 된다. JIS 한자의 기본 개념은, 鴎와 鷗는 어느 쪽도 갈매기[カモメ]라는 새를 나타내는 한자로, 어느 쪽을 사용해도 분명 그 새를 표현한다. 다만 갈매기라는 새를 나타내는 한자에 코드를 할당하여 이를 규격표라는 서적에 명시할 때에는 실제로 그 한자를 인쇄해야만 한다. 따라서 83JIS에서는 '과거 규격과의 호환성을 유지하기 위한 포섭 기준'을 특별히 마련하여 鴎를 예시 자체로 삼았는데, 鷗라는 자체로 대체되더라도 크게 상관없다. 그 이유는 둘 다 '포섭' 관계에 있는, 즉 鴎와 鷗는 같은 부호위치에 할당되었기 때문이다. 그러나 鷗가 화면에 출력되면 鴎는 표시할 수 없다.

'포섭'이란 말을 『고지엔[広辞苑]』에서 찾아보면 논리학에서 사용되는 '어느 관념이, 보다 일반적인 개념에 포괄되는 종속관계'라는 의미라고 한다. 물론 JIS는 복수의 자체가 종속관계에 있음을 '포섭'이라고 표현한 것이다. 그러나 중국, 일본의 전통 학문에서 가장 주류 영역 중 하나이자 지금까지 방대하게 축적된 한자 연구사에 있

어, '포섭'이라는 방식은 전혀 존재하지 않았다(그래서 처음으로 이 말을 들었을 때, 나는 무슨 의미인지 파악할 수 없었다). 이 말이 사용된 것은 내가 아는 한, 일본의 JIS규격에서 1997년에 명문화된 것이 최초였다. 만일 과거 중국에서 '포섭'이라는 방식이 있었다면 98~102쪽에 소개한 당대(唐代) 이체자 정리 작업은 전혀 불필요한 것이었고 과거 수험자가 學을 学이라고 쓰고, 樂를 楽이라고 쓴 이유로 감점되었을 때 둘 다 포섭되는 것이라고 수험자가 강변할 수도 있었을 것이다. 또한 JIS X 0208의 규격서에 따르면 《己》와 《巳》도 포섭 관계에 있다. '바보같은 소리 좀 작작 해라!'고 말하고 싶은 것은 비단 나뿐만은 아닐 것이다. 《己》와 《巳》는 완전히 다른 글자다. 이는 한자를 조금만 아는 사람이라면 설명할 필요도 없는 것이지만, 《己》는 '자기 자신'을 뜻하며 《巳》는 간지 중 뱀을 뜻한다. 또 변방에 사용된 경우도 祀의 방을 《己》로 하면 분명 오자이다. 巳, 己, 已는 과거 일본 학교에서 '巳(み)は上に、己己(おのれつちのと)下につき、半(なか)ば開(あ)くれば已(すで)に已(や)む已(のみ)'[11]라는 식으로 구별법을 배웠다. 실제로는 특히 중국 간행본에 세 자가 구별되지 않고 사용되는 경우도 드물지는 않지만, 세 한자는 각각 다른 자이다. 완전히 다른 한자를 '포섭'하는 것은 화과자를 사러 가서 구리만주[栗饅頭][12]를 주문했더니 딸기찹쌀떡[イチゴ大福]이 나와서 항

---

11 '巳[み, 미]는 위, 己[おのれ, 오노레]/己[つちのと, 쓰치노토]는 아래, 중간까지지는 已[すで(に), 스데(니)]/已[や(む), 야(무)]/已[のみ, 노미]'라고 하여 세번째 획의 시작 위치에 따라 위, 아래, 중간으로 구분하고 각 한자의 훈독을 외우는 암기법이다. -옮긴이

12 밤소를 넣어 구운 화과자 -옮긴이

의하니 모두 '포섭'되어 있다고 하는 것과 뭐가 다른가.

그 밖에도 규격표의 '한자 자체의 포섭 기준 상세'를 보면, 《教》와 《敎》, 《曽》과 《曾》, 《黒》과 《黑》, 《少》와 《少》, 《間》과 《閒》 등이 '포섭' 관계에 있다고 했다. 전통적인 영역에서의 한자 연구자 입장에서 보면 입이 다물어지지 않을 정도로 놀랍다. 본래 JIS 한자의 '포섭'이라는 방식은 큰 무리가 있다. 현실 사회에서 鷗와 鴎를 분명한 자체 차이로 보는 논의를 전개함에 있어, 그러한 잔망한 미봉책으로 대응할 수 있는 상황이 아니다.

JIS측의 대응

JIS 한자가 「표외한자 자체표」의 제정 4년 후(2004년) 'JIS X 0213:2004'라는 규격으로 개정되었을 때 규격표에 인쇄된 예시 자형을 기본적으로 「표외한자 자체표」의 자체에 준거했다. 이로써 PC를 가동하는 기본 소프트웨어도, 마이크로소프트는 새로운 OS인 Windows Vista의 표준 일본어 폰트를 'JIS X 0213:2004'에 준거했고, 애플도 Mac OS X 10.5 이후 이 폰트를 표준 탑재했다(이와 동시에, 구래(舊來)의 자형을 화면상 표시할 수 있는 시스템도 공개되었다). 이로써 새로운 OS상 「표외한자 자체표」와 PC상 한자의 비일치가 해소되었다. 단 'JIS X 0208'은 1998년 이후 전혀 변경되지 않았기에 그 규격을 탑재한 PC, 휴대폰, 전자사전 등은 여전히 鴎, 涜 등이 표시된다. 또한 2004년에 법무성이 인명용한자를 대량으로 추가했을 때에도 새롭게 추가된 인명용한자는 원칙적으로 「표외한자 자체표」의 자체를 채용하기로 결정했다. 이 위원회(법제심의회 인명용한자부회)에 나 역시 위원으로 참여했는데, 위원회에 간부로 출석한 문화청 국어과 주임 국어 조사관이, 자체는 「표외한자 자체표」에 준거해야 한다고 열변한 것을 지금도 확실히 기억하고 있다.

4-2. 「개정 상용한자표」의 기준

전자시대 '한자의 기준'

최근 수십 년간 이루어진 정보기술의 진전은 우리의 일상생활과 관련된 여러 방면에서 매우 커다란 영향과 혜택을 주었다. 과거에는 비행기, 신칸센[新幹線]의 티켓을 사려면 창구에 줄을 서야 했고, 특히 오본[お盆], 정월 명절에 귀성표를 사려면 발매 개시일 전날부터 줄 서는 사람도 흔했는데, 지금은 인터넷이나 휴대폰으로 순식간에 간단히 살 수 있게 되었다. 은행에서 예금을 인출하려면 과거에는 통장과 인감이 필요했다는 사실을, 지금의 대학생들은 모른다. 신문의 서평으로 알게 된 신간을 사려면 통근 도중에 터미널 서점에 일부러 들러야 했지만, 이 역시 인터넷으로 구입하면 집까지 배송해 준다. 편의점에서 물건을 살 때 휴대폰이나 카드로 '띵동' 하는 소리와 함께 지불하면 지갑 속에 1엔이나 5엔짜리 동전이 쌓일

일도 없다. 이는 모두 컴퓨터의 덕분이며, 편리해졌음을 절실히 느낀다. 또한 문장을 적는 행위도 컴퓨터의 발달 덕분에 매우 편리해졌고 많은 사람이 손쉽게 일본어 문장을 쓸 수 있게 되었다. 과거 일본인은 직접 문장을 쓸 일이 거의 없었다.

내 부친은 61세에 사망하기까지 수십 년간, 활판인쇄업을 경영했다. 부친은 구제(舊制) 전문학교를 졸업했기에 웬만큼 공부를 했다고 볼 수 있고 만년의 취미는 독서였다. 또 인쇄라는 일을 통해 매일 대량의 한자와 접했다. 그러나 부친은 업무 일환으로 장부나 일지를 기록했지만 일과 무연한 장면에서 글을 적을 일이 없었다. 여유가 생기면 친구에게 편지를 쓰는 '글 쓰기 좋아하는' 사람을 제외하고 대부분은 문장을 쓰는 행위와 거의 무연하다. 그런데 컴퓨터가 보급되면서, 일상적으로 문장을 적는 사람이 급증했다. 기계를 조작하는 것이 재밌어서, 혹은 문장을 꾸역꾸역 손으로 쓰는 수고에서 해방되었기 때문에, 어쨌든 이전에 글을 거의 적지 않았던 사람이 누가 시킨 것도 아닌데 대량으로 문장을 적게 되었다. 오늘날 인터넷상에서 블로그, 트위터 등이 대유행하는데 이들을 보고 있자면 '누구나 문필가'라고 해도 과언이 아닐 정도이다(물론 문장의 질은 다른 얘기지만).

휴대폰의 전자메일이나 메시지의 유행이 그 추세에 박차를 가했다. 지금은 초등학생부터 노인까지, 실로 많은 사람이 카페나 전철 안은 물론, 때로는 길거리에 선 채로 잠시의 짬조차 아쉽다는 표현이 걸맞을 정도로 진지하게 메일을 주고받지만, 이런 빈도로 메일을 주고받는 사람들이 본래 '글 쓰기 좋아하는' 사람은 아니었을 것이다. 오히려 반대로, 학창 시절 과제로 내준 작문, 독서감상문이 서툴렀거나 싫었다는 사람이 압도적으로 많을 것이다. 정보기기를 사용해 일본어를 쓰는 행위가 매우 일반화되었을 때, 일반기업조차 정보기기를 활용하지 않았던 1981년 수립된 「상용한자표」가 제시한 「한자 사용의 기준」이 크게 동요하기 시작한 것은 누가 보더라도 분명한 사실이었다.

문부과학대신이 문화심의회 국어분과회(기존 국어심의회는 중앙성청 재편 과정에 따라 심의회가 축소되면서 「표외한자 자체표」를 답신한 2000년 말 폐지되었고, 그 대신 문화심의회 국어분과회가 국어 문제를 다루게 되었다)에 '정보화시대에 대응한 한자 정책의 방향성에 대하여'를 2005년 3월 30일 자문했는데, 이를 시대적 흐름을 고려하자면 오히려 늦은 감까지 있었다(동시에 '경어에 관한 구체적 방침 작성에 대하여'도 자문을 받았다. 이는 한자보다 빠른 2007년 2월 「경어의 방침」이 답신되었는데 본서 내용과 관련이 없으므로 생략하도록 한다).

문부과학대신이 밝힌 자문 이유에는 다음과 같이 명시되어 있다.

> 각종 사회 변화 속에서 정보화 진전에 따른 PC나 휴대폰 등의 정보기기의 보급은 사람들의 언어생활, 특히 한자 사용에 큰 영향을 주었다. 이러한 상황에서 '법령, 공문서, 신문, 잡지, 방송 등 일반 사회생활에서 현대 국어를 표기하는 경우의 한자 사용의 기준'인 상용한자표(1981년 내각고시 훈령)가, 결과적으로 정보화가 진전된 현재에도 「한자 사용의

기준」으로서 충분히 기능하는가 검토할 때가 도래했다.

상용한자표의 방향성을 검토함에 있어, JIS 한자나 인명용한자와의 관계를 고려하여 일본의 한자 전체를 어떻게 검토할지 하는 관점에서 종합적인 한자 정책의 구축을 목표로 할 필요가 있다. 이때 과거의 국어시책 중 명확한 방침을 제시하지 못했던 고유 명사 처리도 기본 방침을 정리할 필요가 있다.

또한 정보기기의 광범위한 보급은, 일반인의 문자 생활 중 손 글씨를 쓸 기회를 확실히 감소시켰다. 한자를 손으로 쓰는 것을 어떻게 규정할지는, 정보화가 발전하면 할수록 중요한 과제로서 검토해야 한다. 검토 시에는, 한자의 습득 및 운용 측면에서의 연관성과 손 글씨 자체가 중요한 문화라는 두 관점에서 정리해야 한다.

이 자문 이유로 명시된 것은 다음의 세 가지로 집약할 수 있다.

1. 정보화시대에 과거의 '한자 사용의 기준'이 충분히 가능하고 있는가.
2. 지금까지는 특별한 조치를 강구하지 않았던 고유 명사를 어떻게 취급할 것인가.
3. 정보화시대에 손 글씨 문화를 어떻게 규정할 것인가.

이 세 가지는 국어분과회 중에 설치된 '한자소위원회'에서 구체적으로 논의했다. 각 항목은 「상용한자표」 개정 작업 중에 어떻게 검토되고, 제안되었는지 그 구체적인 상황은 조금 뒤에 자세히 밝히도록 한다.

제정까지의 과정

문부과학대신의 자문을 받은 국어분과회에서는 한자소위원회와 산하 작업부회를 설치하여 검토하기로 했다. 소위원회에서는 우선 대원칙으로서, 국가의 종합적인 한자 시책의 중핵은 한자표임을 확인했다. 또한 지금의 「상용한자표」가 정보기기의 보급을 상정하지 않고 작성된 것이며, 사회 생활 중 접하는 한자의 양이 늘어가는 현실을 감안하여 '한자 사용의 기준'에 대해서도 새로운 관점에서의 재검토가 필요하다고 합의했다.

다음으로 한자표 작성을 위한 기본 방침으로서, 국어시책으로서의 한자표 필요성, JIS 한자와의 관련, 손 글씨의 중요성, 고유 명사의 한자 문제 등을 검토하고 이를 감안하여 새로이 작성되는 한자표의 성격, 여기에 채용된 자종과 음훈 등의 선정 방침, 자체 방침, 손글씨 자형과의 관계 등에 대해 계속 논의했다.

위의 각 항목 중에 '교육'이 포함되지 않았다는 것이 이상할 수 있다. 한자소위원회에는 여러 국어교육 전문가도 참여했고, 복수의 위원으로부터 새로운 한자표 작성에 초중학교 한자 교육이라는 측면도 연결시켜 검토해야 한다는 의견이 강력히 제기되었다. 그러나 학교 교육의 한자는 오히려, 문부과학성이 고시한 교육과정의 기준인 「학교지도요령」에서 다룰 대상이며, 「상용한자표」에서 직접적인 대상으로 삼을 영역이 아니다. 「상용한자표」가 상정한 '일반 사회생활에서의 한자 사용'은 의무교육 학습을 마친 후, 어느 정도 실제 사회, 학교생활을 거친 사람을 대상으로 하는 방침이며, '초중학생이 읽을 수 없는 어려운 한자'일지라도 조사나 분석 결과 필요하다면 '표'에 추가해야 마땅하다. 학교에서 가르치기 어렵다고 해서 성인이 그 한자 사용을 참아야 할 이유는 어디에도 없다.

4년간의 시간을 들여, 2009년 1월 「『신상용한자표(가칭)』에 관한 시안」을 정리하여 문화청 홈페이지에 게재하고, 한달 동안 각 방면에서의 의견을 취합했다. 퍼블릭코멘트는 남녀 불문하고 초등학생부터 90세 고령자까지 실로 많은 사람들의 여러 의견과 지적이 메일과 팩스, 우편을 통해 쇄도했다. 이는 한자에 대한 세간의 높은 관심을 절실히 느끼게 했다. 많은 의견 중에는 '나는 이 한자가 좋은데 상용한자에 포함시켜 주세요'라든가, '자신의 이름에 사용된 한자를 상용한자에 넣어달라'는 식의, 논의 대상으로 삼기엔 적합하지 않은 것도 있었다. 그러나 대부분은 경청할 만한 유의미한 의견이었다. 채용된 의견은 내용을 크게 분류한 후에, 모든 위원에게 우편으로 보내졌다. A4 1,000장 이상의 많은 자료가 있었는데, 위원들은 이를 열심히 읽고 분석했고 수차례 위원회에서 일일이 의견을 신중하고 정중히 검토했다. 그 결과가 2009년 11월 「『개정 상용한자표』에 관한 시안」(2차 시안)으로 정리되었고, 재차 1개월간 퍼블릭 코멘트를 진행했으며, 추가로 받은 의견을 검토하여 약간 수정했다.

이 퍼블릭 코멘트와는 별개로, 문화청은 2010년 2월부터 3월까지 이번에 추가 혹은 삭제한 후보 자종에 대하여, 「상용한자표에 관한 의식조사」라는 앙케이트를 실시했다. 이는 전국 16세 이상 남녀 4,108명에 대하여 면접 조사한 것이며, 「상용한자표」 그 자체, 이번 수정에 대한 인지도, 또한 이번에 추가 및 삭제 후보가 된 한자에 대한 인상 등을 조사했다. 여기서는 상세한 수치를 생략하겠지만 조사 결과에 따르면 추가 및 삭제 자종의 선정을 많은 사람이 타당하다고 인정했음을 확인할 수 있었다.

이처럼 최종 정리된 「개정 상용한자표(답신안)」이 2010년 6월 7일에 개최된 문화심의회 총회에서 승인되어, 가와바타 다쓰오 문부과학대신에게 답신되었다. 이는 2010년 11월에 내각고시되었다. 기존 「상용한자표」는 1981년에 제정된 것이므로 거의 29년 만의 개정이었다. 문화심의회 답신 「개정 상용한자표」의 전문은 문화청 홈페이지에서 확인할 수 있다.

「개정 상용한자표」의 성격

「개정 상용한자표」는 이전 「상용한자표」와 마찬가지로 법령, 공문서, 신문, 잡지, 방송 등 일반 사회생활에서 사용하는 경우 효율적이고 공통적인 한자를 포함하고, 알기 쉽고 통하기 쉬운 문장을 표기하기 위한 한자 사용의 기준을 목표로 한 것이다.

여기에 상정한 대상은 의무교육 학습을 마친 후, 어느 정도 실제 사회 및 학교생활을 경험한 사람이지만, 이 표는 1981년 제정한 「상용한자표」와 마찬가지로 과학기술, 예술, 그 밖의 각종 전문 분야, 개인의 표기를 속박하는 것은 아니다. 또한 기존의 「상용한자표」와 마찬가지로 원칙적으로 인명, 지명 등 고유 명사를 대상으로 하지 않는다고 명기했지만, 이번 개정에서는 일반 한자 사용의 공공성이 매우 높다고 판단되는 도도부현명 한자와 이에 준하는 한자(예를 들어 한국의 韓과 近畿의 畿)를 예외적으로 표에 추가했다.

일반 사회생활의 한자 사용의 기준이므로 이는 내각에서 고시 훈령했지만, 이 표에 포함된 한자만을 사용해 문장을 써야 하는 것은 아니다. 또한 표외한자라도 필요에 따라 후리가나 등을 달아 사용하거나 역으로 표내한자라도 읽는 상대를 배려하여 후리가나 등을 달아 사용하는 것도 물론 상관없다. 표에 포함된 자종과 음훈은 1981년 「상용한자표」와 현대 사회생활의 한자 사용의 실태와의 사이에서 발생하는 간극을 해소하는 관점에서 일반사회에서 자주 사용하는 한자를 설정하는 데에 노력했다. 먼저 어떤 한자가 자주 사용되는지를 파악하기 위해서 2004년부터 2006년까지 대형 인쇄업체에서 조판된 주요 서적, 교과서, 여기에 잡지 데이터(한자 출현 총수 약 4,900만자)와 2개월분의 신문(아사히신문과 요미우리신문) 데이터(한자 출현 총수 각 약 350만자), 여기에 웹사이트상의 2개월 분 데이터(한자 출현 총수 약 13억 9,000만자)를 기초로 하여 한자 출현 빈도를 조사하고, 각 한자가 어떠한 말에 사용되는지 파악하기 위해 조판 데이터에 근거하여 대상 한자의 전후 문자까지 조사 범위를 넓혀 출현 문자열 빈도수 조사를 진행했다.

조사 결과를 토대로, 각 한자가 일반 사회생활에서 사용되는 숙어에 얼마나 포함되는지 또 한자가나 혼용문에서 그 문자를 사용함으로써 읽기 쉽고 알기 쉬워졌는지의 여부, 혹은 일반 사회생활의 사용 개념 표현에 필요한지 여부 등도 고려하여 종합적으로 판단한 후, 자종과 음훈의 추가, 삭제를 결정했다. 또한 두 차례 실시한 퍼블릭코멘트에서 취합한 의견도 선정 기준에 비춰 설득력 있는 이유가 제시된 것은 일일이 다양한 관점에서 검토를 거듭했다. 이 작업은 주로 작업부회에서 실시했는데, 작업이 집중된 시기에는 거의 매주, 아침 10시부터 저녁 6시 넘어서까지 문화청 회의실에 있었다. 작업부회의 원안이 소위원회에 올려져 논의되었고, 그 결과 기존의 「상용한자표」에 196자를 추가하고, 5자(勺·匁·錘·銑·脹)를 삭제하여 총 2,136자를 담은 한자표가 완성되었다. 과거의 「상용한자표」와의 큰 차이점은 이번 개정에 주안을 두었던 정보기기 보급이라는 변화를 고려하여 모든 한자를 손 글씨로 쓸 수 있도록 한 것이 아님을 명기한 것, 여기에 고유 명사 중 도도부현에 사용하는 한자와 여기에 준하는 한자를 추가한 점을 들 수 있다. 또 삭제한 5자는 앞으로 사용할 수 없다는 오해도 일부 있었지만, 각 전문 분야에서의 사용 및 후리가나 등을 달아 일반적으로 사용하는 것은 아무런 문제가 되지 않음을 부언해 두었다.

정보화 사회에서의 '한자 사용 기준'

230~231쪽에 인용한 문부과학대신의 자문 이유에 적힌 세 가지에 대하여 위원회의 논의 개요를 소개한다. 다만 이하에 명기한 것은 한 명의 위원일 뿐인 '나'라는 필터를 통하여 분석한 것이므로 개인적인 주관이 섞여 있을 게 분명하다. 보다 객관적이고 정확한 논의 전개를 알고 싶은 사람은 문화청 홈페이지에 게재된 한자 소위원회 의사록을 참고하길 바란다.

첫 번째 자문 이유는 정보화시대에 과거의 '한자 사용의 기준'이 충분히 기능하고 있는가 하는 점이었다. 즉 이는 PC나 휴대폰 등 정보기기를 일상적으로 사용하여 일본어를 적거나 읽음으로써 한자를 둘러싼 상황이 어떻게 바뀌었는가 하는 점이다. 이들 기기가 보급됨으로써 일본어에 변화가 발생한 것은 분명한 사실이며, 2004년 문화청에서 실시한 「국어에 관한 여론조사」에도 정보기기를 사용하면서 한자를 보다 많이 사용하는 경향이 있다고 보고되었다. 한자를 한 자씩 손으로 썼을 때 한자는 외우기 어렵고 쓰기 어려운, 상당히 귀찮은 문자였다. 지금까지도, 憂鬱(우울), 語彙(어휘), 嫉妬(질투), 憧憬(동경) 등 많은 사람이 좀처럼 손 글씨로 쓰지 않는 말을 키보드를 몇 개 누르는 것만으로 간단히 화면에 표시할 수 있고, 버튼 하나로 프린트까지 할 수 있다. 한자는 어느샌가 '쓰는' 문자에서 '입력하는' 문자로 변화했다.

키보드로 입력한 말은 화면상 몇개의 변환 후보가 표시되기 때문에 그중 올바른 한자를 선택하는 능력만 있다면 문장 중에 한자를 사용하는 것이 매우 쉬워졌다. 정보기기에서 처리할 수 있는 한자라면 '무제한 사용 가능한' 상태가 된 것이다. 그러나 이는 '양날의 검'이었고, 분명 편리한 것이었지만 이를 방치하다보면 자주 사용하지 않는 어려운 한자를 문장 중에 사용하는 빈도가 늘고, 결국 그 글을 읽는 상대와의 소통에 큰 문제가 발생할 수 있다.

정보기기의 발전으로 인해 한자는 사용하기 쉬워졌지만, 그렇다고 해서 무제한적으로 사용해도 좋은 것은 아니다. 그러므로 새 시대에 대응한 한자 사용의 범위를 수립하고, 이를 새로운 '기준'으로 한자를 사용하도록 호소할 필요가 있다. 이것이야말로 이번 「개정 상용한자표」의 최대 주안점이었다.

쓰지 못해도 읽을 수 있는 한자

지금까지 한자를 모두 손으로 써야 했다. 그러나 앞으로는 반드시 손 글씨로 써야 하는 일련의 기본 한자 그룹과 의미와 사용법만 정확히 파악한다면 반드시 손으로 정확히 쓰지 못해도 되는 한자 그룹으로, 한자 전체를 이층 구조로 나누고 양쪽 모두를 문화 발전에 필요한 문자로 봐야할 것이다. 이러한 인식하에, 이번 개정에는 '의미와 사용법을 올바르게 파악한다면 꼭 손으로 쓸 수 없어도 괜찮다'는 한자 그룹을 주로 최근의 인쇄물의 사용 빈도도 조사를 통해 추출하여 표에 추가할 후보로 삼았다. 구체적으로는 憂鬱(우울)의 鬱이나 語彙(어휘)의 彙, 嫉妬(질투), 溺愛(익애)의 溺, 精緻(정치)의 緻 등이 여기에 해당한다. 이들은 획수가 많고, 지금까지 '어려운 한자'로 여겨져 왔지만 가나 쓰기보다 한자 표기하는 편이 알기 쉽다는 의견이 있었다. 또한 인쇄물의 사용 빈도가 높아, 사회적으로 상용된다고 인정되어 이번 개정 때 표에 추가되었다.

책받침 부수의 점의 수

정보화 사회에 대한 대응책으로, 추가된 한자의 자체도 중요한 문제였다. 두 차례에 걸쳐 실시된 퍼블릭코멘트에서도 가장 많은 의견이 취합된 것은 자체 문제이며, 특히 책받침 부수의 점의 수에 대해서 찬반 의견이 많았다. 책받침 부수는 중국과 일본에서 전통적으로는 2점 책받침, 즉 《辶》의 형태로 인쇄되는 것이 일반적이다. 현재 일본에서는 1점의 《辶》 형태가 많은 사람에게 익숙하다. 책받침은 본래 《彳》과 《止》를 조합한 회의자이며, 《彳》은 行의 왼쪽 반이 독립된 형태이다. 行은 도로가 사방으로 연결된 형태를 본뜬 것으로 왼쪽 반 부분만이 독립된 《彳》에도 도로(道路)의 의미가 있다. 이 《彳》 아래에 인간의 족적을 나타내는 《止》를 배치하면 《辵》가 되는데 이것이 바로 책받침 부수이다. 따라서 책받침 부수를 수반한 한자는 해

한(漢) 居延漢簡
二玄社『大書源』
辵部 인용

서의 경우, 《辵》라고 적는다. 전통 한자자전 부수의 경우, 책받침 한자는 7획의 《辵》부에 포함된다.

이것이 예서가 되면서 크게 간략화되었다. 예서체는 현재 한대의 유적에서 대량 발견된 목간이나 죽간을 통해 구체적으로 알 수 있는데, 그중 책받침 부수는 거의 알파벳 L로 보일 정도로 간략화되었다.

위 도판은 「거연한간(居延漢簡)」(한나라가 흉노에 대항하기 위해 서북 지역에 설치한 요새 '거연'의 유적에서 발견된 목간)에 적힌 通인데, 목간에 기록된 책받침 부분에는 점 하나인 것과 점 두 개인 것도 있고 점이 없는 것도 있다. 이 시대에도 책받침 부수의 점은 크게 상관이 없었다. 그러나 당대에는, 과거 출제와 채점을 위해 해서 자형의 규범을 정할 필요가 있었다. 따라서 『오경문자(五経文字)』, 『구경자양(九経字様)』 혹은 『간록자서(干禄字書)』(100~101쪽 참조) 등에는 책받침 부수 모두 점 1개인 《辶》으로 적혀 있다. 왼쪽 도판은 당현도선(唐玄度撰) 『구경자양』의 '辶' 부인데, 여기에도 모두 점 하나의 책받침 부수가 사용되었다. 그러나 조금 더 시간이 흐르자, 책받침 상부는 점을 두 개로 적는 것이 옳게 되었

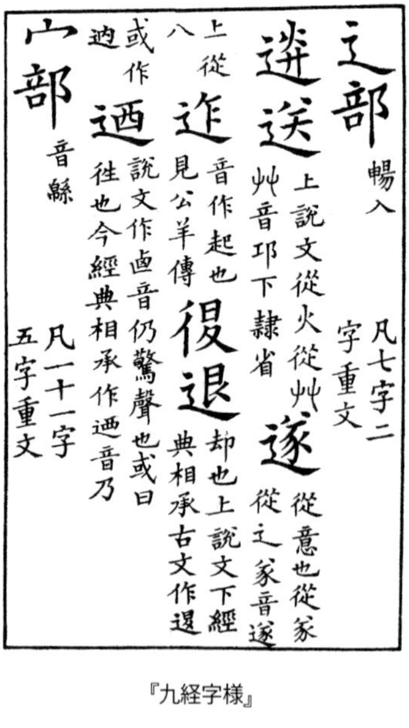
辵部 暢入 凡七字二字重文
遴送 上說文從火從艸艸音卭下隸省
遂 從意也從豕 從辵豕音遂
上從八
迮 音作起也 見公羊傳
復退 却也上說文下經典相承古文作退
或作迺
迺 說文作卣音仍驚聲也或曰徃也今經典相承作迺音乃
宀部 音緜 凡一十一字五字重文

『九経字様』

다. 청대에 황제 명으로 편찬된 『강희자전』 본문에는 책받침 부수가 모두《辶》였다. 그리고 훗날 이 자전에 수록된 자형이 중국과 일본 모두 한자의 가장 규범적인 자형을 나타낸 것으로 여겨졌다.

《辶》가 정규 형태로 간주된 것은 본래 구성요소인《辵》의 제1획과 제2획을 그대로 남겨야 한다고 생각한 결과일 것이다. 이는 문자 성립에서 본다면 올바른 견해라고 할 수 있다. 따라서 현재 중국에서 출판된 서적에도, 가령 중화서국(中華書局)에서 출판된 활자본 『이십사사(二十四史)』 등 전통 학술체계를 따르는 것은《辶》의 형태로 인쇄되는 경우가 많다. 현재 일본에는《辶》과《辶》의 형태가 혼재한다. 이는 전후 국어개혁으로 제정된 1949년 「당용한자 자체표」의 책받침 부수를《辶》로 했기 때문이며, 당용한자(및 그 개정판인 상용한자)에 수록된 책받침 부수의 문자는 모두《辶》으로 통일되었다. 「상용한자표」 제정 단계에서 새롭게 추가된 95자 중 책받침 부수를 포함한 한자는 逝와 遮인데, 이들은 한점 책받침 형태로 표에 게재되었다.

그러나 이번 개정으로 추가된 자종 중에서, 책받침 부수를 포함한 遜, 遡, 謎는 두 점 형태로 표에 게재되었고, 각 표제자 뒤 괄호 안에 손 글씨 자형으로 1점 책받침 부수의 자체가 게재되었다. 이 문제를 두고, 위원회에서도 여러 번 논의가 거듭되었다. 특히 국어교육 관련 여러 위원은 초등학교 5학년에 배당된 迷라는 한자를 배울 때 1점 형태인데, 여기에《言》변이 붙은 謎가 2점 책받침 부수가 되는 것은 교육 현장에서의 지도가 어렵고 아이들에게 이해시키는 것이 어렵다는 지적이 제기되었다. 퍼블릭코멘트에도 비슷한 의견이 많았다. 신문계 대표로 참석한 위원도, 동일 부수의 자체는 통일해야 한다는 의견이 거셌다. 나 역시, 이 논의는 잘 안다. 그러나 만약 謎를 포함한 이 세 자를 1점 책받침 부수 형태로 표에 게재한다면, PC 등 정보기기에 표시된 자체와 저어(齟齬)가 발생해 버린다. 즉 PC 등에 표시된 자체와 「상용한자표」의 자체가 달라지는 것이다. 표내한자의 자체가 정보기기로 표시할 수 없는 것은 중대한 일이며, 특히 최근 급격히 이용자가 늘어난 전자사전에 상용한자체가 표시되지 않는 것은 매우 심각한 사태이다.

JIS 한자의 책받침 부수는 사정이 약간 복잡하다. 그도 그럴 것이 JIS는 잘 알려진 한자를 모은 제1수준과 지명 등 특정한 경우에 사용되는 제2수준으로 나눠지는데, 'X 0208'까지는 각각의 부분에 책받침 부수의 형태가 달라, 제1수준은 1점, 제2수준은 2점이었다. 따라서 이 규격에 'まいしんする'를 변환하면 '邁進する'라고 출력된다(進은 상용한자 제1수준, 邁는 제2수준). 또한 '만나다'를 의미하는 'かいこう'를 변환하면 '邂逅'로, 모두 2점의 형태로 표시되는데, 이는 모두 제2수준에 포함된 한자이기 때문이다. 그러나 현재 PC 등 정보기기에서 사용되는 한자 규격은 2004년에 개정된 '7비트 및 8비트의 2바이트 정보교환용 부호화확장한자집합[7ビット及び8ビットの2バイト情報交換用符号化拡張漢字集合](JIS X 0213 : 2004)'이며 이는 「표외한자 자체표」에 맞춰 책받침 부수를 포함한 기존 표외한자를 모두 2점 책받침 부수 형태로 예시했다(기존부터 상용한자는 1점 책받침 부수였다).

따라서 이번에 추가되기 전 표외한자였던 遜, 遡, 謎의 세 자도 2점 책받침 부수이다. 물론 이 세 자는, 이번 표내한자로의 '승격'을 계기로 정보기기의 자체를 1점 책받침으로 수정하면 좋겠다는 의견이 있었다. 이는 매우 합리적인 의견이지만, 그리 간단하지 않다. 자체를 새로이 하기 위해서는, 억 단위의 비용이 필요하고 업체 측에 막대한 부담이 든다. 또 사용자도 지금까지 전자기기로 작성한 문서가 보유 자산이 되었다면 세 자는 당연히 2점 책받침 부수의 형태이다. 이를 1점으로 하면 작성 시 한자 코드의 연식 차이에 따라 표시 자체가 달라지는 현상이 빈번하게 발생할 것이다. 동일 자종이면서 기계에 따라 표시 자체가 달라지는 현상이 계속해서 발생하는 문제는 문자 문화에 있어 매우 심각한 혼란이다. 이에 위원회에서는 최종적으로 현상을 추인하며 혼란을 회피한다는 목적하에, 2점 책받침 형태를 표제한자로 채용한 것이다. 이것이 '최대다수의 최대행복'인 셈이다.

인쇄 자체와 손글씨 자체는 별개의 것

그러나 전술한 신문업계의 주장과 교육 문제도 간과할 수 없으며, 물론 방치할 일이 아니다. 그렇다면 어떻게 해야 할까.

이 문제를 해결하기 위해서는 같은 한자라도 손 글씨로 쓸 때와 인쇄할 때 실제로는 형태가 다르다는 사실에 대한 인식을 사회 전체와 교육현장에도 깊게 침투시킬 필요가 있다. 이에 대해 「개정 상용

한자표」는 '4 추가 자종의 자체에 대하여' 중 '(3) 손글씨 자형에 대한 조치 등'이라는 항목에서,

> 특히 책받침, 밥식변에 대해서는, '책받침/밥식변'의 현행의 《辶》/《飠》의 자형에 대해 《辶》/《飠》의 자형이 혼재하게 된다. 이 점에 대하여 인쇄 문자에 대한 조치로서 '책받침/밥식변' 관련 문자 중에서 《辶》/《飠》 자형이 통용자체인 것은 《辶》/《飠》 자형을 꺽쇠 괄호에 넣어 허용자체로 병기했다.
>
> 해당 한자에 대하여, 현재 인쇄 문자로 허용 자체를 사용하는 경우 통용자체인 《辶》/《飠》 자형으로 수정할 필요는 없다.
>
> 라고 '자체 허용'을 하였으며, 또한 해당 한자 비고란에는 꺽쇠 괄호를 추가한 것은 '허용자체'임을 주기했다. '자체 허용'을 적용한 것은 구체적으로는, 遜(遜)·遡(遡)·謎(謎)·餌(餌)·餅(餅)의 5자(모두 괄호 안이 허용자체)이다.
>
> 또한 손글씨 자형(=필사 해서자형)에 대한 조치로는, 책받침, 밥식변에 국한하지 않고 인쇄문자 자형과 손글씨 자형과의 관계에 대해 현행 상용한자표에 있는 '(付) 자체에 대한 해설', 표외한자 자체표에 있는 '인쇄문자 자형(명조체 자형)과 필사 해서자형과의 관계'를 답습하면서 실제로 손글씨로 쓸 때에 참고하도록 구체적인 사례를 늘려 기술했다.
>
> 책받침의 인쇄 문자 자형인 《辶》/《辶》에 관해 부언하자면, 인쇄문자 자형일지라도 손 글씨 자형으로는 마찬가지로 《辶》 형태로 쓰는 것이 일반적이라는 인식을 사회 전반에 보급할 필요가 있다.('(付) 자체에 대한 해설' 참조)

라고 밝히고 있다.

고유 명사에 관하여

다음으로 고유 명사 문제를 다루도록 한다. 자문 이유 두 번째로서, 지금까지 특별 조치가 강구되지 않았던 고유 명사를 어떻게 다룰지 제기되었기 때문이다. 1946년 제정된 「당용한자표」 이래, 국어시책으로 고시된 한자 규격은 모두 고유 명사를 대상외로 했다. 여기서 말하는 고유 명사란 주로 지명, 성명에 사용되는 한자이며, 태어난 자녀의 이름은 1947년 제정된 「호적법」에 따라 일정한 규제가 마련되었지만 지명이나 성은 지금까지 그 어떤 제한도 마련되지 않았다. 지명, 성은 매우 오랜 역사적 배경을 가지며, 이것이 일부에 자리잡고 있는 한 일률적으로 규제할 수 없기 때문이다.

고유 명사는 매우 까다로운 존재이며, 지명은 물론 성명은 그 사용 한자에 집착하는 사람이 매우 많다. 「표외한자 자체표」의 작성에 돌입했을 때 정부가 한자에 대해 정한 다양한 규격을 참조하는 기회가 여러 번 있었다. 지금껏 행정에 의한 한자 규격에 대해 거의 무지했던 나는 관청 특유의 어려운 문장에 질리면서도, 여러 규격을 보는 와중에 일본에는 한자에 대해 실로 다양한 것까지 정했었구나 하고 감탄했다. 그중에서도 흥미로웠던 것은, 1990년 10월 20일 법무성 민사국장 통달 「씨 혹은 이름의 기재에 사용하는 문자 취급에 관한 통달 등의 정리에 대하여」라는 긴 명칭의 「별표1」이다. 이 통달은 간단히 말하자면 상용한자와 인명용한자에 들어가지 않지만 호적에는 사용할 수 있는 자체 일람표이며, 부록으로 실린 두 개의 「별표」에 각각의 구체적인 자체가 적혀 있다. 그 중 「별표1」은 「씨 혹은 이름의 기재에 사용할 수 있는 속자표」라는 제목으로, 이하 15자가 명기되었다.

鈎(鉤)	桒(桑)	﨑(崎)	兎(兔)	寳(寶)
舘(館)	髙(高)	曻(昇)	渕(淵)	濵(濱)
槗(橋)	嵜(崎)	舩(船)	栁(柳)	邉(邊)

이어서 주가 달렸는데, '괄호 안에는 관계를 나타내기 위해 추가한 강희자전체의 한자이다'라고 적혀 있다. 이 표의 의미를 요약하면, 각 쌍은 앞의 한자는 괄호 안의 강희자전체의 속자인데, 호적에 씨명을 기재할 때에는 사용할 수 있다는 것이다.

내 지인 중에 '다카하시[たかはし]'라는 자가 있는데 그의 성은 '髙槗'이며 '高橋'라고 쓰면 불쾌해 했다. 과거 '요시다[よしだ]'라는 성을 가진 학생이 있었는데 강의 마지막 질문에서 '자신의 이름은 吉田가 아니라 吉田이고, 《吉》 윗부분이 《土》로 되어 있지만 PC에는 이 한자가 나오지 않아 곤란하다. JIS 위원회에 선생님이 요청이라도 해주세요'라며 나를 곤란케 했다. 그들이 말하길, 선조 대대로 '髙槗',

'吉田'로 적어왔기 때문에 자신의 대에서 맘대로 표기를 바꿀 수는 없다는 것이다. 그 밖에도 富-冨, 島-嶋, 梅-楳, 秋-穐 등 상용한자임에도 상용한자의 자체가 아닌 표기법으로 쓰인 한자를 성명으로 사용하는 사람이 우리 주변에도 분명 있을 것이다.

이처럼 다양한 이체자가 사용된 고유 명사를 만약 상용한자 대상에 추가한다면, 상용한자표가 적용되는 '법령, 공문서, 신문, 잡지, 방송' 등에서 인명을 쓸 때 자종이나 자체의 제약을 받게 된다. 이번에 추가하기로 한 藤은 과거 표외한자였지만 「당용한자표」 혹은 「상용한자표」에 포함되어 있지 않다는 이유로, '후지타상[藤田さん]'을 'ふじ田さん'이라고 적을 수는 없다. 정월 첫 참배 때 펼친 오미쿠지[おみくじ][13]에 대한 신문 기사라면, '大吉(대길)'이라고 적으면 되지만 자신의 성은《土》의 吉이라는 '요시다상[吉田さん]'을 '吉田さん' 이라고 적으면 본인으로부터 분명 클레임이 올 것이다.

이러한 이유로, 고유 명사에 사용되는 한자는 그간 당용한자나 상용한자의 대상 외로 간주되었다. 그러나 이번 개정으로, 지명 중 도도부현명과 여기에 준하는 한자는 일상적으로 사용되는 것이 매우 많다는 것을 고려하여 「상용한자표」에 포함되었다. 가고시마현의 중학생에게 栃는 그리 친숙하지 않은 한자일테지만, 도치기현[栃木県]의 중학생에게 이는 흡사 '상용'되는 한자이다. 오카야마현[岡山

13 일본 신사나 절에서 길흉을 점치기 위해 뽑는 제비로 신사나 절 한편에 매달아 놓은 종이 -옮긴이

県]의 고등학생은 潟을 쓰지 못해도 별로 곤란하지 않지만, 니가타현[新潟県]의 고등학생은 潟을 적지 못하면 곤란할 것이며, 거리 간판에 자주 보이는 泻라는 자체도 니가타 사람이라면 찬반 논의를 할 것이다.

이 때문에, 도도부현명의 한자를 표내한자로 하는 조치를 취했다. 구체적으로는 사이타마[埼玉]의 埼, 오사카[大阪]의 阪, 도치기[栃木]의 栃, 후쿠오카[福岡]와 시즈오카[静岡], 오카야마[岡山]의 岡, 이바라키[茨城]의 茨, 나라[奈良]의 奈, 에히메[愛媛]의 媛, 야마나시[山梨]의 梨, 기후[岐阜]의 阜, 가고시마[鹿児島]의 鹿, 구마모토[熊本]의 熊의 11자이며, 이로써 도도부현명은 모두 상용한자로 표시할 수 있게 되었다. 또한 한국[韓国]의 韓과 긴키[近畿]의 畿도, 여기에 준하는 것으로 표에 추가되었다.

이에 대한 퍼블릭코멘트는 대체적으로 호평이었고, 그중 岡, 奈, 熊, 鹿 등이 지금까지 표외한자였던 것을 처음 알았다는 사람도 많았다고 한다. 「상용한자표」의 개정 동향을 보도한 신문 기사에도 이번 처리를 매우 타당하다고 평가한 것이 압도적으로 많았다.

손 글씨 문화란?

자문 이유 중 세 번째는 정보화시대에 손 글씨 문화를 어떻게 규정할지였다. 정보기기의 광범위한 보급에 의하여, 사람들이 일상생활 중에 손 글씨로 한자를 사용해 문장을 적을 기회가 확실히 감소했다. 관공서, 회사 등 업무로 작성된 문서가 지금은 대부분 컴퓨터로 작성되고 있음은 주지의 사실이며, 병원이나 역 등의 대합실에 게시된 안내문이나 상점의 셔터에 붙어 있는 임시휴업 안내문, 혹은 마을회관의 회람판에 내걸린 버스투어 플랜처럼 일상적인 문서에도 최근에는 손 글씨를 거의 찾아볼 수 없다. 개인 생활에서도 친구에게 보내는 편지나 선물에 대한 감사장, 전거 통지나 출생 등의 인사말, 연하장, 복중 문안 등 과거에는 당연히 손 글씨로 적었던 영역까지 점차 기계가 진출했다. 수년 전에 내 강의에 출석한 학생은 항상 소지한 노트북으로 사람들에게 결코 보일 수 없는 일기를 적는다고 했다. PC라면 전철에서도 햄버거집에서도 언제나 원할 때 바로 적을 수 있고, 손으로 쓰는 것보다 쉽고, 여기에 패스워드를 걸어두면 타인에게는 절대 들키지 않는다는 이유에서였는데, 그렇다면 손 글씨는 도대체 언제 쓰는지 새삼 궁금해진다. 그러나 언제 어디서든 정보기기가 주변에 있는 것은 물론 아니다. 매일 '언제 어디서든 인터넷'이라는 의미로 '유비쿼터스(본래 라틴어이며, 편재라는 의미의 ubiquitous)'라는 말이 자주 사용되지만, 이것이 실현되기까지는 아직 한참 후의 일일 것이다. 따라서 문서를 손으로 쓰는 것은 어떤 시대에도 절대 사라지지 않고, 아무리 정보기기가 작고 편리해지더라도 일본어를 한자가나 혼용문으로 적는 한 아무래도 일정량의 한자를 손으로 쓸 수 있어야 한다. 한자를 손으로 쓸 수 있는 것을 '긴급 사태'적인 대응이라 인식하는 것은 매우 위험하다. 즉 한자를 손 글씨로 적는 것은 정보기기가 없기 때문에 '어쩔 수 없는' 경우에

하는 부차적인 행위가 아니라 오히려 손 글씨 필기야말로 언어문화의 근간에 위치한 것이라 봐야 할 것이다. 그리고 이는 정보화시대가 발전하면 할수록, 중요한 과제로 규정되어야 한다.

한자를 손으로 쓰는 것은, 이번 상용한자표에는 'Ⅰ 기본적 방침' 중 '(4) 한자를 손으로 쓰는 것의 중요성'이라는 항목을 마련해 다음과 같이 적고 있다.

> 한자를 손으로 쓰는 것을 어떻게 규정할지에 대해서는 정보기기의 이용이 일반화되는 가운데, 조속히 정리해야 할 과제이다. 이 때 문부과학대신의 자문 이유에 밝히고 있듯이, '한자의 습득 및 운용 면과의 연관성과 손 글씨 자체가 중요한 문화라는 두 가지 측면에서 정리할' 필요가 있다.
>
> 이 중 전자는 한자의 습득 시와 운용 시로 나눠 검토할 수 있다. 정보기기를 이용하는 경우 후술하듯, 정보기기의 이용에 특유의 한자 습득이 이루어진다고 생각할 수 있지만 정보기기의 이용이 향후 추가로 일상화, 일반화하더라도 습득 시기에 해당하는 초중학교 때에는 각각의 연령에 맞춰 받아쓰기 연습을 할 필요가 있다. 이는 받아쓰기 연습 중에 반복해서 한자를 손으로 씀으로써, 시각, 촉각, 운동감각 등 다양한 감각이 복합적인 형태로 관련되기 때문이다. 이로써 뇌가 활성화되면서 한자 습득에 크게 기여한다. 이러한 형태로 한자를 습득하는 일은 한자의 기본 운필을 확실히 습득시킬 뿐만 아니라, 향후 한자를 정확히 분별하고 명확히 운용할 능력 형성 및 그 신장과 충실과 결합하는 것이다.

운용 시에는 최근, 손으로 쓸 기회가 줄고, 정보기기를 이용해서 한자를 쓰는 일이 많지만, 이 경우 복수의 변환 후보 중에서 적절한 한자를 선택할 수 있어야 한다. 이 선택 능력은 기본적으로 습득 시 받아쓰기 연습을 통해 체득한 다양한 감각이 일체화됨으로써 순간적으로 한자를 도형처럼 분별할 수 있기 때문에 획득되는 것이다.

정보기기의 이용은 복수의 변환 후보 중에서 적절한 한자를 선택함으로써 그 자체가 특유의 한자 습득으로 이어졌다. 이 경우, 다양한 감각이 복합되는 형태로 연관된 받아쓰기 반복연습과는 달리, 시각만 연관된 습득이다. 향후 정보기기의 이용에 따른 습득 기회는 한층 증가할 테지만, 시각만이 연관된 한자 습득은 주로 한자를 도형처럼 변별할 수 있는 능력을 강화할 뿐 반복해서 한자를 손으로 써서 체득하고, 한자의 기본 운필, 도형 분별의 근간이 되는 인지능력 등을 키울 수는 없다.

이상과 같이, 한자를 손으로 쓰는 것은 매우 중요하며, 한자를 습득하여 그 운용력을 형성해 가는 데에 있어 필수적이라고 규정할 수 있다.

매우 진지한 기술이며, 새삼스레 추가할 내용도 전혀 없다. 그리고 마지막으로 손 글씨와 관련하여 PC를 계속 사용하면 한자를 잊어 곤란해진다는 한탄에 대해서는, 새삼 다음과 같이 주장하고 싶다. 컴퓨터를 사용해 일본어를 쓰는 습관이 정착하면서 세간에는 한가지 '신념'이 생겨났다. 이는 '컴퓨터로 문장을 적으면 결국 손 글

씨로 한자를 쓸 수 없게 된다'는 것이다. 과거 대수관서점[大修館書店]에서 간행된 『月刊しにか』라는 잡지에서 '한자여론조사'를 실시한 결과, 다음과 같은 답변이 나왔다.

- PC가 등장하면서 직접 한자를 쓸 기회가 줄었다. 막상 한자를 쓰려고 해도 의외로 떠오르지 않아 당황한다.
- 휴대폰, PC로 메일을 보내게 되면서 한자를 쓸 기회가 줄어들어, 점점 한자를 잊은 자신을 깨닫고 깜짝 놀라는 경우가 있다.
- 한자를 외우지 않아도 기계가 변환해 주기 때문에 편해서, 더 까먹는 기분이 든다. 이대로 괜찮은 것일까.(이상 25세 이하)
- 최근 펜이나 연필로 문자를 적는 것 자체가 줄어들어 순간적으로 한자가 떠오르지 않는 적이 자주 있다. 컴퓨터에 익숙해져서, 변환만 하면 되니, 쓸 수 없어도 충분하기 때문에 점점 한자를 잊게 된다.
- 최근 PC에 의존하게 되어, 한자를 잊은 자신에 충격을 받았다.(이상 26세~45세)
- 통신 방법의 확장으로, 손으로 쓰는 일이 줄어들었다. 게다가 나이 때문에 까먹는 것일까, 깜빡한 것인가, 읽을 수 있는데 막상 쓸 수 없을 때 곤란했다.(46세~65세)

이상은 일부 사례에 불과하고, 비슷한 감상을 적은 답변이 많았는데 여기에 세대 간 차이는 없는 듯하다. 이 책의 독자 중에서도 본인 얘기라는 사람이 많을 것이다. 우리는 진짜로 한자를 '깜빡하고' 있는 것일까?

기계로 문장을 적으면, 획수가 많고 어려운 한자라도 손쉽게 사용할 수 있다. 그러나 워프로나 컴퓨터가 보급되기 전에 우리는 그런 어려운 한자를 일일이 손으로 적었던가. 가령 앞선 앙케이트 답변을 보면 '악연(愕然)', '돌차(咄嗟)'라는 말을 손 글씨 시대에도 한자로 적고 가볍게 사용했던가. 물론 편집자나 문필업에 종사한 사람이라면 어려운 한자를 쓸 기회도 빈번했을 것이다. 그러나 여기서 생각해 볼 것은 그러한 '문장의 프로'가 아니라 지극히 보통의 일본인의 상황이다. 지금껏 노력하지 않고도 쓸 수 있던 한자가 어느 순간 갑자기 쓸 수 없게 된 현상은 누구에게나 발생한다. 전공이 한자 연구라고 태연하게 간판을 내걸고 있는 나 역시, 자주 한자를 잊어버려 가족들을 놀라게 한다. 그러나 한자를 깜빡 잊는 것은 컴퓨터로 문장을 쓰고 나서 부터가 아니다. PC 등 본 적 없는 세대의 사람들도, 일상적으로 한자를 깜빡한다.

그런데 컴퓨터가 보급된 이후 일상적으로 문장을 쓰는 사람이 급증했다. 기계를 사용하면 한자를 손으로 쓸 필요가 없다. 따라서 기계로는 한자를 깜빡 잊어버리는 일이 발생하지 않고, '사전'이 기계 속에 내장되어 있어 한자를 잘못 쓰는 일도 없다. '워프로 오자'라고 불리는 변환 후보의 선택 미스는 있을 수 있지만, 이는 깜빡 잊는 것과는 별개의 문제이다.

그러나 눈앞에 기계가 없을 때에는 과거와 마찬가지로 손으로 힘

겹게 문장을 써야만 하고, 쓰고 싶은 한자는 눈앞에 표시되지 않는다. 이때 한자의 '깜빡 잊어버림'이 일어난다. 그러나 이는 문자 기록 환경이 기계 보급 전으로 돌아갔을 뿐, 한자를 쓸 수 있을지 여부는 원인을 찾자면 한자에 관한 개인의 지식량과 습득 달성도에 따른 것이다.

과거 한자는 초등학교 이래 학창 시절에 많은 시간을 들여, 열심히 습득하지 않으면 체득하지 못했다. 습득의 달성도에는 물론 개인차가 있고, 같은 30세 남성이라도 어려운 한자가 빈출하는 한자능력검정시험 1급에 합격한 사람도 있는 반면, 1,945자로 구성된 상용한자만 겨우 쓸 수 있는 사람도 있다. 그러나 누구라도, 초등학생 때에는 1일 100자 혹은 200자 한자를 칸이 들어간 노트에 졸린 눈을 비벼가며 채웠던 경험이 있을 것이다.

이처럼 꾸준히 참을성을 가지고 노력한 결과, 결국 일정한 양의 한자를 쓸 수 있게 된다. 그러나 학교를 마치고 사회에 나오면 대다수의 사람은 문장을 쓸 기회가 급감한다. 한자를 읽는 일은 매일 있겠지만, 한자를 쓸 기회는 누구에게나 매일 있지 않다. 이렇게 시간이 흐르면서, 어렵게 습득한 한자를 결국 쓸 수 없게 된다. 이것이 '깜빡 잊어버림'이라고 불리는 현상일 것이다.

이를 피하기 위해서 많은 한자를 일상적으로 손으로 적을 수 밖에 없다. 한자 습득은 자동차 운전이나 컴퓨터 조작과 비슷하며, 일상적인 반복이 최선이다. 현대 일본인은 과거에 비하여 문장을 쓸 기회가 급증했다. 이는 컴퓨터나 휴대폰을 사용한 행위지만, 그럼에도 많은 사람이 일본어를 일상적으로 아무런 부담이나 뽐낼 필요도 없이 쓸 수 있게 된 것은 분명 대단한 일이다. 이만큼 많은 사람이 일상생활에서 대량의 문장을 쓰는 것은 지금까지의 일본 문화사 속에서 유례없는 일이다.

컴퓨터를 사용한 집필은 집필자 본인이 본래 쓸 수 있을지 조차 확실치 않은 어려운 한자도 기계로 매우 간단히 쓸 수 있다. 이런 기계를 사용한 집필이기에, 자신이 한자를 쓰는 데에 수고하지 않았다는 착각을 가지게 되는데, 누구에게나 본래 쓸 수 없는 한자는 있고 반복훈련의 결여와 함께 어느 날 갑자기 여태 쓸 수 있던 한자를 쓸 수 없게 되기도 한다. 여기에 손 글씨 문화의 중요성이 존재하는 것은 새삼 강조할 필요도 없다.

후기

벌써 한참 전의 일인데 1년간 30회 정도 도쿄와 오사카를 왕복할 일이 있었다. 집은 오사카 이타미[伊丹] 공항에서 그다지 멀지 않아, 이때 이동 수단으로 자주 비행기를 이용했다. 이유는 항공사가 운영하는 서비스 때문이었는데, 거리와 관계없이 연간 50회 이상 비행기를 탑승하면 회원 전용의 쾌적한 라운지를 사용할 수 있고 비행기에 우선 탑승할 수 있는 등의 특전이 부여되었다.

나는 순조롭게 그 자격을 얻었다. 실적 좋은 영업맨이면 몰라도, 학교 교사라는 직업상 연간 수십 회나 되는 도쿄 출장은 일반적이지 않다. 그러나 그 특별한 사태가 이번 「상용한자표」 개정을 둘러싸고 재차 현실화되었다. 개정안을 심의하는 '한자소위원회'는 대개 월 1번 정도였는데, 나는 워킹부회에도 참여했기 때문에 개정 작업이 집중적으로 진행된 수개월간 거의 매주 도쿄에 방문했다. 대학에서 강의, 회의를 마친 후에 교토에서 도쿄로 가는 경우도 있어 대부분 신칸센을 이용했다. 이번에는 JR이 운용하는 회원제 시스템 서비스로, 승차실적에 따라 부여된 특실 업그레이드 특전을 몇 장 손에 넣었다. 이러한 여록(餘祿)이 출장의 최대 즐거움이었다.

위원회가 개최될 때마다 신문, TV가 취재차 와서 상용한자표를 둘러싸고, 지금 무엇이 어떻게 논의되는지, 그 방향과 문제점 등이 크게 보도되었다. 세간에서는 한자 문제에 대하여 일가견을 가진 사람들이 신문에 의견을 보내거나, 블로그 등에 견해를 피력했기 때문에 작업부회의 회의에서는 담당관이 수집한 여러 코멘트를 확인할 수 있었다. 한자는 이처럼 많은 사람들이 주목하고 있구나, 하고 새삼 실감할 수 있었다. 물론 다양한 주장이 있었다. 이를 어떻게 집약하고 개정 작업에 반영할지가 나의 중요한 일이었지만 그 과정 중에 나는 항상 '최대다수의 최대행복'을 명심했다.

내가 철이 들었을 시기에는 「당용한자표」가 사회에서 완전히 기능했었다. 학교 교육은 완벽하리만큼 「당용한자표」에 따라 배웠고, 그 규격이 내포된 문제점을 거의 인식하지 못했다. 그것이 「상용한자표」로 바뀐 후에도 상황은 그다지 바뀌지 않았다. 이들 규격에 대해 나 나름대로 문제점을 느끼기 시작한 것은 본문에도 적었듯이 정보기기와의 관련이 계기가 되었다. 그리고 이번 개정이 정보기기의 보급에서 시작한 것에 나는 만족했다. 종전 직후부터 시작된 한자 개혁은 아무리 우여곡절을 겪었다고는 하지만 지금까지 일본어 표기 시스템의 근간이었음은 틀림없는 사실이다. 최근 화제인 '단카이 세대[団塊世代]'[1]는 한자 시책에서 보자면 '당용한자 세대'이다. 그 세대는 이미 환갑을 넘겨, 자녀들인 '상용한자 세대'가 사회 제일선에 있는 지금, 지금까지의 흐름을 일절 무시하고 새삼스레 한자를 폐지하고 가나나 로마자로 일본어를 표기하자거나 상용한자표에 포함

1 1947년에서 1949년 사이에 태어난 일본의 베이비 붐 세대 -옮긴이

된 '속자' 등을 사용하지 않고 모든 한자를 구자체로 되돌리자고 주장하는 것은 여태의 축적과 노력을 무시한, 매우 비현실적인 주장이다.

일억이 넘는 일본인이 지금까지 긴 시간 동안 당용한자와 상용한자 범위 내에서 교육을 받아 온 것은 엄연한 사실이다. 그리고 그들이 지금, 급격하게 발전된 정보화시대 속에서 일본어를 적고 있다. 그 상황에서도 '최대다수의 최대행복'이 역시 적용되어야만 하는 것은 분명하다.

초등교육 단계에서의 한자 습득 과정은 매우 중요하다. 그러나 뿐만 아니라, 압도적 다수의 성인 사회 속에서 컴퓨터에 의한 일본어 표기가 당연한 현실도 직시해야만 한다. 기계에 의한 한자 표기라는 움직임이 향후 쇠퇴할 일은 우선 없을 것이다. 그렇다면 앞으로 일본어 표기 환경에 컴퓨터가 미칠 역할은 그 무엇보다 크고, 거기서 발생하는 저어와 혼란을 가능한 한 줄이는 일이 한자 시책 수립에 참여한 자의 사명이라고 나는 생각했다.

위원회 중에도 한자 규격에 대해서 앞으로도 정기적으로 수정해야 한다는 의견이 다수 제출되었다. 동감한다. 지금은 막 공표된 개정 상용한자표이지만, 이 또한 시대 부적응의 상황이 발생했을 때 주저 없이 수정해야 한다. 언제 어떻게 추진되어야 할지는 전혀 알지 못하지만, 그때 위원이 자기부상열차로 상경한다면 미래 운송수단에도 부디 승차 특전이 준비되면 좋겠다. 본서의 집필과 교열에는 신초샤[新潮社]의 쇼지 이치로[庄司一郎]씨와 고고마 가쓰미[小駒勝美]

씨의 절대적인 협력이 있었다. 감사를 표하는 바이다.

2010년 10월

이쓰지 데쓰지

전후일본한자사·연표

연도	한자와 일본인의 관계	문부행정 일반 (한자정책은 굵은 글씨)
1866	12월 前島密가 徳川慶喜에게 '漢字御廃止之議'를 건백, 가나 문자에 의한 교육 보급을 주장(1867년 2월)	
1869	南部義籌가 구(舊) 土佐 번주인 山内豊信(容堂)에게 「修国語論」을 건백, 로마자에 의한 국어 표기를 제안	
1872	森有礼이 일본어 사용을 중단하고 영어를 국어로 삼아야 한다고 주창	
1873	福澤諭吉 『文字之教』에서 한자 제한을 제안. 일본어를 가나만으로 표기하는 신문 『まいにち ひらかな しんぶんし』 발행	
1874	西周가 「洋字ヲ以テ国語ヲ書スルノ論」 발표	
1900		**8월 「소학교령」 개정. 시행규칙에 「제3호표」(1,200자) 발표**
1902		국어문제를 논의하여 시책을 제언하는 기관인 '국어조사위원회' 설치
1921		'국어조사위원회'가 '임시국어조사회'로 계승

연도	한자와 일본인의 관계	문부행정 일반 (한자정책은 굵은 글씨)
1923		**5월 문부대신 감독하에 '임시국어조사회'에서 「상용한자표」(1,960자, 간이자체 154자) 발표**
1931		**「상용한자표 및 가나 표기법 개정안에 관한 수정」(1,960자-147자+45자 = 1,858자)**
1934		'임시국어조사회'가 '국어심의회'로 개편 (관제에 따른 국어심의회)
1938		**'국어심의회'가 「한자자체정리안」을 제정**
1941	12월 태평양전쟁 시작	
1942		**6월 '국어심의회'가 문부대신에 '각 관청 및 일반사회에서 사용하는 한자의 표준'으로서 「표준한자표」(2,528자, 상용한자 1,134자+준상용한자 1,320자+특별한자 74자)를 답신함. '국어심의회'가 「신자음가나표기법표」를 의결했으나 실시에 이르지 못함.**
1945	8월 15일 태평양전쟁 패전 9월 3일 점령군, 도로표식 및 역명 표시, 공공시설의 간판에 로마자를 표기하는 지령을 발령함. 11월 학교 및 경찰 등 공기관에서 유도 및 검도 연습 금지	**11월 8회 '국어심의회'가 '표준한자표 재검토에 관한 한자주사의원회(한자주사위원회)' 설치** **12월~21년 4월 '한자주사위원회'가 14차례 개최됨.** **시안 「상용한자표」(1,295자) 작성**

연도	한자와 일본인의 관계	문부행정 일반 (한자정책은 굵은 글씨)
1946	4월 志賀直哉이 『改造』에 프랑스어를 국어로 삼자고 주장	3월 5일, 7일 미국교육사절단 방일 3월 30일 맥아더에게 『미국교육사절단 보고서』 제출 **6월~10월 '한자에 관한 주사위원회'가 신설되어 23차례 개최됨. 위원장은 작가인 山本有三** **11월 16일 「당용한자표」(1,295자-9자+564자=1,850자)가 내각고시, 내각훈령됨.** **10월~1947년 8월 국어심의회에 설치된 '의무교육용한자 주사위원회'가 33차례 개최되어 의무교육에서 학습하는 「국민한자」에 대해 논의함.**
1947		3월 31일 「구 교육기본법」 공포 4월 「학교교육법」에 따라 국민학교가 소학교, 중학교로 편입. 6-3-3-4제의 실시 PTA 신설 **7월 「국민한자」에서 「교육한자표」로 명칭 변경** **9월 '의무교육용한자 주사위원회'가 「당용한자 별표」(「교육한자표」를 개칭, 881자)를 국어심의회 총회에서 의결** **12월 「호적법」상 이름에 관한 문자제한이 실시됨.**
1948		**2월 「당용한자 별표」, 「당용한자 음훈표」가 내각고시, 내각훈령됨.** 9월 GHQ 산하의 민간정보교육국(CIE) 펠젤의 제한으로 '읽고쓰기능력 조사위원회'의 전국 식자능력조사 실시 12월 국립국어연구소 설립
1949		**4월 '활자자체정리에 관한 협의회'가 작성한 「활자자체 정리안」(774자)을 기준으로 723종의 자체를 선정하여 작성한 「당용한자 자체표」가 내각고시, 내각훈령됨.** 5월 「문부성설치법」

연도	한자와 일본인의 관계	문부행정 일반 (한자정책은 굵은 글씨)
1950		4월 「국어심의회령」에 따라 신 '국어심의회' 출범(법률, 정령에 따른 국어심의회), '로마자 조사분과 심의회'가 설치됨. **한자부회는 時枝誠記가 부회장으로 취임**
1951	10월 『일본인의 읽고쓰기 능력』 간행	**5월 인명에 사용하는 한자로서 「당용한자표」이외에 「인명한자 별표」(92자)가 추가됨.**
1953	2월 일본신문협회가 신문용어 간담회를 개최. 그 정리안을 한자부회에 「당용한자보정에 관한 신문사 의견 집계」로서 제출	
1954	4월 신문 각사 「당용한자보정자료」를 채용하여 「신문용어변환집」으로 정리하여 신문지면에 실시	**3월 한자부회 「의견 집계」를 심의하고, 「당용한자보정자료」를 국어심의회에 보고**
1956		**7월 국어심의회에 '동음 한자에 의한 바꿔쓰기'를 보고**
1958		**「소학교 학습지도요령」에 「당용한자 별표」가 「학년별 한자배당표」로 편입됨.**
1959	11월 국어문제협의회 설립	
1961		**3월 제5기 국어심의회 총회에서 표음파와 표의파의 대립이 격렬해짐.**
1964		**3월 제7기 국어심의회 총회에서 가 吉田富三가 '국어는 한자가나 혼용문으로 그 표기를 정칙으로 한다'는 것을 제안**
1966		**제8기 국어심의회 총회에서 中村梅吉 문부대신, 한자가나 혼용문을 전제로 한다고 발언**
1968		**「교육한자」에 「비고한자」(115자)가 추가됨.**
1973		**6월 「당용한자 개정 음훈표」가 내각고시, 내각훈령됨.**

연도	한자와 일본인의 관계	문부행정 일반 (한자정책은 굵은 글씨)
1977		**학습지도요령 개정으로 「교육한자」가 증가함(996자).** **1월 제12기 국어심의회 최종총회에서 「신한자표 시안」(1850자+83자-33자=1,900자) 답신**
1978	9월 워프로 상품화 재단법인 일본규격협회의 일본공업규격(JIS)의 '정보교환용한자부호계'(JIS C 6226) 작성(78JIS)	
1979		**3월 제13기 국어심의회 최종총회에서 「상용한자표안」(1,900자+12자+14자=1,926자) 답신**
1981		**3월 제14기 국어심의회에서 문부대신에게 한자사용의 기준인 「상용한자표」(1,926자+19자=1,945자) 답신** **10월 「상용한자표」가 내각고시, 내각훈령되어 「당용한자표」, 「당용한자 개정 음훈표」, 「당용한자 자체표」 폐지, 「당용한자 별표」는 「학년별 한자배당표」에 흡수됨.** **「인명용한자 별표」가 「호적법 시행규칙」의 「별표」가 되어 인명용한자 소관이 법무성으로 이관**
1983	JIS C 6226-1983(83JIS)로 개정	
1989		**학습지도요령 개정으로 「학년별한자배당표」의 한자, 이른바 「교육한자」가 추가됨(1,006자).**
1995		**제20기 국어심의회에서 처음으로 표외한자에 대해 심의**
1997	일본문예가협회 '한자를 가르쳐라' 캠페인	

연도	한자와 일본인의 관계	문부행정 일반 (한자정책은 굵은 글씨)
1998		**6월 제21기 '국어심의회'에서 「표외한자 자체표(시안)」(978자)가 보고됨.**
1999	이 즈음부터 휴대폰으로 전자메일이나 인터넷이 가능해짐.	
2000		**12월 제22기 '국어심의회' 총회에서 「표외한자 자체표」(1,022자)가 문부대신에게 답신됨.**
2001		1월 '국어심의회'가 폐지되고 '문화심의회 국어분과회'가 국어 문제를 다룸.
2004	JIS X 0213이 JIS X 0213-2004로 개정	
2006		12월 「(신) 교육기본법」 공포
2009		**1월 「신상용한자표(가칭)에 관한 시안」 발표 10월 「신상용한자표(가칭)에 관한 시안」 수정안 발표**
2010		**6월 「개정상용한자표(답신안)」(1,945자+196자-5자=2,136자)가 문부과학대신에게 답신됨.**

문고판 후기

대학에서 전공과정을 듣기 전까지, 나는 還, 道, 辺 등 책받침 변을 왼쪽 위에 점 하나를 찍은 형태로 썼다. 물론 문헌이나 사전을 찾아봤던 것은 아니라 교과서나 숙제용 한자 드릴북에 모두 그렇게 되어 있어서 책받침 변은 점 하나라고 생각했었다.

소학교 입학(1958년)부터 중학교 졸업까지 국어 수업에서 배운 한자는 모두 「당용한자표」의 표내자였다. 「당용한자표」는 1981년에 「상용한자표」로 대체되었는데, 이후에도 의무교육 기간 중에 배우는 한자는 모두 표내자이다.

2019년 「상용한자표」 개정 전까지, 「당용한자표」나 「상용한자표」에 포함된 책받침 변은 모두 점 하나였다. 그러므로 교과서나 사전은 물론, 교사가 칠판에 판서하는 한자도 모두 1점 책받침 변의 형태였다. 그 시절에는 책받침 변을 1점이 아닌 것으로 표기하는 것은 교사, 학생 모두 생각조차 못했다.

학교 공부와는 별개로, 고등학생이 되었을 때부터 나 역시 다른 이들처럼 『소크라테스의 변론』, 『고사순례(古寺巡礼)』[1] 등 고금의 명저나 국내외 소설 명작 등 다양한 책을 읽기 시작했다. 이때 이와나

1 일본 근대 철학자 와쓰지 데쓰로[和辻哲郎, 1889~1960]의 1919년 작 -옮긴이

미 쇼텐[岩波書店], 가도카와 쇼텐[角川書店], 혹은 신초샤[新潮社] 등에서 간행된 문고판을 중심으로 필독 명저나 명작이 비교적 저렴한 가격에 간행되었는데, 용돈이 적었던 고등학생 입장에서는 내심 반가웠다.

고등학생이 된 1967년 즈음, 문고본 중에는 전전에 간행된 서적을 당시 지형(紙型: 활자 조판에 특수한 두꺼운 종이를 위에 올리고 강한 압력으로 만든 모형)을 사용해 중판한 것이 아직 많았다. 즉 전전의 책이 그대로 재판된 것이므로 구자체(舊字體)의 한자가 사용되었는데 거기서 구자체에 흥미를 느낀 나는, 노트 표지에 수학(數學), 현대국어(現代國語)라고 적고 득의양양하기도 했다.

고등학생 때 읽은 구자체의 책에는 책받침 변을 가진 한자라면 필시 2점으로 인쇄되었을 것이다. 그러나 문고본의 글자는 매우 작은데다가 너무 미세한 차이였던 탓인지, 그땐 알아채지 못했다.

책받침 변이 본래는 2점이어야 한다는 것을 깨달은 것은 대학 전공과정(중국어학 중국문학 전공)에 들어가서이다. 3회생(간사이대학[關西大学]에서는 학년 대신에 회생[回生]으로 부르는 경우가 많다)이 되어서 전공과정에 들어가게 되면 비교적 간단한 고전시문을 읽는 수업을 듣게 되는데 처음으로 '진짜 한문'과 만났다. '진짜 한문'이라 하는 게 이상하지만, 과거 중국의 문장은 기본적으로 구독점이 없고 지면 전체에 한자가 가득 차있다. 일본에는 이러한 형식의 문장을 '백문(白文)'이라고 하며, 중국 고전문학, 역사, 유학, 제자백가 사상 등을 연구하려는 사람은 소속 전공은 다르더라도 우선 백문에 구두점(句讀點)을 다는 훈련(이를 단구(断句)라고 함)부터 시작하게 된다.

최근 중국에는 고전문헌에 구두점, 거기다 친절한 주석이나 현대어 번역까지 달린 책이 다수 간행되고 있지만 그런 책을 사용해서는 아무리 시간이 흘러도 고전을 읽을 수 없다. 고전을 읽기 위해서는 과거 중국의 간본(대부분 목판 인쇄)의 영인본(사진인쇄 복제본)을 사용해 백문을 독해하는 훈련이 절대적으로 필요한데 백문 독해에는 단구 외에도 몇 가지 난관이 있다. 특히 초반에는 구자체 한자에 고심한다.

전후 세대의 경우 학교에서 구자체 한자를 배우지 않기 때문에 간본에 자주 등장하는 藝, 體, 對, 舊. 圖, 辭, 應, 寫 등 구자체 한자에 우선 익숙해져야 한다. 그렇지만 이들이 어떤 한자의 구자체인지 아는 것까지라면 그다지 힘들지 않다. 그러나 각 한자가 중국어로는 어떻게 발음되고 어떤 의미인지 조사하기 위해서는 방대한 양의 공구서(工具書: 사전, 자서, 색인, 도록, 지도, 연표, 도서목록 등)의 사용법을 익혀야 하는데 이것이 만만치 않다.

가령 与라는 한자는 '아타에루[あたえる, 주다]' 외에, 한문에는 '구미스루[くみする]'라고 읽고 '같이하다' 라든가 '한편이 되다'는 의미로 사용되고, 또 조자(助字)로서 '～と', 영어로 말하면 'with'에 해당하는 용법이 있다. 그 외에도 문말에 위치해 의문, 감탄의 뉘앙스를 나타내기도 한다. 与는 상당히 어려운 한자인데, 이를 『강희자전』, 『사원(辭源)』, 『사해(辭海)』 등 한문 독해에 절대적인 필수 자서에서 검색해도 与라는 자형은 나오지 않는다.

与는 본래 與라고 적고, 『강희자전』 등에는 《臼》부의 6획에 수록된 한자이다(또한 이와는 별개로 《一》부 2획에 與라는 자가 있는데 '與와 같음[與に同じ]'이라고 되어 있지만 초학자로서는 與가 与의 이체자라는 것은 바로 알지 못한다). 당장 与를 『강희자전』, 『사원』에서 찾더라도 与라는 형태만 안다면 与를 《臼》부에서 조사할 생각을 절대 하지 못한다. 그러한 예는 與 뿐만 아니라 尽의 구자체인 盡, 旧의 구자체인 舊, 写의 구자체인 寫, 塩의 구자체인 鹽 등 열거하기도 힘들다.

전공 과정에 막 들어가서는 사전조차 찾지 못해 당황스러움의 연속이었다. 그렇지만 꾸준한 노력으로 한적이나 공구서를 뒤적이는 성가신 일에도 조금씩 익숙해지자 불현듯 어느 책의 책받침 변의 한자가 왼쪽 위에 점이 2개인 것을 깨달았다.

이는 분명 오가와 다마키[小川環樹, 1910~1993] 교수가 교토대학 재직 마지막 해에 개설한 강의인 '문자음운학의 제문제[文字音韻学の諸問題]'라는 수업에서 고염무(顧炎武)의 『음론(音論)』을 읽었을 때로 기억한다. 『음론』은 청조 고증학의 중심이었던 「소학(小學)」(한자의 형음의를 연구하는 학문의 총칭)을 배우는 사람이 반드시 읽어야 하는 명저이며, 오가와 교수가 조용한 목소리로 읽어 내려가는 이 강의에서 나는 학문의 즐거움과 어려움을 확실히 배웠다. 내 인생을 결정했다고 해도 과언이 아닐 정도로 기억에 남는 강의인데, 3회생의 신분(?)으로 많은 선배를 제치고 연습 담당을 맡겠다고 했을 정도로 열심이었다.

수업을 예습하던 중, 2점의 책받침 변을 발견했다. 아마도 道라는 한자였던 것으로 기억하는데 벌써 40년 전의 일이어서 어떤 문헌이었는지는 전혀 기억나지 않는다. 그러나 2점이 있는 것을 이상하다고 생각한 나는, 몇몇 책에서 책받침 변을 찾아 점의 수를 조사해보았는데 모두 2점은 아니었다. 구체적인 예를 들어보자.

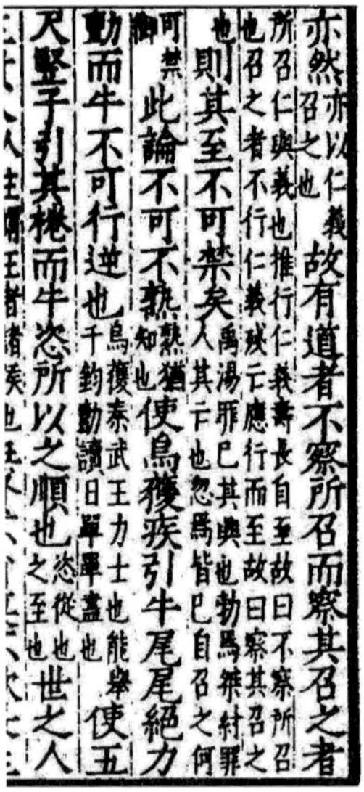

도판 ①『四部叢刊』

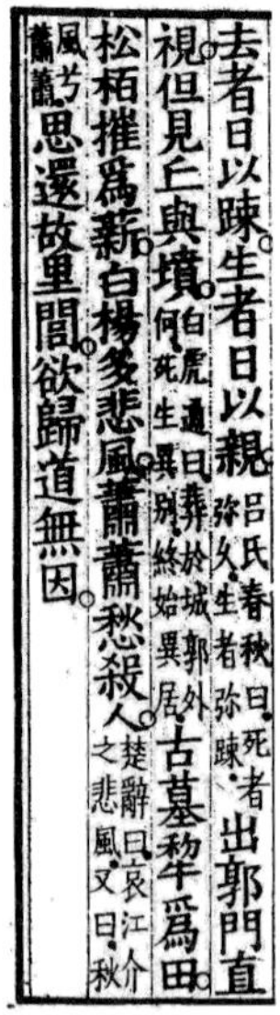

도판 ②『文選』

도판 ①은 기본적인 한적을 최상의 판본 중에서 모은『사부총간(四部叢刊)』(商務印書館)에 들어간 명 간본인『여씨춘추(呂氏春秋)』의 1부인데 도표 첫째 줄의 道와 다섯째 줄의 逆에 2점 책받침 변이 사용되었다. 한편 도판 ②는 육조시대에 편찬된 미문집『문선(文選)』으

로 현대 연구자나 학생에게 널리 알려진 영인본(정확히 말하자면 「清胡克家据南宋尤袤所刻文選李善注本覆刻」) 권29에 수록된 「고시19수(古詩十九首)」의 일부분이다. 이는 일본에도 '거자일소[去る者は日々に疎し]'라는 관용구의 출전인 시인데 마지막 줄의 '還', '道'는 보시다시피 점이 1개뿐이다.

중국 문헌에서는 책받침 변의 점의 수는 일정하지 않다. 그렇다면 어느 쪽이 옳은 것일까? 한자에 가장 정통한 규범을 제시한다고 하는 『강희자전』에는 모두 2개의 점으로 되어 있다.

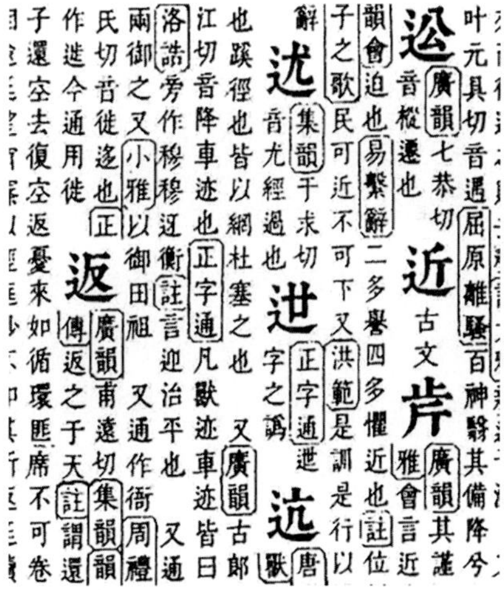
叶元具切音遇屈原離騷百神翳其備降兮
[illegible] 廣韻七恭切音樅遻也
近 古文 岓 廣韻其謹 雅會言近
韻會迫也易繫辭二多譽四多懼近也註位
子之歌民可近不可下又洪範是訓是行以
辭
[illegible] 集韻于求切音尤經過也
迣 正字通迣字之譌
迒 唐 獸
也蹊徑也皆以網杜塞之也 又廣韻古郎
江切音降車迹也正字通凡獸迹車迹皆日
洛誥旁作穆穆迓衡註言迎治平也 又通
兩御之又小雅以御田祖 又通作衙周禮
氏切音徙遂也正
返 廣韻甫遠切集韻
作進今通用徙 傳返之于天註謂還
子還空去復空返憂來如循環匪席不可卷

『강희자전』

여기까지 조사한 나는 책받침 변은 『강희자전』에서처럼 본래는

2점으로 적는 것이 옳은데, 과거 중국 문헌에서도 때론 1점으로 적기도 했다. 그러나 1점의 것은 필시 점 하나를 생략한 속자일 것이다. 그러나 무슨 이유에서인지 전후 일본에서는 우리가 학교에서 배웠던 것처럼 모두 1점으로 되었다고, 생각했다.

이것이 당시 나의 인식이었다. 아무런 증거도 없는, 매우 엉성한 고찰이었지만 지금 다시 생각해 보니 그 결론은 반은 옳고 반은 틀렸다. 옳다고 생각한 이유는, 『강희자전』의 전통 규범에 따르면 2점의 형태가 정자이며, 여기에 의거하여 전전 일본에서도 책받침 변은 모두 2점으로 인쇄되었기 때문이다.

당시 나의 결론이 틀렸다고 생각한 이유는 현재 일본에서 인쇄된 책받침 변 모두가 1점의 형태는 아니기 때문이다. 이는 주변의 한자 자전을 보면 바로 알 수 있듯이 초등학생용으로 편집된 학습용 한자 사전은 별개로, 학생이나 사회인을 대상으로 한 일반 한화사전에는 책받침 변은 7획의 《辵》부(이는 책받침 변의 본래 형태이다)에 속하며, 표제자는 상용한자의 경우 1점(2010년 개정으로 표내자가 된 경우를 제외), 표외자는 2점으로 되어 있다. 그리고 의무교육에서 사용되는 교과서에는 표내자만 나오므로 나는 계속해서 책받침 부수는 점 1개로 쓴다고 생각했던 것이다.

과거 『강희자전』에는 2점이었던 進, 通, 道, 逆 등이 지금 일본에서 1점이 된 데에는 1949년 고시된 「당용한자 자체표」에서 1점으로 했기 때문이다. 그러나 「당용한자 자체표」는 「당용한자표」에 수록된 1,850자에 대해 앞으로의 인쇄 자형 표준을 정한 것으로 그 「자체표」에 수록된 책받침 변은 표에 표기된《辵》부의 47자에 불과하다(도판은 그 일부).

追 退 送 逃 逆 透 逐 途 通 速 造 連
逮 週 進 逸 遂 遇 遊 運 遍 過 道 達
違 遞 遠 遣 適 遭 遲 導 遷 選 遺 避
邑
還 辺 邦 邪 邸 郊 郎 郡 部 郭 郵 都

「당용한자 자체표」(부분)

즉 이 표에서 1점의 책받침으로 결정된 것은 「당용한자표」의 47자뿐이었다. 그리고 「당용한자표」에 포함되지 않은 한자는 앞으로 더 이상 사용하지 않는다는 입장이었기에 결과적으로 『강희자전』을 기준으로 한 과거의 규범에 따른 형태 그대로 '방치'된 것이다. 이후 「상용한자표」가 작성되었을 때, 「당용한자표」에 없었던 逝, 遮가 표내자로 승격하여 1점의 형태로 「상용한자표」에 게재되었다. 그 결과, 1점 책받침 변으로 게재된 표내자는 49자가 되었다. 그렇지만 그 밖의 많은 책받침 변은 여전히 2점이었다.

한편 이때 정보처리기술이 눈부시게 발전하여 컴퓨터에서의 한자 처리를 규격화할 필요가 있어, 공업제품에 관한 국가규격인 JIS(일본공업규격)으로서 '정보교환용 한자부호계 JIS C 6226 : 1978'

이 제정되었다. 이른바 78 JIS이다. 이는 「상용한자표」가 제정되기 3년 전의 일로, 다시 말해 아직 당용한자 시대였는데 그 규격에는 6천 자 이상의 수많은 한자가 수록되었다. 「당용한자표」 1,850자의 3배나 되는 것이므로, 여기에는 당연히 수많은 표외자가 들어가 있었다. 물론 책받침 변의 한자도 마찬가지였다.

6천 자가 넘는 한자에 대해 JIS 한자규격은 사용빈도가 높은 한자를 모은 '제1수준'과 지명이나 인명 등에 사용되는 사용빈도가 비교적 낮은 한자를 모은 '제2수준'으로 구별하고, 책받침 변의 경우 제1수준은 1점, 제2수준은 모두 2점의 형태로 예시 자체로 규격서에 게재했다. 또 이때에는 「당용한자표」의 미포함 책받침 변도 제1수준은 1점으로 했다. 제2수준은 물론 표외자뿐이었다.

이 규격이 처음 만들어진 것은 1978년으로, 규격자체는 지금까지 수차례 개정되었는데 그로 인하여 PC나 스마트폰, 혹은 정보기기, 인터넷 상에는 1점이나 2점 책받침 변이 혼재되어 표기되기 시작되었다. 이 문제가 세간에서 그다지 문제시되지 않았던 것이 나는 그저 신기할 따름이다. 정보기술의 발달로, 고등학생, 대학생의 대부분이 전자사전을 사용한다. 전자사전은 손바닥에 놓을 수 있을 정도로 작은 사이즈면서도 여러 대형 사전을 탑재하고 있으며, 간단한 조작으로 순식간에 검색할 수 있다. 또 종이 사전으로는 도저히 불가능한 방식으로 검색도 가능하므로 매우 편리하다. 그러나 한화사전에 대해서는 매우 불편한 일이 생겼다.

전자사전에 巡라는 한자를 찾아보자. 검색은 매우 간단하여 'じ

ゆん'이라고 입력하면 즉시 한자 후보가 표시되므로 거기에서 巡을 선택하면 된다. 한화사전이므로 먼저 표제자의 음훈(읽는 법)과 의미가 표시되고. 이어서 그 한자를 포함한 숙어가 나열된다. 주변의 전자사전으로 조작해 보니, 숙어의 마지막에 '巡遊'가 나오고 이어서 '巡邏'가 나온다. 그러나 자세히 보면 이 둘의 책받침 점의 수가 다르다. 遊는 1점, 邏는 2점이다. 물론 遊는 제1수준, 邏는 제2수준에 해당되는 한자이므로 그렇게 나오는 것인데, 전자사전을 사용하는 모든 사용자가 JIS 규격 '수준'을 아는 것은 아니다(사실은 모르는 사람이 압도적으로 많을 것이다). 만약 어느 중학생이나 고등학생이 그 사전을 사용하여 책받침 점의 수가 다르다는 것을 알아채더라도 고등학생으로서는 그 이유를 알지 못할 것이고 학교 선생님에게 질문하더라도 몇 명이 정답을 알려줄 수 있을까.

이는 하나의 예시일 뿐, 그 외에도 逡巡이라든가, 邁進, 迂遠, 逍遥 등 일상적으로도 자주 사용하는 숙어를 통해 비슷한 문제를 지적할 수 있다. 동일한 부수이면서 단어에 따라 다른 형태로 표시되는 것은 이상한 일이다. 사전으로서의 전자기기가 발매된 지 벌써 수십년이 지났지만 이런 현상이 여전히 해결되지 않는 것이 어째서 사회문제화 되지 않는 것일까?

지금 수많은 일본인이 업무나 학업은 물론 이메일, 블로그, SNS 문자 등으로 아침부터 밤까지 정보기기를 조작하고 '한자가나 혼용문'을 적고 있는데 정보기기의 한자표기체제에 근본적인 변혁이 일어나지 않는 한 이대로 쭉 책받침 변은 1점과 2점이 계속 혼재할 것이다. 이는 전후 한자를 둘러싼 정책의 우여곡절, 굳이 표현하자면 '혼란'이 그대로 미래에게 계승되는 상징이기도 하다.

2020년 1월

이쓰지 데쓰지

옮긴이의 말

이 책은 본래 2010년 11월 '신초샤[新潮社]'의 단행본으로 간행된 책이다. 저자의 후기에도 적혀있듯이 2010년은 전후 일본의 한자사에 있어 특별한 해이다. 1946년 한자제한을 목적으로 「당용한자표」(1,850자)를 제정한 이래, 1981년 한자 사용의 기준으로서 「상용한자표」(1,945자) 시대를 거쳐 29년만인 2010년에 2,136자로 자수를 늘려 「개정 상용한자표」를 공시했기 때문이다. 한자소위원회 위원으로서 개정 작업에 직접 참여했던 저자가 일본 한자표의 지난 역사를 되돌아보고 개정 작업에서의 경험과 일화를 책으로 남겨 독자들에게 귀중한 정보를 제공해 주었음에 감사할 따름이다. 그리고 옮긴 책의 저본은 그로부터 10년이 지난 2020년 '지쿠마쇼보[筑摩書房]'에서 간행된 문고판이다. 일본에서 흔히 문고판이라고 불리는 책들은 단행본으로 인기를 끈 작품을, 보다 많은 독자들에게 소개하기 위하여 재출판하는 경우이다. 각 대형 출판사는 저마다 독자의 저변을 확대하기 위한 문고판 시리즈를 가지고 있다. '지쿠마 학예문고[ちくま学芸文庫]'의 이름으로 문고판으로 재출판된 것 자체가 이 책의 인기와 가치를 말해준다고 할 수 있다.

이 문고판의 띠지에는 '수난과 모색의 역사-이는 GHQ의 한자폐지안에서 시작됐다[受難と模索の歴史――それはGHQの漢字廃止案から始

まった]'라고 적혀 있다.

> "대소문자 다 합쳐도 최대 수 십자인 표음문자로 언어를 표기하는 서양인의 눈에는 복잡한 형태의, 최소 2천 자 정도는 사용해야 하는 한자 표기법이 마치 악마가 만든 표기법처럼 느껴졌을 것이다"
>
> (본문 30쪽)

종전 직후 GHQ나 미국교육사절단의 지시로 제정된 「당용한자표」는 한자 사용을 제한하는 목적이었다. 각각 46자로 이루어진 히라가나와 가타카나만 보더라도, 알파벳 26자와 비교할 때 결코 적지 않은 숫자이다. 그런데 여기에다 일본어의 필수 구성요소인 한자가 추가된다. 당시 GHQ나 미국교육사절단의 눈에 한자는 전근대적이고 후진적인 문자였으며, 자수를 제한하고 종국에는 폐지해야 할 문자였다. 전후 한자표의 제정 과정과 한자를 둘러싼 논쟁, 한자 간략화 문제를 성급하게 결정하는 과정 속에서의 오류를 저자는 세밀하게 설명해 주고 있다.

역사에서 '만약'이라는 가정법은 일반적으로 통용되지 않는다지만, 책에서 상술된 전후 한자를 폐지하거나 대폭 간소화하려는 여러 시도가 통하여 '만약' 일본에서 한자가 폐지되었다면 지금의 일본어는 어떤 모습일까. 이 책은 이러한 상상을 해볼 수 있는 흥미로운 사유를 제공해 준다. 종종 예시로 거론되는 'スモモモモモモモモモモ

モモニモイロイロアル[스모모모모모모모모모모모모니모이로이로아루]'를 보자. 가나만으로는 각 단어나 문구 사이에 구별이 없어져서 무슨 의미인지 알기 어렵다. 이를 해결하기 위해 띄어쓰기나 쉼표 등을 추가하면 'スモモ モ　モモ、モモ モ　モモ、モモ ニモ　イロイロ アル'가 되는데, 이제야 '자두도 복숭아, 복숭아도 복숭아, 복숭아에도 여러 종류가 있다'는 뜻이구나 싶어진다. 이처럼 한자가 없다면 단어나 문구를 구분하기 위한 띄어쓰기 등 추가적인 수단이 궁리되어야 한다. 한자를 전폐하고 가나 문자를 전용하자고 주장한 '가나문자회[カナモジカイ]'가 말의 맺고 끊김을 위해 제시한 방안 중 하나가 띄어쓰기였던 것도 이 때문이었을 것이다. 그러나 띄어쓰기나 쉼표는 한자 폐지로 인한 의미 혼동을 일부 해결해 줄 뿐, 한자가 가지는 의미 구분 능력을 완벽하게 대체하지는 못한다. 한자에는 수많은 동음이의어가 있기 때문이다. 마찬가지로 자주 예시로 거론되는, '貴社の記者が汽車で帰社した[귀사의 기자가 기차로 귀사했다]'라는 문장을 보자. 한자 없이 가나 문자로 적는다면 'きしゃのきしゃがきしゃできしゃした[기샤노기샤와기샤데기샤시타]'이고 띄어 쓴다고 하더라도 4번이나 반복되는 'きしゃ[기샤]'가 무엇을 의미하는지 바로 이해하기는 어렵다. 이런 동음이의어의 경우, 띄어쓰기를 하더라도 가나만으로는 한자가 가지는 의미 구분을 하지 못한다. 한자는 주로 단어의 의미를 담당하고 가나는 활용 어미나 조사, 조동사 등을 표기하는 데 사용되는 식으로, 현대 일본어는 한자와 가나를 혼용하여 사용함으로써 의미가 명확해진다. 만약 이러한 한자가나 혼용이라는 전제

가 사라지고 위의 예시처럼 모든 문장이 가나만으로 표기된다면 의미 파악이 상당히 어려워질 것이다(하물며 로마자로의 전기는 상상조차 어렵다). 한자의 사회적 문화적 역할은 차치하고, 단순히 국어학적으로만 보더라도 한자는 말의 맺고 끊김을 나타내고 말을 구별하는 등 한자가 없는 만약의 상황을 상상하기 어려울 정도로 일본어에서의 한자의 역할은 크다.

전후 GHQ에 의한 일본어 정책은 '성급하고 단락적'이었지만 점차 일본어에서의 한자 사용의 중요성에 대해 인식하게 되었다. 「당용한자표」 제정 후 30여 년이 지난 1981년, 제한 정책이 아닌 1981년 한자 사용의 기준으로서의 「상용한자표」가 제정되었다.

> "당용한자표의 '제한'에서 '기준'으로의 전환을 통하여 사회 내 한자 사용은 상당히 자유로워졌다"
>
> (본문 185쪽)

한자 사용의 기준으로서의 「상용한자표」 제정은 한자사용을 전제로 하여 그 사용 범위를 넓혀가는 방향으로 이끌었다. 이후 2010년 개정 때에는 「상용한자표」에서 사용빈도가 적은 5자를 삭제하고 196자를 추가하였으며, 28자에 29개의 음과 훈을 추가했다. 1980년대 이후 워드프로세서, 컴퓨터, 휴대전화의 보급으로 문자를 쓰기에서 선택하는 시대적 변화에 의하여, 일반 국민이 상용한자표 이외의 한자를 다용하게 되어 자수를 늘리게 된 것이다.

이처럼 일본에서의 한자를 둘러싼 논쟁은 사회와 기술의 발전과 더불어 계속 진화해 왔다. 저자의 설명을 좇아가다 보면 한자에 대한 일본인의 인식 변화가 엿보인다. 이 책은 한마디로 전후 반세기 동안 일본어에서의 한자 위상의 역사적 변화와 사회적 적응을 수난과 모색이라는 키워드로 담아내고 있는 것이다.

표가 개정된 지 또다시 십여 년이 흘렀다. 저자는 후기를 통하여, 일본의 한자표에 대해서 사회에 부적합하다고 판단된다면 주저 없이 수정해야 한다고 했다. 앞으로 맞이할 새로운 시대에 일본어에서의 한자는 어떻게 적응하고 변화해 갈지 궁금해진다. 끝으로 이 책의 번역을 권해주신 경성대학교 하영삼 교수님과 책을 출판할 수 있도록 애써준 역락 출판사 여러분께도 감사의 마음을 전한다.

2024년 봄

옮긴이 씀

지은이

아쓰지 데쓰지(阿辻哲次)

1951년 일본 오사카 출생. 교토대학 박사 졸업 후 시즈오카 대학, 교토산업대학, 교토대학 대학원 인간환경학연구과 교수를 거쳐 교토대학 명예교수. 2017년 일본한자능력검정협회 한자문화연구소 소장에 취임. 전문 분야는 중국 문화사, 중국 문자학이며, 문화청 문화심의회 국어분과회 한자소위원회 위원으로 2010년 상용한자표 개정 작업에 참여했다. 주요 저서로는 『日本人のための漢字入門』(講談社現代新書), 『漢字のはなし』(岩波ジュニア新書), 『漢字の相談室』(文春新書), 『漢字のいい話』(新潮文庫), 『漢字道楽』(講談社学術文庫) 등 다수의 저서를 집필했다.

옮긴이

최승은(崔升銀)

서울외국어대학원대학교 통역번역대학원 한일과(한일 순차통역·번역 전공)를 졸업하고 단국대학교 일어일문학과 문학박사 학위 취득. 단국대학교 일본연구소 HK연구교수를 거쳐 현재 경성대학교 한국한자연구소 HK교수, 부소장. 일본 근세 후기부터 근대 초기의 초등교육, 특히 문자 학습에 관심에 관심을 갖고 연구 중이며, 한일 국제회의 통역사 및 번역가로도 활동 중이다. 저서(공저)로는 『십이지 동물, 어휘 속에 담긴 역사와 문화』(따비) 『꽃과 나무, 어휘 속에 담긴 역사와 문화』(따비) 등이 있으며, 공역서로는 『쇄국, 그리고 일본의 비극 : 세계적 시권(視圈)으로 본 근세 초기 일본』(보고사)이 있다.

경성대학교 한국한자연구소 번역총서 5

전후일본한자사

(원제 戰後日本漢字史)

초판1쇄 인쇄 2024년 4월 15일
초판1쇄 발행 2024년 4월 30일

지은이 아쓰지 데쓰지(阿辻哲次)
옮긴이 최승은
펴낸이 이대현
편집 이태곤 권분옥 임애정 강윤경
디자인 안혜진 최선주 이경진
마케팅 박태훈 한주영

펴낸곳 도서출판 역락
출판등록 1999년 4월 19일 제303-2002-000014호
주소 서울시 서초구 동광로 46길 6-6 문창빌딩 2층 (우06589)
전화 02-3409-2060
팩스 02-3409-2059
홈페이지 www.youkrackbooks.com
이메일 youkrack@hanmail.net

ISBN 979-11-6742-735-9 94730
979-11-6742-333-7 94080(세트)

이 저서는 2018년 대한민국 교육부와 한국연구재단의 지원을 받아 수행된 연구임
(NRF-2018S1A6A3A02043693)